首都经济贸易大学 · 法学前沿文库

村规民约论
——走向乡村善治的规范之维

陈寒非　著

Discourse on the Village Customary Law:
Advancing Good Governance in Rural Areas
from the Perspective of Rules

中国政法大学出版社

2023 · 北京

图书在版编目（ＣＩＰ）数据

村规民约论：走向乡村善治的规范之维/陈寒非著. —北京：中国政法大学出版社, 2023.8

ISBN 978-7-5764-1039-6

Ⅰ.①村…　Ⅱ.①陈…　Ⅲ.①农村－群众自治－研究－中国　Ⅳ.①D638

中国国家版本馆CIP数据核字(2023)第150521号

出 版 者	中国政法大学出版社
地　　址	北京市海淀区西土城路 25 号
邮寄地址	北京 100088 信箱 8034 分箱　邮编 100088
网　　址	http://www.cuplpress.com (网络实名：中国政法大学出版社)
电　　话	010－58908441(编辑室) 58908334(邮购部)
承　　印	北京九州迅驰传媒文化有限公司
开　　本	880mm×1230mm　1/32
印　　张	9
字　　数	215 千字
版　　次	2023 年 8 月第 1 版
印　　次	2023 年 8 月第 1 次印刷
定　　价	45.00 元

首都经济贸易大学·法学前沿文库
Capital University of Economics and Business Library,Frontier

主　编　张世君

文库编委　高桂林　金晓晨　焦志勇　李晓安
　　　　　　米新丽　沈敏荣　王雨本　谢海霞
　　　　　　喻　中　张世君

华寨村办酒宴风俗整改

为节约各位父老乡亲办酒成本以及耽误街坊邻居帮忙时间，经华寨村民委员会及广大群众召开会议慎重考虑决定规定如下：

一、迁屋、结婚、嫁娶、打三朝等，酒席规定一天。

二、白事暂不规定。

违者罚款 2000 元

（签名：）杨雪坤　杨明金　罗邦伟　吴柱娇　杭任财　吴新吹　朱海明

华寨村民委〔华寨村民委员会大队群众代表委员会〕

2016　　12 日

《华寨村办酒宴风俗整改》村规（2016 年 2 月 12 日华寨村民委及群众代表委员会讨论通过）。

锦屏县彦洞乡瑶佰村民委员会

关于滚文东违约偷砍滥伐杉木

处罚决定

黄角武村本五组村民滚文东男65岁 没人在地方巨九街砍培在
杉木, 严重组织合资联防队与山生, 滚从规伐偷小这些, 偷砍杉木11棵
根据此村规民们 一举查明发现实, 经村两委联席会议讨论, 决定依们
一次性赔现全人民币3300元 并偿山每杉木每根30元, 计330元, 整本
人司业发式, 限追查果此表次作夕复定.

福此决定.

1、整按该决定集约33300元
补缡费每排30元计330。总计
罚素3830元共七字 (壹仟捌佰叁拾元整)
        (叁仟陆佰叁拾圆整)

滚位东 (滚光件民委章)

同意接受处罚。
    滚文东

瑶白村《关于滚文东违约偷砍滥伐杉木处罚决定》（2013
年1月13日瑶白村两委联席会议讨论决定）。

文斗村"名垂万古"碑（六禁碑）、"恩泽万古"碑及"千秋不朽"碑等村规古碑。

作者 2016 年 7 月 21 日在文斗村村民易遵华家中访谈（左起依次为高其才、易遵华、陈寒非）。

作者 2013 年 7 月 20 日在广西博白县亚山镇民富村调查时与村支书陈家广合影。

总　序

　　首都经济贸易大学法学学科始建于 1983 年。1993 年开始招收经济法专业硕士研究生。2006 年开始招收民商法专业硕士研究生。2011 年获得法学一级学科硕士学位授予权，目前在经济法、民商法、法学理论、国际法、宪法与行政法等二级学科招收硕士研究生。2013 年设立交叉学科法律经济学博士点，开始招收法律经济学专业的博士研究生，同时招聘法律经济学、法律社会学等方向的博士后研究人员。经过 30 年的建设，首都经济贸易大学几代法律人的薪火相传，现已经形成了相对完整的人才培养体系。

　　为了进一步推进首都经济贸易大学法学学科的建设，首都经济贸易大学法学院在中国政法大学出版社的支持下，组织了这套"法学前沿文库"，我们希望以文库的方式，每年推出几本书，持续地、集中地展示首都经济贸易大学法学团队的研究成果。

　　既然这套文库取名为"法学前沿"，那么，

何为"法学前沿"？在一些法学刊物上，常常可以看到"理论前沿"之类的栏目；在一些法学院校的研究生培养方案中，一般都会包含一门叫作"前沿讲座"的课程。这样的学术现象，表达了法学界的一个共同旨趣，那就是对"法学前沿"的期待。正是在这样的期待中，我们可以发现值得探讨的问题：所以法学界一直都在苦苦期盼的"法学前沿"，到底长着一张什么样的脸孔？

首先，"法学前沿"的实质要件，是对人类文明秩序做出了新的揭示，使人看到文明秩序中尚不为人所知的奥秘。法学不同于文史哲等人文学科的地方就在于：宽泛意义上的法律乃是规矩，有规矩才有方圆，有法律才有井然有序的人类文明社会。如果不能对千差万别、纷繁复杂的人类活动进行分门别类的归类整理，人类创制的法律就难以妥帖地满足有序生活的需要。从这个意义上说，法学研究的实质就在于探寻人类文明秩序。虽然，在任何国家、任何时代，都有一些法律承担着规范人类秩序的功能，但是，已有的法律不可能时时处处回应人类对于秩序的需要。"你不能两次踏进同一条河流"，这句话告诉我们，由于人类生活的流动性、变化性，人类生活秩序总是处于不断变换的过程中，这就需要通过法学家的观察与研究，不断地揭示新的秩序形态，并提炼出这些秩序形态背后的规则——这既是人类生活和谐有序的根本保障，也是法律发展的重要支撑。因此，所谓"法学前沿"，乃是对人类生活中不断涌现的新秩序加以揭示、反映、提炼的产物。

其次，为了揭示新的人类文明秩序，就需要引入新的观察视角、新的研究方法、新的分析技术。这几个方面的"新"，可以概括为"新范式"。一种新的法学研究范式，可以视为"法学前沿"的形式要件。它的意义在于，由于找到了新的研究范式，人们可以洞察到以前被忽略了的侧面、维度，它为人们认识秩序、认识法律提供了新的通道或路径。依靠新的研究范式，甚至还可能转换人们关于法律的思维方式，并由此看到一个全新的秩序世界与法律世界。可见，法学新范式虽然不能对人类秩序给予直接的反映，但它是发现新秩序的催生剂、助产士。

再其次，一种法学理论，如果在既有的理论边界上拓展了新的研究空间，也可以称之为法学前沿。在英文中，前沿（frontier）也有边界的意义。从这个意义上说，"法学前沿"意味着在已有的法学疆域之外，向着未知的世界又走出了一步。在法学史上，这种突破边界的理论活动，常常可以扩张法学研究的范围。譬如，以人的性别为基础展开的法学研究，凸显了男女两性之间的冲突与合作关系，就拓展了法学研究的空间，造就了西方的女性主义法学；以人的种族属性、种族差异为基础而展开的种族批判法学，也为法学研究开拓了新的领地。在当代中国，要拓展法学研究的空间，也存在着多种可能性。

最后，西方法学文献的汉译、本国新近法律现象的评论、新材料及新论证的运用……诸如此类的学术劳作，倘若确实有助于揭示人类生活的新秩序、有助于创造新的研究范式、有助于拓展新的法学空间，也可宽泛地归属于法学理论的前沿。

以上几个方面，既是对"法学前沿"的讨论，也表明了本套文库的选稿标准。希望选入文库的每一部作品，都在法学知识的前沿地带做出新的开拓，哪怕是一小步。

喻　中

2013 年 6 月于首都经济贸易大学法学院

代　序

　　陈寒非君大作即将出版，特嘱我为书稿写序。余虽深感惶惶而力不足，但又盛意难却，只能勉力为之。一则陈寒非君为本人之同门师兄，常受指点，师门之谊久长；二则本书实乃一佳作，有此机缘，得以提前拜读，获益良多！

　　中国基层社会特别是乡土社会长期存在着这样一种行为规范，由乡民共同议定，被乡民共同遵行，其名称大体经历了"乡约"到"乡规民约"再到"村规民约"的转变，同时亦有"村规""公约""合约""禁约"（以下总称为"村规民约"）等表达方式，皆采便宜原则，随事而定，随时而新，唯行之于乡野这一基本事实不曾发生大的变化。陈寒非君对村规民约研究用力甚深，成果斐然，本书即是集中展现，并成一家之言。

　　本书首先对村规民约的生成和发展史进行了全方位梳理，搭建了历史传承与现代发展之间的桥梁，从而有助于我们理解中国治理方式的赓续内因和创造转化。其次，村规民约既是凝结中国传统乡民治理智慧的典范，也是当下推进中国基层治理、乡村治理现代化的重要依凭。概言之，本书溯古及今，由乡野到庙堂，为我们绘就了一幅当代中国乡村治理的生动图景。

具体论之，窃以为论著有三点值得大书特书！

第一，聚焦村规民约中的"事"。从本质上看，村规民约是一种行为规范，核心是"事"的治理，即人行为的治理，从而发挥告知、指引、评价、预测、教育和强制作用。论著中也明确"村规民约是指村民依据党的方针政策和国家法律法规，结合本村实际，为维护本村的社会秩序、社会公共道德、村风民俗、精神文明建设等方面制定的约束规范村民行为的一种规章制度"。乡村治理，事无巨细，纷繁复杂，本书既有宏观视野，也有微观刻画。一方面，本书对村规民约与乡村治理的关系进行了整体性、系统性梳理，于政治、经济、文化、社会及生态等诸领域皆有涉及，聚焦于村规民约的积极作用，同时敏锐观察到阻碍村规民约发挥积极作用的障碍因素，从而提出了富有见地、切实可行的建议和对策。另一方面，针对移风易俗这一焦点领域，本书也进行了具体而微的研究，解剖"陋俗之困"，指出通过"村约自治"实现"风俗之治"，从而促进乡村善治。

第二，深描村规民约中的"人"。村规民约以"事"为核心内容，但是"事"又"在人为"，村规民约的制定和实施都离不开人这一要素的参与。其中，我们应当明确和坚持村民的核心主体地位，同时也应当注意到"乡土法人"等乡村精英群体的有力推动作用，本书即对"乡土法人"这一特殊群体进行了深描。"乡土法人"扎根乡土，服务乡土，而"乡土法人"所持有之"法"在当代体现为"习惯法"与"国家法律"的融合。"乡土法人"概念的提倡对于拓展我国法社会学特别是乡村法治研究具有重要意义。村规民约的制定、修改与实施都离不开"乡土法人"的能动作用，本书对此都进行了深入研究，见解深刻。例如，该书指出："乡土法人在实施村规民约时，并不是严格的'法条主义者'，而是根据具体的案情对既有的习惯法规则作出变通适用";"乡土法人""直接推动村规民约的'生长'"。这些见识对于我们理解我国乡村法治、乡村治理的特殊性和复杂性都大有裨益。

第三,回应村规民约外的"法"。村规民约首先立足于"村",适用于"民",是一种"规矩""公约",同时,依据村规民约进行的乡村治理是国家治理必不可分的重要组成部分。对于推进全面依法治国,建设中国特色社会主义法治体系,建设社会主义法治国家,村规民约都能够发挥重要的积极促进作用,进而有效回应村规民约外的国家法律,形成村规民约与国家法律的良性互动。正如书中所论,我们可以走一条"乡村治理法治化的村规民约之路"。同时,本书还对村规民约的司法适用问题进行了深入分析,剖析具体的司法裁判案例,并将法律渊源归于《中华人民共和国民法典》第10条:"处理民事纠纷,应当依照法律;法律没有规定的,可以适用习惯,但是不得违背公序良俗。"此处,将"村规民约"置于"民事习惯"的视野之下,体现了论著鲜明的时代特征和理论深度,既回应了民法典时代的村规民约定位问题,又深化了我国的习惯法理论。

智识之外,伴随着陈寒非教授笔下的文字,我们也一同神往了贵州省锦屏县河口乡文斗村、广西博白县亚山镇民富村等山清水秀之地,行走乡野,问语乡民。跟着论著去旅行,岂不也是一件愉悦之事!

不揣浅陋,一点体会,聊作序文。

池建华

2021 年 12 月 24 日

目 录

第一章
导 论 *Part 1*

中国共产党第十八届中央委员会第四次全体会议通过了《中共中央关于全面推进依法治国若干重大问题的决定》，明确提出"增强全民法治观念，推进法治社会建设"的目标，强调"推进多层次多领域依法治理"，要求"发挥市民公约、乡规民约、行业规章、团体章程等社会规范在社会治理中的积极作用"。党的十九大报告提出实施乡村振兴战略，提出"产业兴旺、生态宜居、乡风文明、治理有效、生活富裕的总要求"。"治理有效"就是要加强和创新农村社会治理，加强基层民主和法治建设，"加强农村基层基础工作，健全自治、法治、德治相结合的乡村治理体系"，打造共建共治共享的社会治理格局，实现政府治理和社会调节、居民自治良性互动。这表明，在法治国家、法治政府、法治社会建设中，需要进一步提高村规民约的地位，高度重视村规民约的价值，全面发挥村规民约的作用，在社会治理中充分运用村规民约。

村规民约是乡村民众为了办理公共事务和公益事业、维护社会治安、调解民间纠纷、保障村民利益、实现村民自治，民主议定和修改并共同遵守的社会规范。[1]一直以来，村规民约都被视为农村自治的重要表现形式，也是基层民主政治发展的重要成果。特别是《中华人民共和国村民委员会组织法》（以下简称《村民委员会组织法》，1998 年 11 月 4 日第九届全国人民代表大会常务委员会第五次会议通过，2010 年 10 月 28 日第十一届全国人民代表大会常务委员会第十七次会议修订）规定村民自治制度以来，我国农村地区普遍制定了村规民约并且取得了积极的成效，但村规民约在某些农村地区的社会治理作用并不显著。因此，有必要对村规民约在社会治理中的相关问题进行实证研究，推进我国农村地区的法治社会建设。作为一种重要的乡村治理方式和规范，村规民约一直以来备受关注，研究成果颇为丰富。概而言之，国内学术界关于村规民约的研究主要从四个视角展开。其一，"国家—社会"视角下村规民约的"民治性"。我国村规民约的两次研究高潮都是在"民治"思潮下展开和深入的，一次是清末民初的"地方自治"思潮，一次是改革开放后的"村民自治"思潮。乡约研究的肇始者和代表人物杨开道先生认为乡约主要代表了中国基层政治的两个重要属性：一则民治；一则乡治。[2]清末地方自治思潮以后，"民治"的理念就嵌入村规民约与乡村建设之中，并延续到之后学者的研究中。我国确立村民自治制度正是清末民初"自治"思

---

[1] 我国法律中主要采用"村规民约"一词，"乡规民约"主要在文化传承意义上使用，但在大多数场合"乡规民约"与"村规民约"在使用上并无严格区分，两者可以通用。如无特别说明，本书通用这两个语词，并将主要使用"村规民约"一词。从使用情况来看，村规民约有四重含义：一是指村庄共同体成员的行为规范；二是指基于村民自治而形成的自治规范；三是指调整乡村社会关系的社会规范；四是指村民基于协商民主而达成的社会契约。本书认为，村规民约是法治社会建设中的重要规范，全面调整着乡村社会关系，因而主要从"社会规范"层面界定其含义。

[2] 参见杨开道：《中国乡约制度》，商务印书馆 2015 年版。

想的延续。晚近西方社会科学的传入，尤其是"国家—社会"二元分析范式的引入，奠定了对于村规民约研究的"官治—民治"的理论基调。村规民约到底是属于官治还是民治，如何安置二者关系成了村规民约研究的中心议题。既有研究基本上都是在此框架下展开，内容涵括村规民约的定义、性质、地位、功能等方面。〔1〕其二，"中心—边缘"视角下村规民约的"特殊性"。"中心—边缘"视角认为村规民约是某个区域或文化共同体内的特殊性规范，强调村规民约的"地方性知识"特点。由于文化结构、自然结构等的差异，在全国主体性规范边缘客观存在一些"地方性知识"。从此视角出发，既有研究强调村规民约作为"地方性知识"的特殊性主要源自文化结构、区域自然结构的差异。〔2〕其三，"传统—现代"视角下村规民约的"传承性"。一些学者从历史的视角切入研究村规民约，解析村规民约作为"社会史的规范史"，从历史传统中寻找治理资源或现代法治建设资源，为弥合规范"断裂"与赓续传统作出努力。〔3〕其四，"规范—秩

〔1〕　参见张中秋："乡约的诸属性及其文化原理认识"，载《南京大学学报（哲学·人文科学·社会科学版）》2004年第5期；张静："乡规民约体现的村庄治权"，载《北大法律评论》1999年第1期；张广修等：《村规民约论》，武汉大学出版社2002年版。

〔2〕　有学者在考察回族、藏族聚居地后发现，这些地区在婚姻习俗、价值认同、纠纷调解等方面的村规民约与国家法有较大差异。一些少数民族地区村规民约深受民族传统风俗习惯影响。还有一些学者认为，村规民约也会因区域结构和自然结构之差异而表现出不同的特点，如在自然气候、山林资源丰富的地区，多会形成区域范围的环境保护、资源利用等村规民约。

〔3〕　参见卞利："明清徽州村规民约和国家法之间的冲突与整合"，载《华中师范大学学报（人文社会科学版）》2006年第1期；党晓虹、樊志民："传统村规民约的历史反思及其当代启示——乡村精英、国家政权和农民互动的视角"，载《中国农史》2010年第4期；谢长法："乡约及其社会教化"，载《史学集刊》1996年第3期；尹钧科："明代的宣谕和清代的讲约"，载《北京社会科学》1999年第4期；段自成："论清代的乡村儒学教化——以清代乡约为中心"，载《孔子研究》2009年第2期；等等。

序"视角下村规民约的"治理性"。一些学者通过实证方法对村规民约的具体实施展开研究，分析村规民约在维持社会秩序、实现社会整合、维风导俗方面发挥的"治理性"作用。[1]

国外学术界对中国村规民约并未展开专门、系统的讨论，与之相关的一些探讨主要从以下五个视角展开。其一，从法文化角度对中国传统乡约制度进行研究。如日本学者滋贺秀三、岸本美绪、寺田浩明等人在讨论明清法源时附带讨论了乡约，尤其侧重作为传统乡约主要形式之一的家族法规及"约"的性质，村规民约承载天理人情，是与国家法并行不悖的另一套规范。[2]其二，从法律多元的角度研究包括村规民约在内的非正式规范。在法律多元视角下村规民约是重要的社会规范之一，对现代社会中调整和维持社会秩序发挥着重要作用。持有此类观点的学者有罗伯托·曼格贝拉·昂格尔（Roberto Mangabeira Unger）、约翰·格里菲斯（John Griffiths）、M. B. 胡克（M. B. Hooker）、劳伦斯·弗里德曼（Lawrence M. Friedman）及千叶正士等。[3]其三，从中国少数民族习惯法的角度讨论村规民约。这些文献

---

〔1〕 参见语和、安宁："民间法视野中的村规民约——以河北省某村的民间调查为个案"，载《甘肃政法学院学报》2005 年第 5 期；罗昶："村规民约的实施与固有习惯法——以广西壮族自治区金秀县六巷乡为考察对象"，载《现代法学》2008 年第 6 期；侯猛："村规民约的司法适用"，载《法律适用》2010 年第 6 期；钱海梅："村规民约与制度性社会资本——以一个城郊村村级治理的个案研究为例"，载《中国农村观察》2009 年第 2 期；等等。

〔2〕 参见［日］滋贺秀三："清代诉讼制度之民事法源的考察——作为法源的习惯"，载王亚新、梁治平编：《明清时期的民事审判与民间契约》，王亚新、范愉、陈少峰译，法律出版社 1998 年版；［日］寺田浩明：《权利与冤抑：寺田浩明中国法史论集》，王亚新等译，清华大学出版社 2012 年版；岸本美绪『明清交替と江南社会 17 世紀中国の秩序問題』，東京大学出版会，1999 年；仁井田陞『中国の農村家族』，東京大学出版会，1952 年。

〔3〕 Roberto Mangabeira Unger, *Law in Modern Society*, New York: Free Press, 1976; John Griffiths, "What is legal pluralism?", *The Journal of Legal Pluralism and Un-*

主要讨论少数民族习惯法，但在讨论过程中对村规民约与习惯法并未严格区分。如早期日本学者对海南等地习惯法的研究，以及满铁调查组对内蒙古和东北地区民族习惯法的研究。美国学者葛维汉（David Crockett Graham）对西南地区少数民族习惯进行了大量的调研和记录。20世纪90年代以来，又有加藤美穗子、西村幸次郎、斯蒂文·赫瑞（Stevan Harrell）、埃里克·穆尔克（Erik Mueggler）、路易莎·谢恩（Louisa Schein）等学者对少数民族地区的习惯法及村规民约进行研究。[1]其四，从乡村治理的角度探讨村规民约的治理功能。美国学者杜赞奇（Prasenjit Duara）从国家内卷化（state involution）的角度讨论了国家权力向乡村扩张而导致乡村治理模式的改变；施坚雅（G. William Skinner）、牟复礼（Frederic Mote）讨论在"国家—社会"之间相互渗透和能动实践过程中城乡连续统一体（urban-rural continuum）的形成以及乡约的治理功能；裴宜理（Elizabeth J. Perry）讨论了在中国革命进程中村规民约作为一种文化操控（Cultural Patronage）方式发挥了巨大的作用；日本学者重田德（Shigeta Atsushi）认为传统乡村治理模式向"士绅统治"（gentry rule）过渡，士绅主导制定村规民约并推动实践，促使乡村秩序的形成；戒

（接上页）*official Law*, Vol. 18, 24（1986）; M. B. Hooker, *Legal Pluralism: An Introduction to Colonial and Neo-Colonial Laws*, Oxford: Clarendon Press, 1975; Lawrence M. Friedman, *The Legal System: A Social Science Perspective*, New York: Russel Sage Foundation, 1975; Masaji Chiba, *Legal pluralism: Toward a General Theory through Japanese Legal Culture*, Tokyo: Tokai University Press, 1989.

〔1〕　Susan D. Blum, "Margins and Centers: A Decade of Publishing on China's Ethnic Minorities", *The Journal of Asian Studies*, Vol. 61, 4（2002）; Erik Mueggler, *The Age of Wild Ghosts: Memory, Violence, and Place in Southwest China*, Berkeley: California University Press, 2001; Ralph A. Litzinger, *Other Chinas: The Yao and the Politics of National Belonging*, Durham: Duke University Press, 2000; Louisa Schein, *Minority Rules: The Miao and the Feminine in China's Cultural Politics*, Duke University Press, 2000.

能通孝、平野义太郎、清水盛光等日本学者则利用满铁调查资料
研究中国农村社会的基本结构，其中包括作为社会控制方式的
村规民约。此外，还有爱德华·弗里德曼（Edward Friedman）、
萧凤霞、戴慕珍以及梅林·马尼恩（Melanie Manion）等学者对
农村社会治理结构的研究也涉及村规民约问题。[1]其五，从纠
纷解决的角度讨论以村规民约为主导的解纷模式。学者黄宗智
讨论了清代民事审判中州县官员与地方乡绅之间共治的"第三
条道路"，在纠纷解决中州县官员依靠地方乡绅通过村规民约等
习惯规范进行调解。罗伯特·C. 埃里克森（Robert C. Ellickson）
认为在交织密集的群体中，没有正式的法律仍然可能有秩序，
强调了民间自发形成的规范的重要性；王斯福（Stephan Feucht-
wang）、王铭铭（Wang Mingming）讨论了福建等地四种基层卡
理斯玛型地方精英及其运用乡约等非正式规范解决纠纷的过
程。[2]

从国内外研究情况来看，当前学术界对村规民约的研究已
经达到了一定的广度和深度，尤其是对传统村规民约的现代递
嬗过程展开了较为全面系统的考察，拓展了村规民约的相关基
础理论。然而，值得注意的是，一方面，国外学术界对村规民
约的研究虽有涉及，但并无专门系统的研究，而是在讨论传统
法文化及传统社会秩序等问题时有所涉及，其观点深受海外汉

〔1〕 Prasenjit Duara, *Culture, Power, and the State: Rural North China, 1900–1942*, Stanford: Stanford University Press, 1988; G. William Skinner, "Chinese Peasants and the Closed Community: An Open and Shut Case", *Comparative Studies in Society and History*, Vol. 13, 3 (1971); 〔美〕欧博文: "中国村民委员会组织法的贯彻执行情况探讨", 载《社会主义研究》1994 年第 5 期; 等等。

〔2〕 参见黄宗智:《清代的法律、社会与文化: 民法的表达与实践》, 上海书店出版社 2007 年版; 黄宗智:《法典、习俗与司法实践: 清代与民国的比较》, 上海书店出版社 2007 年版; Stephan Feuchtwang and Wang Mingming, *Grassroots Charisma: Four Local Leaders in China*, New York: Routledge, 2001.

学研究传统的影响，也受发达国家社科理论背景及其研究范式之局限。另一方面，国内学术界对村规民约的研究已经取得较为丰富的成果，但无论是早期还是当下的一些研究，学者们的研究旨趣侧重于传统及当代村规民约的基础理论等方面，学理探讨多于实证研究，尤其对村规民约在乡村治理中的作用、主体、方式等相关问题的研究尚不充分，需要更为深入地讨论村规民约积极作用发挥的基础及相关制约因素，并在此基础上合理构建村规民约促进乡村治理法治化的合理机制。鉴于此，本书试图回答的中心问题是：村规民约在社会治理中具体有哪些积极作用？村规民约是如何生长实施的，推动其生长实施的力量有哪些？在法治社会建设背景下如何通过村规民约建设推进乡村治理法治化，从而在最大效用上整合乡村秩序？

　　本书将主要采用以下两种研究方法：其一，实证研究方法。采取人类学曼彻斯特学派的"个案延伸法"（Extended Case Method），尽可能收集典型个案，通过访谈、观察等方式"深描"（deep-description）村规民约实际运行情况。之后应用扎根理论（Grounded Theory）进行资料分析，通过提供系统的研究方法以保证研究人员解释理论的真实数据。扎根理论研究法要求在整个论证过程中具有多种比较与分析，并根据现状进行思考和转化，从而形成一个新的理论。为了提高研究质量，在研究的开展过程中，深入田野查阅、收集相关资料，并进行整理、分析，以及与当事人进行充分的交流都是必不可少而又行之有效的方式。本书对不同区域的村规民约及其作用运行机制进行比较分析，试图从中探索当前中国各区域村规民约在社会治理中相关问题的个性与共性。其二，规范分析法。本书结合实证调查经验对当前村规民约制度进行规范分析，从法律制度顶层设计和实际操作层面提出更好的建议。

　　笔者所在团队于2013年7月—2021年4月先后多次展开调研，调研地区包括北京、浙江、广西、贵州、甘肃、湖南、湖北、山东、安徽、河南、江西等省、市、自治区，入驻调研的行政村共计45个。所收集的相关研究资料基本上涵括了东南西北中五个区域，既包括发达地区如北京、浙江等，也涵盖了西部欠发达地区如贵州、云南、甘肃等，还有中部地区如湖南等。因此，本书所选取的研究样本比较具有代表性，能够在不同区域之间进行样本比较研究，获得更为全面的认识。

　　本书就村规民约与乡村治理、村规民约与移风易俗、乡村精英与村规民约实践、村规民约的司法适用、村规民约与村级治理法治化等问题展开讨论。本书章节安排如下：第一章为导论，主要阐明问题意识及研究文献等问题；第二章从历史视角梳理传统乡约到村规民约的演变过程；第三章从宏观上讨论村规民约与乡村治理之关系，尤其是村规民约在乡村治理中的积极作用及发挥机制构建问题；第四章主要讨论村规民约当前推进移风易俗方面的重要作用及方式，试图说明的是，如果很好地利用村规民约可以有效地改变旧俗规约，对于社会秩序的塑造与形成具有至关重要的作用；第五章讨论村规民约生长实施中的推动力量问题，乡村精英作为嵌生于乡村社会中的重要主体，对于村规民约的生长实施具有十分重要的作用；第六章讨论村规民约的司法适用现状及存在的问题，进而探讨民法典时代如何合理构建村规民约的司法适用机制；第七章讨论的是村规民约对当前村级治理法治化具有的促进作用；第八章为结论。

从传统乡约到村规民约的历史演变

纵观历史，乡规民约的发展大体经历了五个阶段：①北宋以前的乡约萌芽时期；②两宋时期的乡约发展时期；③明代的乡约成熟时期；④清代的乡约衰落时期；⑤民国至今的乡约复兴时期。以下将简略阐述乡规演变历史。

一、北宋以前的乡约萌芽

乡规民约根源于《周礼》。乡约与《周礼》中"十二教"的教化精神一致，并且继承发展了《礼记》中的乡饮酒礼。[1]《周礼》倡导礼俗教化，教官负责地方教化。《周礼·地官司徒·大司徒》中记载了"十二教"的礼教精神：一曰以祀礼教敬，则民不苟；二曰以阳礼教让，则民不争；三曰以阴礼教亲，则民不怨；四曰以乐礼教和，则民不乖；五曰以仪辨等，则民不越；六曰以俗教安，则民不偷；七曰以刑教中，则民不暴；八曰以誓教恤，则民不怠；九曰以度教节，则民知足；十曰以世事教能，则民不失职；十有一曰以贤制爵，则民慎德；十有二

---

[1] 杨开道：《中国乡约制度》，商务印书馆 2015 年版，第 39—42 页。

曰以庸制禄，则民兴功。"十二教"主张的教化手段无所不包，基本涵括了礼、刑、俗、仪四种。虽然"十二教"未明确指称"乡约"，但其承载的教化精神与后世乡约一致。《礼记》中"乡饮酒礼"的性质则更趋近于后世乡约。

《礼记·乡饮酒义》云："乡饮酒之礼：六十者坐，五十者立侍，以听政役，所以明尊长也。六十者三豆，七十者四豆，八十者五豆，九十者六豆，所以明养老也。民知尊长养老，而后乃能入孝弟。民入孝弟，出尊长养老，而后成教，成教而后国可安也。君子之所谓孝者，非家至而日见之也，合诸乡射，教之乡饮酒之礼，而孝弟之行立矣。"也就是说，"乡饮酒之礼"而非"专为饮食"，实为"行礼也"，目的是"明尊卑长幼之序"。以我们今天的说法就是，在饮酒聚会上，根据年龄长幼确定座位顺序、地位尊卑确定敬酒多少，这种礼仪背后所蕴含的是"长幼尊卑"的秩序，通过这种礼仪也能够起到示范教化作用。自《吕氏乡约》以降，乡约大多承续了这一点。乡约定期组织集会，一般于每月举行1—2次，如《增损吕氏乡约》规定"月旦集会"、《南赣乡约》规定"望月集会"等。

秦汉及以前的"乡约"中，乡村组织是极为重要的一部分，乡约教化礼仪的推行需要强有力的组织主导实施，于是产生了大量的乡村组织。秦汉及以前的乡村组织完整且健全，周礼确定了"比闾族党"，每一个组织都有一个小乡官，主持一切调查、教化、军族事务，把乡村政治、教育和武事结合在一起，实现"政教合一""文武合一"。[1]秦汉时期，有完整的乡治组织以及乡村领袖，即乡三老，乡三老上可直至朝廷，下可威化乡民，县官也要从乡三老中产生，乡三老甚至可以上书影响或

---

〔1〕 杨开道：《中国乡约制度》，商务印书馆2015年版，第5页。

改变皇帝的决定。乡三老在秦汉乡治系统里面具有举足轻重的地位。乡三老的年龄一般要在五十岁以上，而且在乡村社会中德高望重，能够以道德感召乡民。

秦汉以后，北方战乱纷争持续不断，南北对峙，五胡乱华，五代十国各自为政，农民流离失所，乡治传统及精神一度衰落。魏晋南北朝以后，除了北魏设"三长制度"，北齐设"邻比闾族"制度以及隋唐设"乡里制度"之外，尚无其他更多建树。

二、两宋时期乡约之发展

北宋熙宁二年（1069 年），宋神宗正式任命王安石为参知政事（副宰相），负责变法。王安石从《周礼》兵农制度中受到启发，推行保甲之法。王安石的保甲制之宗旨、功能及方案具体如下：

"先王以农为兵，今欲公私财用不匮，为宗社长久计，当罢募兵，用民兵。乃立保甲。其法：十家为保，有保长。五十家为大保，有大保长。十大保为都保，有都保正、副。主、客户两丁以上，选一人为保丁附保，两丁以上有余丁而壮勇者亦附之，内家资最厚。材勇过人者，亦充保丁。授之弓弩，教之战阵。每一大保，夜轮五人警盗。凡告捕所获，以赏格从事。同保犯强盗、杀人、强奸、略人、传习妖教、造蓄蛊毒，知而不告，依律五保法。余事非干己又非敕律所听纠，皆无得告，虽知情亦不坐；若依法邻保合坐罪者，乃坐之。其居停强盗三人，经三日，保邻虽不知情，科失觉罪。逃移、死绝，同保不及五家，并他保。有自外入保者，收为同保，户数足则附之，俟及十家，则别为保。置牌以书其户数、姓名。"[1]

---

〔1〕（明）陈邦瞻撰：《宋史纪事本末》（第一册），中华书局 2015 年版，第 346—347 页。

从王安石的保甲制设计中，我们不难看出，保甲制从兵农制度改造而来，实行"兵农合一"，一则是解决养兵之费用；二则解决地方治安问题。其组织单元分为保、大保及都保等。保甲组织的出现试图解决乡村地区治理问题，但是随着王安石变法的失败，保甲制无法得以延续。直到南宋以后，面对复杂的内外形势，保甲制又重新被提及，尤其是受到朱熹、王阳明及吕坤等人的推崇。保甲制发展出了一套行之有效的组织方法，为乡约组织之兴起提供了理论和实践层面的铺垫，又与乡约组织相互配合，为整体性乡治奠定了基础。

北宋熙宁九年（1076 年），王安石第二次被罢去宰相之位，但是仍留京师待用。是年六月，王安石之子离世，其沉浸于丧子之痛，无法集中精力推行新法，宋神宗遂允其辞官休养，新法此时已成失败之势。然而，与此同时，在陕西蓝田地区产生了新的"乡约"组织。乡约本是乡民共同商议约定的条文，但是也附带着一定的组织力量以施行，这种组织力量在功能上大体与保甲等农村组织类同。王安石以国家权力直接控制乡村为目标的保甲法遭到了保守派苏轼、司马光等人的反对，但苏轼、司马光也没有提出什么具体的办法替代保甲法。为了回应王安石的保甲法，使乡村治理得以有章可循、组织得法，吕氏兄弟尝设吕氏乡约，建立乡约组织。《吕氏乡约》可谓乡规民约的正式开端。乡约产生之时，关中理学正盛，乡约制度正是此时代学术思潮下的产物。

《吕氏乡约》又被称为《蓝田乡约》，其创设者为陕西汲郡的吕氏兄弟。吕氏兄弟一共六人，祖父吕通曾为太常博士，死后被葬于京兆府蓝田，故吕氏后裔迁往陕西蓝田落户。父亲吕赉，曾任比部郎中。兄弟六人，一人早夭，另一人并不出名，其余兄弟四人为吕大忠（字晋伯）、吕大防（字微仲）、吕大钧

（字和叔）、吕大临（字与叔）。兄弟四人皆登及第，并称"蓝田吕氏四贤"。兄弟四人在当地颇有威望，而且吕大防于北宋元祐元年（1086年）升至尚书左仆射兼门下省侍郎，封汲郡公，其他兄弟也是礼义持家或品德传世。明末黄宗羲在《宋元学案》中对此四人均有记载，并将其归为"关中礼学"。

据杨开道先生考证，《吕氏乡约》的作者为吕大钧，认为吕氏"四兄弟都曾参加意见，都曾参加发起，然而实行乡约的人，保护乡约的人，的确是和叔"。[1]吕大钧为吕氏乡约的主持者，吕大忠的作用次之，其他兄弟二人（吕大防、吕大临）仅起到协助作用。吕大防任职朝廷，忙于朝廷事务，无暇顾及乡约之事，仅有一些指导性意见；吕大临长于学问，精研理学，对乡约之事亦无从过问；吕氏大哥吕大忠于皇佑（1051年左右）举进士第之后始任华阴尉，自此正式开启仕途，一直在外为官，本与《吕氏乡约》没有太大关系。然而，在熙宁二年（1069年）王安石变法开始，吕大忠命运发生了改变。

熙宁元年（1068年），宋神宗即位，为了富国强兵，召王安石进京，委以宰相重任，让其主持变法。王安石为了变法顺利，便派出多人出使邻国议和。吕大忠和范育接到使命，权衡再三，认为不妥，吕大忠便写了奏章，着重指出此时和邻国议和的确没有把握，处理不当反会损害国家利益。因此他认为，此时不可主动前去议和。后来吕大忠和刘忱一起被派往辽国商议代州（今山西代县）以北的领土划分之事，这时其父吕贲病逝，吕大忠随即赶回蓝田奔丧，丧期未满即被召任知代州。辽使来到代州，不坐为他们安排的次席，却占主席位置，吕大忠见此情景愤然大怒，将次席搬移到长城以北。辽使无奈，只得

---

[1] 杨开道：《中国乡约制度》，商务印书馆2015年版，第36页。

听从吕大忠的安排。在领土划分问题上，辽使提出，只要把代州割让给辽国，辽国就不再侵犯宋朝，从此两国和平共处。宋神宗准备同意此条件，吕大忠站出来表示反对："彼遣使相来，即与代北之地，若有一使曰魏王英弼者，来求关南之地，则如何？"宋神宗闻之不悦，问道："卿是何言也？"刘忱说："大忠之言，社稷大计，愿陛下熟思之。"当时的文武大臣一时也都拿不出好方案，就将此事暂搁下来。随即朝廷把刘忱召回三司，吕大忠也被赶回故乡为父守孝。最后宋辽两国以分水岭为界。

吕大忠"守土议和"的主张并未得到宋神宗及王安石的认可。当时宋辽交战，宋王朝屡战屡败，在此历史背景下，吕大忠的这一主张很难在朝廷中得到支持。宋神宗以"为父守孝"的名义将吕大忠罢遣回乡，从此吕大忠赋闲在家，一直到元丰中叶（1081年左右）任河北转运判官才正式复出。熙宁九年（1076年），《吕氏乡约》创制之年，吕大忠正在陕西蓝田的家中。作为吕氏家族的长子，吕大忠对于乡约的制定多少是参与过的，但作为一家之长，并未直接制定乡约规范，只是提供一些指导性的思想和意见，而具体的主持者很有可能是吕大钧。因为吕大钧长期居于乡里，熟悉乡间规范，而且年富力强，所以，其极有可能是乡约的实际主持者，后来朱熹和黄宗羲经过考证，也都认为吕氏乡约的主持者为吕大钧。但是，这并不是说吕大忠、吕大防等人对《吕氏乡约》的形成没有贡献，他们的贡献也是存在的，只不过相对而言不那么明显而已。吕大防甚至以"似有干政之嫌"为由劝说吕大钧等人降低乡约的影响力及范围，改为家规或家法，以免在朝中引起结党营私之嫌。因此，《吕氏乡约》的实施范围并不大，可能仅限于吕氏家族，而且从吕大钧创设到去世（1080年去世），乡约真正的推行与实施也就只有三四年的光景。

尽管《吕氏乡约》推行时间比较短，但是它对中国乡约自治传统的形成具有十分重要的意义。《吕氏乡约》是由人民主持，人民起草的，是中国乡约社会实施民治的开端。在吕氏乡约产生以前，关于乡治还没有这种自治性组织出现。萧公权先生也指出《吕氏乡约》的积极意义，认为《吕氏乡约》"于君政官治之外别立乡人自治之团体，尤为空前之创制。《乡约》以德业相劝、过失相规、礼俗相交、患难相恤四事为目的。约众公推'约正'以行赏善罚恶之事。此种组织不仅秦汉以来所未有，即明初'粮长''老人'制度之精神亦与之大异。盖宋、明乡官、地保之职务不过辅官以治民，其选任由于政府，其组织出于命令，与《乡约》之自动自选自治者显不同科也。"[1]《吕氏乡约》的确是具有创设性的，在中国历史上开启乡民自治传统，尽管这一传统在明清时期逐渐被改造，但是自治对于乡村治理的影响一直存在。

《吕氏乡约》的基本主张是，树立共同道德标准、共同礼俗标准，使个人行为有所遵守，不致溢出标准范围以外。围绕着道德教化和礼俗规范，《吕氏乡约》的内容大体包括四个方面：其一，德业相劝；其二，过失相规；其三，礼俗相交；其四，患难相恤。四款条目的具体约文兹录如下。

吕氏乡约[2]

德业相劝

德谓见善必行，闻过必改。能治其身，能治其家，能事父

---

〔1〕 萧公权：《中国政治思想史》，中国人民大学出版社 2014 年版，第 333 页。

〔2〕 牛铭实编著：《中国历代乡规民约》，中国社会出版社 2014 年版，第105—108 页。

兄，能教子弟，能御童仆，能事长上，能睦亲故，能择交游，能守廉介，能广施惠，能受寄托，能救患难，能规过失，能为人谋，能为众集事，能解斗争，能决是非，能兴利除害，能居官举职。凡有一善，为众所推者，皆书于籍，以为善行。业谓居家则事父兄、教子弟、待妻妾，在外则事长上、接朋友、教后生、御童仆。至于读书、治田、营家、济物、好礼乐射御书数之类，皆可为之。非此之物，皆为无益。

过失相规

过失谓犯义之过六，犯约之过四，不修之过五。犯义之过一曰酗博斗讼（酗谓恃酒喧竞，博谓博赌财物，斗谓斗殴骂詈，讼谓告人罪匿、意在害人者。若事干负累又为人侵损而诉之者，非）。二曰行止踰违（踰违多端，众恶皆是）。三曰行不恭孙（逊）（侮慢有德有齿者，持人短长及恃强陵犯众人者，知过不改，闻谏愈甚者）。四曰言不忠信（为人谋事、陷人于不善，与人要约，过即背之。及诬妄百端，皆是）。五曰造言诬毁（诬人过恶，以无为有，以小为大，面是背非，或作朝咏匿名文书，及发扬人之私隐无状可求，及喜谈人之旧过者）。六曰营私太甚（与人交易伤于掊克者，专务进取不恤余事者，无故而好干求假贷者，受人寄托而有所欺者）。

犯约之过四，一曰德业不相劝，二曰过失不相规，三曰礼俗不相交，四曰患难不相恤。

不修之过五，一曰交非其人（所交不限士庶，但凶恶及游惰无行众所不齿者，若与之朝夕游从，则为交非其人。若不已暂往还者，非）。二曰游戏怠惰，游谓无故出入及谒见人止务闲适者。戏谓戏笑无度及意在侵侮，或驰马击鞠之类不赌财物者。怠惰谓不修事业及家事不治、门庭不洁者）。三曰动作无仪（进退太疏野及不恭者，不当言而言、当言而不言者，衣冠太饰及全不完整者，不衣冠入街市者）。四曰临事不恪（主事废忘、期会后时、临事怠慢者）。五曰用度不节（不计家之有无过为侈费者，不能安贫而非道营求者）。已（以）上不修之过，每犯皆书于籍，三犯则行罚。

礼俗相交

凡有婚姻丧葬祭祀之礼，《礼经》具载，亦当讲求。如未能遽行，且从家传旧仪，甚不经者，当渐去之。

凡与乡人相接及往还书问，当众议一法，共行之。

凡遇庆吊，每家只家长一人与同约者皆往。其书问亦如之。若家长有故，或与所庆吊者不相识，则其次者当之。所助之事，所遗之物，亦临时聚议，各量其力，裁定名物及多少之数。若契分浅深不同，则各从其情之厚薄。

凡遗物，婚嫁及庆贺，用币帛羊酒蜡烛雉兔果实之类，计所直（值）多少，多不过三千，少至一二百。丧葬，始丧则用衣服或衣段以为襚礼，以酒脯为奠礼，计直（值）多不过三千，少不过一二百。至葬则用饯帛为赙礼，用猪羊酒蜡烛为奠礼，计直（值）多不过五千，少至三四百。灾患，如水火盗贼疾病刑狱之类，助济者以钱帛米谷薪炭等物，计直（值）多不过三千，少至二三百。

凡助事，谓助其力所不足者。婚嫁则借助器用，丧葬则又借助人夫及为之营干。

患难相恤

患难之事七，一曰水火（小则遣人救之，大则亲往，多率人救之，并吊之）。二曰盗贼（居之近者同力捕之。力不能捕，则告于同约者及白于官司，尽力防捕之）。三曰疾病（小则遣人问之。稍甚，则亲为博访医药。贫无资者，助其养疾之费）。四曰死丧（阙人干，则往助其事。阙财，则赙物及与借贷。吊问）。五曰孤弱（孤遗无所依者，若其家有财可以自赡，则为之处理。或闻于官，或择近亲与邻里可托者主之，无令人欺罔。可教者，为择人教之，及为求婚姻。无财不能自存者，叶力济之，无令失所。若为人所欺罔，众人力与办理。若稍长而放逸不检，亦防察约束之，无令陷于不义也。六曰诬枉（有为诬枉过恶、不能自申者，势可以闻于官府，则为言之。有方略可以解，则为解之。或其家因而失所者，众以财济之）。七曰贫乏（有安贫守分而生计大不足者，众以财济之，或为之假贷置产以岁月偿之）。凡同约者，财物器用车马人仆，皆有无相假。若不急之用及有所妨者，亦不必借。可借而不借，及逾期不还，及损坏借物者，皆有罚。凡事之急者，自遣人遍告同约。事之缓者、所居相近及知者，告于主事，主事遍告之。凡有患难，虽非同约，其所知者，亦当救恤。事重，则率同约者共行之。

罚式

犯义之过，其罚五百（轻者或损至四百三百）。不修之过及犯约之过，其罚一百（重者或增至四百三百）。犯轻过，规之而听及能自举者，止书于籍，皆免罚，若再犯者不免。其规之不听，听而复为，及过之大者，皆即罚之。其不义已甚，非士论所容者，及累犯，重罚而不悛者，特聚众议，若决不可容则皆绝之。

聚会

每月一聚，具食。每季一会，具酒食。所费率钱，合当事者主之。遇聚会，则书其善恶，行其赏罚。若约有不便之事，共议更易。

主事

约正一人或二人，众推正直不阿者为之。专主平决赏罚当否。直月一人，同约中不以高下、依长少轮次为之，一月一更，主约中杂事。

人之所赖于邻里乡党者，犹身有手足，家有兄弟，善恶利害皆与之同，不可一日而无之。不然，则秦越其视，何与于我哉，大忠素病于此，但不能勉。愿与乡人共行斯道。惧德未信，动或取咎，敢举其目先求同志。苟以为可，愿书其语，成吾里仁之美，有望于众君子焉。熙宁九年十二月初五日汲郡吕大忠白。

从《吕氏乡约》约文内容来看，"德业相劝"是首要的规定。"德"谓之道德品性，"业"谓之生存事业。前者为做人，后者为做事。"德"之下包括：①见善必行，闻过必改；②能治其身，能治其家；③能事父兄，能教子弟，能御童仆，能事长上；④能睦亲故，能择交游；⑤能守廉介，能广施惠，能受寄托；⑥能救患难，能规过失；⑦能为人谋，能为众集事，能解斗争，能决是非；⑧能兴利除害，能居官举职。以上第一类是普通的德行，正对德业相劝，过失相规而言；第二类也是普通的德行，从修身，齐家方面着想；第三类是家庭里面的特殊德行；第四类是家庭外面的特殊德行；第五类是经济方面的特殊德行；第六类是对患难相恤、过失相规两条约文而言；第七类是社会方面的特殊德行；第八类是政治方面的特殊利益。[1]同样，"业"之下包括：①事父兄、教子弟、待妻妾；②事长上、接朋友、教后生、御童仆；③读书、治田、营家、济物、好礼乐射御书数。其中，第一类为居家规范，第二类为待人处事规范，第三类则为正当之事业。这三类"业"贯穿乡民日常生活的方方面面，可谓对"德"的具体行为化。

"过失相规"包括三类。第一类为"犯义之过"，具体包括

---

[1]　杨开道：《中国乡约制度》，商务印书馆2015年版，第74页。

"酗博斗讼""行止踰违""行不恭孙（逊）""言不忠信""造言诬毁"及"营私太甚"六种行为。第二类为"犯约之过"，即德业不相劝、过失不相规、礼俗不相交以及患难不相恤等都是过失。第三类为"不修之过"，具体包括"交非其人""游戏怠惰""动作无仪""临事不恪"及"用度不节"五种行为。上述三类过失，最为严重的是"犯义之过"，不仅会对社会道德体系造成致命的冲击，而且损害他人的实际利益；其次是"不修之过"，这类过失主要是个体的自我修养及持家礼仪等方面，对整个社会的破坏相对没有"犯义之过"严重；最后则是"犯约之过"，这类过失规定得相对比较笼统，可以指违反条约内容的一切行为，相当于现代法律中的"兜底条款"，因而处罚力度较轻，条约效力也相应较低。

"礼俗相交"条目主要是对日常婚姻、丧葬及祭祀活动中的礼俗交往规范、交往标准等方面进行了详细规定。如庆贺或吊唁活动中，每家仅需家长一人代表，与同约的人一同前往。至于具体送什么物品，送多少数量，这些需要大家共同商定，而且可以根据情分深浅等具体情况进行调整。如果是赠送东西、婚嫁及庆贺的场合，则可以送礼金、布匹、羊、酒、蜡烛、鸡、兔及水果等，价值多的不得超过三千钱，少的可以是一二百钱。也就是说，通过乡约条款来限制礼尚往来过程中相互攀比及铺张浪费的情况，更为重要的是，"礼俗相交"条款确定礼物规则，能够确保社区共同体在日常存续过程中的团结互助及秩序稳定。本书第四章在讨论"敦风化俗"问题时，也同样讨论了黔东南地区黄门、华寨及瑶白三村通过乡规重新调整乡间礼仪交往规范，规定礼尚往来的一些具体准则，这种方式在很大程度上与《吕氏乡约》中"礼俗相交"条目的功能是一致的，两者之间具有传承性。

"患难相恤"条目之下包括七类"患难之事":一曰水火;二曰盗贼;三曰疾病;四曰死丧;五曰孤弱;六曰诬枉;七曰贫乏。在遇到这七类难事之时,乡民之间应该相互帮助,以达到救灾恤邻的目的。这方面的功能主要为公共秩序维护、公共事业实施及乡民个体命运等方面,与今天村规民约的功能大体一致。如"水火"主要是指村庄防水治河及消防救火等方面;"盗贼"就是指村庄缉拿盗贼与社会治安方面;"疾病"是指村庄卫生防疫方面,与今天的卫生防疫村规与健康检查村规的精神基本上是一致的;"死丧"是指在死亡丧葬方面,在人财物等方面给予一定帮助;"孤弱"即指对村中孤儿在生活、教育、抚养及成家等方面给予扶助,这一点有点类似今天的"福利院"性质;"诬枉"是指如果陷入狱讼,自己无力申诉及澄清,可由村中有权势的人出面帮助申诉,对于牢狱之灾而造成的流离失所,村庄也应相互帮助;"贫乏"就是指对贫穷的人给予帮助,类似于今天的慈善救济。

"德业相劝""过失相规""礼俗相交"以及"患难相恤"四个条目为《吕氏乡约》的核心内容,除此之外还有"罚式""聚会"及"主事"三个条目,相当于辅助性条款,以促进乡约有效实施。例如,"罚式"条目主要规定的是罚款的方式及力度。一般性的犯约之过,如果规劝之后能够改正,则可以只记载于"簿籍";如果是不修之过,则要罚款一百钱,情节严重者可增加至三四百钱;如果是犯义之过,则一律罚五百钱。当然,最严重的处罚还是直接让其"出约",相当于驱逐出村。在农业生产力低下的古代,这种处罚是相当残酷的。因为古代农业生产需要合作才能进行,所以这可能意味着出约之人会陷入生存绝境,脱离赖以生存的物质及社会基础。"聚会"条目则主要是陈述乡约聚会议事规则,以便宣讲乡约,施行教化。"主事"条目则主要是规定乡约组织机构及领导团队，人员的组成需要仔细甄别，而且要有较高的道德品行。

《吕氏乡约》的第一个特点十分明显，其是一个纯粹"民治"的产物，没有丝毫官方的影响。《吕氏乡约》的主持者是吕大钧，辅助者是吕氏其余三兄弟，实践者是吕氏家族全体成员，从制定、实施到推广，都是乡民自治的结果，没有掺杂半点官方力量。村民参与入约也完全出于自愿，没有任何强迫的意思。《吕氏乡约》的第二个特点是倡导教化，"德业相劝""过失相规""礼俗相交"以及"患难相恤"四个条目就是延续《周礼》的教化精神，敦风化俗，礼义传家，仍然是推行儒家的价值理念。《吕氏乡约》的第三个特点是规定了比较详细的处罚规则，其是中国历史上第一份正式的乡约即明确规定了处罚规则，这也使乡约得以顺利施行，确保了乡约的有效实施。当然，相较于"德业相劝""过失相规""礼俗相交"以及"患难相恤"四个以教化为主的条目，"罚式"仍显粗略，大概认为道德教化工作做好了，也就不存在违反的情况。德主刑辅，处罚也是为了更好地促进教化，只不过其是必要时才会采用的手段。

北宋灭亡，康王南渡，以吕氏兄弟为代表的"关中礼学"衰落，《吕氏乡约》也随之被破坏殆尽。南宋时期，朱熹根据吕大钧遗著重编《乡约》《乡仪》两篇，使《吕氏乡约》得以赓续流传。朱熹将其扩展增编，流传甚广，后世称为《增损吕氏乡约》，久之人们竟将其与《吕氏乡约》相混，以为朱子的《增损吕氏乡约》即为吕氏兄弟所创的《吕氏乡约》。尽管朱熹最初只是对《吕氏乡约》进行编考及增损，以发展自身礼学思想，但并未想到《吕氏乡约》会因为自己的增损而推行天下。况且朱熹在世时，他的学说并未被列为"官学正统"，在南宋士大夫阶层也未获得较多支持者。庆元二年（1196 年）十二月开始，朱熹卷入"庆元党禁"之祸，一度被斥为奸党、伪学魁首，门徒弟子众人大都被流放、进监，因此很难有人注意到他对《吕氏乡约》的增损贡献。庆元六年（1200 年）春，71 岁的朱熹以"伪学党魁"的身份去世，死后并未被恢复名誉。直到嘉泰二年（1202 年），朱熹死后的第二年才被免除"伪学党魁"的身份；嘉定二年（1209 年）其被朝廷谥为"文公"；嘉定四年（1211 年），立其《四书章句集注》于官学，元明以后成为科举考试的钦定教科书和权威标准；"端平更化"（1233 年）后，理学成为官方哲学，朱熹和理学大师周敦颐、程颢、程颐、张载先后入祀孔庙；淳祐元年（1241 年），其又被宋理宗赵昀封为"徽国公"。直到此时，朱熹的学说才成为儒学正统，理学成为官方的主要意识形态，《增损吕氏乡约》也才获得广泛流传的机会。

朱熹对《吕氏乡约》的增损，主要体现在如下几个方面。

第一，删除"罚式"部分。朱子认为《吕氏乡约》采取"罚金""出约"等方式过于严厉，而且不利于精神感化和思想教化，因此将此二种罚式取消，仅仅保留"书籍"这种处罚方式，将善行均记载于簿册。从这里可以看出，朱熹对于乡约适用"罚式"一直是持审慎态度的，更为重要的是，他认为处罚解决不了任何问题，而且可能与乡约的宗旨及精神相悖。

第二，将集会形式改为"月旦集会读约之礼"，详细规定集会读约的时间、地点、人员、会场设置、礼仪、程序等内容，可谓设计周密细致（兹录部分内容如下）。如今的村民代表大会[1]同样有固定的程序及规定，只不过教化功能日渐式微，仅仅只是乡村议事机构，村民对村民代表大会的参与也多半流于形式。

---

〔1〕 如无特别说明，本书通用"村民代表大会"与"村民代表会议"这两种表述。

朱子增损吕氏乡约[1]

月旦集会读约之礼

而又为月旦集会读约之礼如左方。曰：凡预约者，月朔皆会。（朔日有故，则前期三日别定一日，直月报会者。所居远者，唯赴孟朔。又远者，岁一再至可也。）直月率钱具食。（每人不过一二百，孟朔具果酒三行，面饭一会。余月则去酒果，或直设饭可也。）会日夙兴，约正副正直月本家行礼，若会族罢，皆深衣俟于乡校。设先圣先师之象于北壁下，（无乡校则别择一宽闲处。）先以长少叙拜于东序，（凡拜，尊者跪而扶之，长者跪而答其半，稍长者俟其俯伏而答之。）同约者如其服而至，（有故，则先一日使人告于直月。同约之家子弟虽未能入籍，亦许随众序拜。未能序拜，亦许侍立观礼。但不与饮食之会。或别率钱，略设点心于他处。）俟于外次既集，以齿为序，立于门外东向北上。约正以下出门西向南上。（约正与齿是尊者正相向。）揖迎入门，至庭中北面皆再拜。约正升堂，上香，降，与在位者皆再拜。（约正升降，皆自阼阶。）揖，分东西向立。（如门外之位。）约正三揖，客三让。约正先升，客从之。（约正以下升自阼阶，余人升自西阶。）皆北面立……直月抗声读约一过，副正推说其意，未达者许其质问。于是约中有善者众推之，有过者直月纠之，约中询其实状于众。无异辞，乃命直月书之。直月遂读记善籍一过。命执事以记过籍遍呈在坐，各默观一过。既毕，乃食。食毕，少休。复会于堂上。或说书，或习射论讲从容。（讲论须有益之事，不得撤道神怪僻悖乱之言，及私议朝廷州县政事过失，及扬人过恶。违者，直月纠而

---

〔1〕 牛铭实编著：《中国历代乡规民约》，中国社会出版社 2014 年版，第118—119 页。

书之。）至晡乃退。

第三，"礼俗相交"部分修改扩充，将吕大钧《乡仪》部分的内容加入其中，依据三纲五常等伦理道德原则，详细说明了尊幼辈行、造请拜揖、请召送迎及庆吊赠遗等礼仪程式（具体如下），其余"德业相劝""过失相规"以及"患难相恤"三个条目改动则相对较小。

朱子增损吕氏乡约[1]

礼俗相交

礼俗之交，一曰尊幼辈行，二曰造请拜揖，三曰请召送迎，四曰庆吊赠遗。

尊幼辈行凡五等，曰尊者（谓长于己三十岁以上在父行者，一作长于己二十岁以上者），曰长者（谓长于己十岁以上在兄行者），曰敌者（谓年上下不满十岁者，长者为稍长，少者为稍少），曰少者（谓少于己十岁以下者），曰幼者（谓少于己二十岁以下者）。

造请拜揖凡三条。曰凡少者幼者于尊者长者，岁首冬至四孟月朔辞见贺谢，皆为礼见。（皆具门状，用襆头、公服、腰带、靴、笏。无官，具名纸，用襆头、襕衫、腰带、系鞋。唯四孟通用帽子、皂衫、腰带。凡当行礼而有恙故，皆先使人白之。或遇雨雪，则尊长先使人论止来者。）此外候问起居质疑白事及赴请召，皆为燕见。（深衣凉衫皆可，尊长令免即去之。）尊者受谒不报。［岁首冬至具己幸（姓）名牓子，令子弟报之，如其服。］长者岁首冬至，具牓子报之，如其服。余令子弟以己

---

[1]　牛铭实编著：《中国历代乡规民约》，中国社会出版社 2014 年版，第 115—118 页。

名牓子代行。凡敌者，岁首冬至，辞见贺谢相往还。（门状名纸同，唯止服帽子。）凡尊者长者无事而至少者幼者之家，唯所服。（深衣凉衫道服背子可也，敌者燕见亦然。）

曰凡见尊者长者，门外下马，俟于外。次乃通名。〔凡往见人，入门必问主人食否，有他客否，有他干否。度无所妨，乃命展刺。有所妨，则少俟，或且退。后皆放（仿）此。〕主人使将命者先出迎客，客趋入，至庑间，主人出降阶，客趋进主人揖之。升堂礼见，四拜而坐。燕见不拜。（旅见则旅拜，少者幼者自为一列。幼者拜则跪而扶之，少者拜则跪扶而答其半。若尊者长者齿德殊绝，则少者幼者坚请纳拜，尊者许则立而受之，长者许则跪而扶之。拜讫，则揖而退。主人命之坐，则致谢讫，揖而坐。）退，〔凡相见，主人语终不更端，则告退。或主人有倦色，或方干事而有所俟者，皆告退可也。后者皆放（仿）此。〕则主人送于庑下。若命之上马，则三辞。许，则揖而退出大门乃上马。不许，则从其命。凡见敌者，门外下马，使人通名，俟于庑下或厅侧。礼见则再拜。（稍少者先拜，旅见则特拜。）退则主人请就阶上马。（徒行则主人送于门外。）凡少者以下，则先遣人通名，主人具衣冠以俟。客入门下马，则趋出迎，揖，升堂，来报礼则再拜谢。（客止之，则止。）退则就阶上马。（客徒行则迎于大门之外，送亦如之，仍随其行数步，揖之则止，望其行远乃入。）

曰凡遇尊长于道，皆徒行，则趋进，揖。尊长与之言，则对。否则立于道侧，以俟尊长已过，乃揖而行。或皆乘马，于尊者则回避之，于长者则立马道侧，揖之，俟过乃揖而行。若己徒行而尊长乘马，则回避之。〔凡徒行遇所识乘马，皆放（仿）此。〕若己乘马而尊长徒行，望见则下马，前，揖，己避亦然。过既远，乃上马。若尊长令上马，则固辞。遇敌者皆乘马，则分道相揖而过。彼徒行而不及避，则下马揖之，过则上马。遇少者以下皆乘马，彼不及避，则揖之而过彼。徒行不及避，则下马揖之。（于幼者，则不必下可也。）

请召送迎凡四条。凡请尊长饮食，亲往投书。（礼薄则不必书，专召他客则不可兼召尊长。）既来赴，明日亲往谢之。召敌者以书简，明日交使相谢。召少者用客目，明日客亲往谢。曰凡聚会，皆乡人，则坐以齿，（非士类则不。）若有亲则别叙。若有他客，有爵者则坐以爵，（不相妨者坐以齿。）若有异爵者，虽乡人亦不以齿。（异爵谓命士大夫以上，今陞朝官是。）若特请召，或迎劳出钱，皆以专召者为上客，如婚礼则姻家为上客，皆不以齿爵为序。曰凡燕集，初坐别设桌子于两楹间，置大杯于其上。主人降席，立于桌东。西向上客，亦降席，立于桌西。东向主人取杯，亲洗上客，辞，主人置杯桌子上，亲执酒斟之，以器授执事者，遂执杯以献上客，上客受之，复置桌子上。主人西向再拜，上客东向再拜。兴，取酒东向跪祭，遂饮以杯，授赞者遂拜，主人答拜。（若少者以下为客，饮毕而拜，则主人跪受如常。）上客酢主人如前仪，主人乃献众宾如前仪，唯献酒不拜。（若众宾中有齿爵者，则特献如上客之仪，不酢。）若婚会，姻家为上客，则虽少，以答其拜。曰凡有远出远归者，则迎送之。少者幼者不过五里，敌者不过三里。各期会于一处，拜揖如礼。有饮食则就饮食之。少者以下，俟其既归，又至其家省之。

庆吊赠遗凡四条。曰凡同约有吉事，则庆之。（冠子生子预荐登第进官之属，皆可贺。婚礼虽曰不贺，然礼亦曰贺娶妻者。盖但以物助其宾客之费而已。）有凶事则吊之。（丧葬水火之类。）每家只家长一人与同约者俱往，其书问亦如之。若家长有故，或与所庆吊者不相接，则其次者当之。曰凡庆礼如常仪，有赠物，（用币帛酒食果实之属，众议定量力定数，多不过三五干，少至一二百。如情分厚薄不同，则从其厚薄。）或其家力有不足，则同约为之借助器用及为营干。凡吊礼，闻其初丧，为易服，则率同约者深衣而往，哭吊之。（凡吊尊者，则为首者致辞而旅拜，故以下则不拜，主人拜则答之。少者以下则扶之。不识生者则不吊，不识死者则不哭。）且助其凡百经营之事。主人既成服，则相率素襆斗素带，（皆以白生纱绢为之。）具酒果食物而往奠之。（死者是故以上，则拜而奠，以下则奠而不拜。主人不易服，则亦不易服。主人不哭，则亦不哭。情重，则虽主人不变不哭，亦变而哭之。赙礼用钱帛，众议其数如庆礼。）及葬，又相率致赗，俟发引则素服而送之。（赗如赙礼或以酒食犒，其后夫及为之干事。）及卒哭及小祥及大祥，皆常服吊之。曰凡丧家，不可具酒食衣服以待吊客，吊客亦不可受。曰凡闻知之丧或远不能往，则遣使致奠，就外次衣吊服，再拜，哭而送之。（唯至亲笃友为然。）过期年则不哭，情重则哭其墓。

右礼俗相交事，直月主之。有期日者，为之期日。当纠集者，督其违慢。凡不如约者，以告于约正而诘之，且书于籍。

虽然朱熹没有将增损之后的《吕氏乡约》付诸实践，但是，作为理学大家，朱熹对《吕氏乡约》的增损无疑添加了自身的价值追求及学术理想。无论如何，朱熹继承和发扬了《吕氏乡约》，一方面，通过《增损吕氏乡约》将《吕氏乡约》承载的关中礼学精神予以传承，又加以理学改造，"以通于今"；另一方面，随着朱熹一代理学宗师地位的奠定，从而使《吕氏乡约》真正从关中走向全国，并得到士大夫阶层的普遍认可，如方孝孺、王阳明、吕坤及陆世仪等人。

三、明代乡约体系之成熟

乡约在元代已经中断，农村组织方面除了乡里、都图及社制外，并无其他更多建树。元代毕竟是蒙古人建立的政权，游牧民族本就没有农耕文明下的乡村里社传统，因此在乡约方面的匮乏也就不足为怪。

　　及至明代，乡约得以继续发展。明朝初年，明太祖朱元璋为了实现对基层社会的有效控制，主要采用里甲制度。里甲制与保甲制并不相同，里甲制起源于古代"里""社"组织传统，明太祖充分发挥其社祭功能，在其基础上设"里社坛"，以便注入民间宗教力量来控制民众，因此"里甲制"具有较为强大的地方治理功能。根据王崇峻先生的考证，里甲制的职责主要有如下八种。其一，里甲负责"邻里互知丁业"。这项功能主要是为了了解邻里民众的基本情况，便于监督，有点类似保甲的监督连坐之法。其二，编造黄册与丈量土地。这项职责是为赋税制度的施行奠定基础，调查人口情况，编写"鱼鳞图册"。其三，颁布《教民榜文》，赋予里甲更多的职权。朱元璋于洪武二十一年（1388 年）颁布《教民榜文》，以解决民事"细故"纠纷赴京上告造成的资源浪费问题。在《教民榜文》中，朱元璋赋予里甲老人裁判决断权，明确规定十恶、强盗、杀人以外的纠纷（如户婚、田土、钱债等）不得直接告官，而是必须经由里甲老人审理；赋予里甲老人缉捕盗贼、逃兵与逃囚的职能；赋予里甲老人惩治刁顽、为非作歹、挟制良善者的权力；里甲老人带头遵守乡饮酒礼的各项规定，并负责主持和监督乡饮酒礼程序；里甲老人可负责陈报民众孝顺节义等善行，将善行造册上奏朝廷；里甲老人可持木铎劝善（木铎即木材质做的铃），例如，每乡每里的年老或残疾不能理事的人，或者是双目失明的人，由小儿牵着游行乡里，每个月 6 次；里甲老人负责监督农事，击鼓明示农业活动的进展；遇到婚丧吉凶之事，里甲老人要督促里民之间相互扶助。

除了通过里甲制进行社会控制之外，朱元璋还颁布"圣谕六言"以教化天下，规定《教民榜文》必须在里甲集会之上宣读，与此同时，老人持铎游行乡里时，需要高声喊出"孝顺父母、恭敬长上、和睦乡里、教训子孙、各安生理、毋作非为"[1]，这六句条目就是朱元璋的"圣谕六言"。不可否认，"圣谕六言"在很大程度上改编自《吕氏乡约》"德业相劝""过失相规""礼俗相交"以及"患难相恤"四款。"孝顺父母""恭敬长上"大体与《吕氏乡约》中"能事父兄，能教子弟，能御童仆，能事长上"一致，"和睦乡里"与《吕氏乡约》中"礼俗相交"大体一致，"教训子孙""各安生理""毋作非为"与《吕氏乡约》中"过失相规"下条目精神接近。所以，尽管明代自朱元璋开始直到中叶，没有采用"乡约"之名，但是实际上仍然是采用了"乡约"这一套体系，只不过这种体系是以另一种方式呈现出来的。这种呈现方式显然是与朝廷命令结合在一起，不再只是民间的自发提倡。

明代的乡约，虽然有方孝孺、唐豫、陈宣等人的提倡[2]，但是一直比较零散，直到王守仁的《南赣乡约》才正式成形。王守仁，自号阳明子，学者称为阳明先生，亦称王阳明。王阳明先生一生，文治武功，堪称千古奇才，其对乡约的贡献本为极其微末之事，但是对后世乡约发展具有极为重要的意义。

明正德十二年（1517 年），王阳明出任都察院左佥都御史，巡抚南赣、汀、漳等处，负责平定赣、闽、粤三省盗匪事宜，期间制定"十家牌法"与《南赣乡约》。"十家牌法"实际上是一套脱胎于保甲制的地方治安手段，对乡村社会进行管理。"十

---

〔1〕 杨一凡点校：《皇明制书》（第二册），社会科学文献出版社 2013 年版，第 728 页。

〔2〕 如方孝孺"乡族之法"、唐豫"平步乡约"、陈宣"夷陵乡约"等。

家牌法"规定每十家为一牌，牌上注明各家的丁口、籍贯、职业，轮流巡查，如果发现一家隐匿盗贼，则其余九家连坐；如果牌中有人口变动，则需及时向官府申报，否则会受到相应的惩罚。可见，"十家牌法"实际上是保甲制的强化与提升，目的是实施军训、改革风俗、增进道德，使基层控制更为严密。

明正德十五年（1520年），在"十家牌法"的基础之上，王阳明又颁布了《南赣乡约》。王阳明制定《南赣乡约》主要是受到《吕氏乡约》的启发。明正德十一年（1516年），以谢志珊为首的农民起义军，与以蓝天凤为首的起义军据横水、左溪、桶冈等寨（在今江西省赣州市崇义县境内），和浰头寨起义军相呼应。王阳明在征剿横水、左溪、桶冈三寨时，通过与南康县（今江西省赣州市南康区）官方及民间人士的接触，发现南康境内吕氏后裔保存的族谱中有陕西蓝田吕氏先祖创制的《吕氏乡约》全本，阅后大受启发，以此为基础创制《南赣乡约》，在南安、赣州两府推广，其他各州府以此为参考。王阳明认为，通过乡约方式可以促使人们道德教化，"破山中贼易，破心中贼难"，山中之贼剿灭容易，而心中之贼破除则难，只有通过乡约教化才能从根本上破除"心中之贼"。《南赣乡约》约文凡十六条，规定了全乡人民共同遵守的道德公约，其中涉及军事训练、政治教育、道德陶冶等内容，兹录如下。

南赣乡约[1]

咨尔民，昔人有言，蓬生麻中，不扶而直。白沙在泥，不染而黑。民俗之善恶，岂不由于积习使然哉！往者新民，盖常

---

[1]　牛铭实编著：《中国历代乡规民约》，中国社会出版社2014年版，第125—128页。

弃其宗族，畔（叛）其乡里，四出而为暴。岂独其性之异，其人之罪哉。亦由我有司治之无道，教之无方。尔父老子弟所以训诲戒饬于家庭者不早，薰陶渐染于里闬者无素，诱掖奖劝之不行，连属叶和之无具。又或愤怨相激，狡伪相残，故遂使之靡然日流于恶。则我有司与尔父老子弟，皆宜分受其责。呜呼！往者不可及，来者犹可追。故今特为乡约，以协和尔民，自今凡尔同约之民，皆宜孝尔父母，敬尔兄长，教训尔子孙，和顺尔乡里。死丧相助，患难相恤，善相劝勉，恶相告戒，息讼罢争，讲信修睦。务为良善之民，共成仁厚之俗。

呜呼！人虽至愚，责人则明。虽有聪明，责己则昏。尔等父老子弟，毋念新民之旧恶，而不与其善。彼一念而善，即善人矣。毋自恃为良民，而不修其身。尔一念而恶，即恶人矣。人之善恶，由于一念之间。尔等慎思吾言，毋忽。

一、同约中，推年高有德为众所服者一人为约长，二人为约副。又推公直果断者四人为约正，通达明察者四人为约史，精健廉干者四人为知约，礼仪习熟者二人为约赞。置文簿三扇。其一扇备写同约姓名及日出入所为，知约司之。其二扇一书彰善，一书纠过，约长司之。

二、同约之人，每一会，人出银三分，送知约。具饮食，毋大奢，取免饥渴而已。

三、会期以月之望。若有疾病事故不及赴者，许先期遣人告知约。无故不赴者，以过恶书，仍罚银一两公用。

四、立约所于道里均平之处，择寺观宽大者为之。

五、彰善者，其辞显而决；纠过者，其辞隐而婉。亦忠厚之道也。如有人不弟，毋直曰不弟，但云：闻某于事兄敬长之礼颇有未尽，某未敢以为信，姑书之以俟。凡纠过恶，皆例此。若有难改之恶，且勿纠使无所容，或激而遂肆其恶矣。约长副等，须先期阴与之言，使当自首。众共诱掖奖劝之，以兴其善念。姑使书之，使其可改。若不能改，然后纠而书之。又不能改，然后白之官。又不能改，同约之人执送之官，明正其罪。势不能执，戮力协谋官府，请兵灭之。

六、通约之人，凡有危疑难处之事，皆须约长会同约之人，与之裁处区画，必当于理、济于事而后已。不得坐视推托，陷人于恶，罪坐约长、约正诸人。

七、寄庄人户，多于纳粮，当差之时躲回原籍，往往负累同甲。今后约长等劝令，及期完纳应承。如蹈前弊，告官惩治，削去寄庄。

八、本地大户、异境客商，放债收息合依常例，毋得磊算。或有贫难不能偿者，亦宜以礼量宽。有等不仁之徒，辄便捉锁磊取，挟写田地，致令穷民无告，去而为之盗。今后有此，告诸约长等，与之明白。偿还不及数者劝令宽舍，取已过数者力与追还。如或恃强不听，率同约之人鸣之官司。

九、亲族乡邻往往有因小忿投贼得仇，残害良善，酿成大患。今后一应斗殴不平之事，鸣之约长等公论是非。或约长闻之，即与晓谕详解释。敢有仍前妄为者，率诸同约呈官诛殄。

十、军民人等，若有阳为良善、阴通贼情、贩买牛马、走传消息、归利一己殃及万民者，约长等率同约诸人，指实劝戒。不悛，呈官究治。

十一、吏书、义民、总甲、里老、百长、弓兵、机快人等，若揽差下乡索求贵发者，约长率同呈官追究。

十二、各寨居民，昔被新民之害，诚不忍言。但今既许其自新，所占田产已令退还，毋得再怀前仇，致扰地方。约长等常宜晓谕，令各受本分，有不听者，呈官治罪。

十三、授招新民，因尔一念之善，贷尔之罪。当痛自克责，改过自新。勤耕勤织，平买平卖，思同良民。无以前日名目，其心下流，自取灭绝。约长等各宜时时提撕晓。如踵前非者，呈官征治。

十四、男女长成，各宜及时嫁娶。往往女家责聘礼不充，男家责嫁妆不丰，遂致愆期。约长等其各省谕诸人，自今其称家之有无，随时婚嫁。

十五、父母丧葬，衣衾棺椁，但尽诚孝，称家有无而行。此外或大作佛事，或盛设宴乐，倾家费财，俱于死者无益。约长等其各省谕约内之人，一遵礼制。有仍蹈前非者，即与纠恶簿内书以不孝。

十六、当会前一日，知约预于约所洒扫，张具于堂，设谕牌及香案南向。当会日，同约毕至，约赞鸣鼓三，众皆诣香案前序立，北面跪，听约正读告谕。毕，约长合众，扬言曰："自今以后，凡我同约之人只奉戒谕，齐心合德，同归于善。若有二三其心、阳善阴恶者，神明诛殛。"众皆曰："若有二三其心、阳善阴恶者，神明诛殛。"皆再拜，兴，以次出会所，分东西立。

约长读乡约，毕，大声曰："凡我同盟，务遵乡约。"众皆曰："是。"乃东西交拜，兴，各以次就位。

少者各酌酒于长者，三行。知约起，设彰善位于堂上，南向，置笔砚，陈彰善簿。约赞鸣鼓三，众皆起。约赞唱："请举善！"众曰："是在约史。"约史出，就彰善位，扬言曰："某有某善，某能改某过，请书之，以为同约劝。"约长遍咨于众，曰："如何？"众曰："约史举甚当。"约正乃揖善者，进彰善位，东西立。约史复谓众曰："某所举止是，请各位所知。"众有所知，即举。无，则曰："约史所举是矣。"约长副正皆出，就彰善位。约史书簿。毕，约长举杯，扬言曰："某能为某善，某能改某过，是能修其身也。某能使某族人为某善，改某过，是其能齐其家也。使人人若此，风俗焉有不厚。凡我同约，当取以为法。"遂属于其善者。善者亦酌酒，酬约长，曰："此岂足为善，乃劳长者过奖，某诚惶怍。敢不益加砥砺，期无负长者之教。"皆饮毕，再拜谢约长，约长答拜。兴，各就位。知约撤彰善之席。

酒复三行。知约起，设纠过位于阶下，北向，置笔砚，陈纠过簿。约赞鸣鼓三，众皆起。约赞唱："请纠过!"众曰："是在约史。"约史就纠过位，扬言曰："闻某有某过，未敢以为然。姑书之，以俟后图。如何?"约正遍质于众曰："如何?"众皆曰："约史必有见。"约正乃揖，过者出，就纠过位，北向立。约史复遍谓众曰："其所闻止是，请各言所闻。"众有所闻，即言。无，则曰："约史所闻是矣。"于是约长副正皆出纠过位，东西立。约史书簿。毕，约长谓过者曰："虽然姑无行罚，惟速改。"过者跪请曰："某敢不服罪。"自起酌酒，跪而饮，曰："敢不速改，重为长者忧。"约正副史皆曰："某等不能早劝谕，使子陷于此，亦安得无罪?"皆酌自罚一。过者复跪，而请曰："某既知罪，长者又自以为罚，某敢不即就戮。若许其得以自改，则请长者无饮。某之幸也。"趋后，酌酒自罚。约正副咸曰："子能勇于受责如此，是能迁于善也，某等亦可免于罪矣。"乃释爵。过者再拜，约长揖之。兴，各就位。知约撤纠过席。

酒复二行，遂饭。饭毕，约赞起，鸣鼓三，唱："申戒!"众起，约正中堂立，扬言曰："呜呼! 凡我同约之人，明听申戒。人孰无善，亦孰无恶? 为善虽人不知，积之既久，自然善积而不可掩。为恶若不知改，积之既久，必至恶积而不可赦。今有善而为人所彰，固可善。苟遂以为善而自恃，将日入于恶矣! 为恶而为人所纠，固可愧。苟能悔其恶而自改，将日进于善矣。然则，今日之善者，未可自恃以为善。而今日之恶者，亦岂遂终于恶哉。凡我同约之人，盍共勉之。"众皆曰："敢不勉。"乃出席，以次东西序立。交拜，兴，遂退。

从以上约文不难看出，《南赣乡约》基本上脱胎于《吕氏乡约》。其提出的"孝尔父母、敬尔兄长、教训尔子孙、和顺尔乡里、死丧相助、患难相恤、善相劝勉、恶相告戒、息讼罢争、讲信修睦"等价值追求和行为标准基本上就是《吕氏乡约》"德业相劝""过失相规""礼俗相交"以及"患难相恤"四款条目的翻版。除此之外，《南赣乡约》又将太祖"圣谕六言"中"孝顺父母、尊敬长上、和睦乡里、教训子孙、各安生理、毋作非为"六款掺杂其中，作为其核心内容和主导精神。《南赣乡约》是《吕氏乡约》、太祖"圣谕六言"以及王阳明的一些思想杂糅而成的，很难说其具有原创性。

从约文内容来看，其一，《南赣乡约》肯定了乡村教育的必要性，认为社会民俗善恶是教育不到位而导致的，盗匪贼寇的兴起并不在于百姓，而是"有司治之无道，教之无方""父老子弟训诫不早"以及朋友之间"奖劝不行"而导致的，因此需要地方官、家庭长辈及朋友协力教育，相互劝勉，促进人的行为之良善。其二，《南赣乡约》确定乡村社会敦促风俗的目标是"皆宜孝尔父母、敬尔兄长、教训尔子孙、和顺尔乡里、死丧相助、患难相恤、善相劝勉、恶相告戒、息讼罢争、讲信修睦"，即通过乡约促养良善之民和仁厚风俗，谨守孝悌之义，互助相恤，劝善戒恶，讲信修睦，息讼罢争。其三，《南赣乡约》主张通过公开宣讲善恶的方式实施道德教化，提高道德教化手段的实际效力，"人虽至愚，责人则明；人虽至聪，责己则昏"，民众之间相互监督劝解可以使人聪慧明理。其四，为了更好地实施集体舆论监督方式，《南赣乡约》对"乡约会"这一组织机构、负责人职掌、活动方式、开会程序、礼仪制度等作了详细的规定，同约人中推年高有德者一人为约长，下设二名副约长，又推公直果断者四人为约正，通达明察者四人为约史，还设知约、约赞等职，组织严密，各有职权。通约之人凡有危疑难处之事，皆须约长会同约之人裁处，陷人于恶罪，则坐约长约正诸人。其五，乡约会的集会礼制可谓《南赣乡约》最精彩之处。集会时堂上应设"告谕牌"，这个告谕牌即为太祖"圣谕六言"，集会之前要听约长宣读告谕。约长读完乡约之后，约众均应表态同意。随后开始进行纠过程序，这也是乡约集会过程中的核心所在。约赞唱"举善"，约史举善，约长咨问民众意见，同意则由约正将善举者请入彰善位，供乡约民众知晓举出，彰表其善行。最后由约史将善行书写于彰善簿。纠过也有固定程序，有纠过簿，过者跪着，其父母罚酒一杯，以示侮辱。纠过程序结束后，又约史书于纠过簿。然后大家一起用餐，用餐过后则由约正"申戒"，再次训勉乡民。

从以上内容可以看出，王阳明的《南赣乡约》具有明显的"官治"色彩，完全是由官方主导制定。王阳明在乡约开头之处即表明了乡约的官方主导特点，完全是地方父母官的口吻告诫民众，如"咨尔民……亦由我有司治之无道，教之无方。……则我有司与尔父老子弟皆宜分受其责……尔等父老子弟毋念新民之旧恶而不与其善……尔等慎思吾言，毋忽。"这些表述充分表明了《南赣乡约》采取自上而下推行的方式。不仅如此，王阳明还通过"十家牌法"配合乡约推行，"十家牌法"完全是一种官方督导乡约的方式，没有任何自治因素。这是《南赣乡约》与《吕氏乡约》最本质的区别。自王阳明之后的乡约均保持这一特点，只不过是官治力度大小的问题。

自王阳明之后，明代乡约又有黄佐的《泰泉乡礼》、章潢的

《乡约总序》、叶及春的《惠安乡约》、吕坤的《乡甲约》、刘宗周的《乡保事宜》以及陆世仪的《治乡三约》。这些乡约在内容上都没有太多的突破，值得注意的是，自黄佐开始，明代乡约开始与保甲、社仓、社学等紧密结合，试图联合成一个整体，形成"整体性乡治"体系。

黄佐（1490—1566 年），字才伯，号希斋，晚号泰泉，广东香山（今中山）人。明正德十六年（1521 年）辛巳科进士，廷试选庶吉士。嘉靖初由庶吉士授翰林院编修，以翰林外调，历江西金事、广西学政。因母病辞官归家九年。《泰泉乡礼》为其以广西提学金事乞休家居时所作，以协助地方官推进风俗教化。《泰泉乡礼》共六卷，卷一为《乡礼纲领》，卷二为《乡约》，卷三为《乡校》，卷四为《社仓》，卷五为《乡社》，卷六为《保甲》。首举乡礼纲领，以立教（立教以家达乡）、明伦（明伦以亲及疏）、敬身（敬身以中制外）为主，此为"三本"。次则冠婚以下"四礼"，皆略为条教。第取其今世可行而又不倍戾于古者。次举"五事"，曰乡约、乡校、社仓、乡社、保甲，皆深寓端本厚俗之意。末以《士相见礼》及《投壶》《乡射礼》别为一卷附之。大抵皆简明扼要，可见施行，在明人著述中尤为有用之书。《泰泉乡礼》的核心是"三本""四礼"及"五事"。"五事"实际上就是将乡约纳入"整体性乡治"之中，与乡校、社仓、乡社及保甲等相互配合、相互补充。这是第一次从整体性角度思考乡约，具有极为重要的意义。黄佐之后的乡约均沿着这个思路进行制定。

《泰泉乡礼》之卷一《乡礼纲领》

既行四礼，有司乃酌五事，以综各乡之政化教养及祀与戎，而递制之：一曰乡约，以司乡之政事；二曰乡校，以司乡之教事；三曰社仓，以司乡之养事；四曰乡社，以司乡之祀事；五曰保甲，以司乡之戎事。乡约之众，即编为保甲。乡校之后，立为社仓，其左为乡社。各择有学行者为乡校教读，有司聘之。月朔，教读申明乡约于乡校，违约者罚于社，入谷于仓。约正、约副，则乡人自推聪明诚信、为众所服者为之，有司不与。凡行乡约、立社仓、祭乡社、编保甲，有司俱毋得差人点查稽考，以致纷扰。约正、约副姓名，亦勿遽闻于有司。盖在官则易为吏胥所持。

在这段文字中，黄佐将乡约、乡校、社仓、乡社以及保甲五者之间的关系阐述得极为清楚，乡校、社仓、乡社以及保甲均辅助乡约进行，而且在"行乡约、立社仓、祭乡社、编保甲"等活动中，地方官均不得差人到场"点查稽考"，以免干扰地方自治。与此同时，地方官不得打听知晓约正、约副的姓名，避免被官吏要挟持拿，影响地方自治。在王阳明之后，黄佐的《泰泉乡礼》可谓极具特色，不仅重导乡民自治，重返《吕氏乡约》的民治传统，而且将乡约、社学、社仓及保甲等联合为一体。吕坤的《乡甲约》则不如黄佐《泰泉乡礼》这么全面，只是强调乡约和保甲之间的联合；刘宗周的《保民训要》和《乡保事宜》同样也是强调乡约与保甲的联合，只不过相对侧重后者。明代的乡约直到陆世仪的《治乡三约》，才算完成了"整体性乡治"的基本体系，"只有陆桴亭的乡治系统，才是整个的乡治系统，只有陆桴亭的乡治理论，才是整个的乡治理论，"[1]在此有必要重点予以介绍。

陆世仪（1611—1672 年），字道威，号刚斋，晚号桴亭，江苏太仓人。陆世仪身处明清易代之际，虽未曾入仕，却积极

---

[1]　杨开道：《中国乡约制度》，商务印书馆 2015 年版，第 168 页。

投入社会事务与活动的参与。明亡，陆世仪隐居讲学，与陆陇其并称"二陆"。他一生为学不立门户，志存经世，博及天文、地理、河渠、兵法、封建、井田无所不通。陆世仪主张修身实践，以"功过格"和修身日记为其道德实践方式。正是延续这种儒者修身实践理路，陆世仪倡导以道德教化重建乡村社会秩序的意图，追求三代之治。陆世仪的这种治乡思想主要集中在《治乡三约》之中，其基本主张在《治乡三约自序》中阐述得比较清楚。

治乡三约自序[1]

天下不可不以三代之治治也。

今者，三代之制虽不可复，然古有比闾族党，今有厢坊里甲。其名异，其实同。而古今不相及者，何也？自用、用人之法殊，繁简殊密之制异也。夫今之耆正、里排、地方、保甲，即周之乡大夫、州长、闾胥、党正之类。然古者职以上士或任大夫，皆为官役民。而今之耆正、里排、地方、保甲，则皆佥点富民及无赖之徒为之。任其事者，不谓之职而谓之役，又何怪乎长民者之政令繁多，目不暇给哉。

则请得言，由今之道而可以臻古之治者，其法由四，曰乡约也，社学也，保甲也，社仓也。四者之名，人莫不知。四者之事，人莫不行。而卒无致三代之治者，用人无法，而四者之义不明也。夫何以谓之社学、保甲、社仓也？孔子之所谓足食，足兵，民信。孟子之所谓出入相友，守望相助，疾病相扶持也。夫何以谓之乡约也？约一乡之众，而相与共趋于社学，共趋于保甲，共趋于社仓也。四者之中，乡约为纲而虚，社学、保

---

[1] 牛铭实编著：《中国历代乡规民约》，中国社会出版社2014年版，第166—167页。

甲、社仓为目而实。今之行四法者，虚者实之，纲者目之，实者虚之，目者纲之。此其所以孳孳矻矻，而终不能坐底三代之治也。

陆世仪在乡约自序中清楚阐明了重返上古三代之治的迫切愿望。陆世仪所处时代为明末清初，政权更迭之际，社会动荡，人心不古。基层治理出现"真空"，乡村社会的传统治理力量如"耆正""里排""地方"以及"保甲"等，大多由当地富民或者地痞无赖担任，这些人办事并不会尽职尽责，甚至会成为苛刻胥吏和恶差役。那么，如何才能扭转这种局面呢？陆世仪给出了良方。也就是说，通过乡约、社学、保甲及社仓四法以实现三代之治。四者之间的关系并不是孤立的，而是相互作用影响的整体，乡约为中心，其他三者共同发挥作用。他将这种关系描述为纲目虚实，"乡约为纲而虚，社学、保甲、社仓为目而实"。至此，明代的乡治理论才算完成，"整体性乡治"在一定程度上成为中国历史上指导乡约实践的成熟理论。

四、清代乡约体系之衰落

清承明制。在乡约制度上，清代并没有太多建树。恰恰相反，清代在乡约的建设上逐渐脱离明代的"整体性乡治"传统。乡约、社学、保甲及社仓四者大多由不同的部门单独提倡，很少作为一个整体进行建设；皇帝宣讲乡约效果并不明显，乡约的成功与否完全取决于地方官的态度；清代乡约完全成为朝廷统治教化民众的工具，通过民众自治提倡乡约的方式几乎绝迹，乡约完全背离自治传统。清代乡约以宣讲为主，所谓"宣讲"，就是指皇帝颁布乡约示范性样本及解释，通过法令颁行天下，各地再在乡约集会上讲解宣读圣谕，以为教化之用。在宣讲的过程中，皇帝关于乡约的圣谕一般要供奉于讲台香案正中间的醒目位置，宣讲时约众均跪地听讲。乡约便是通过这种方式彰显皇帝天威，与保甲、社学等制度脱离关系，仅仅只是敦促民众教化。这样一来，清代乡约也仅仅是流于形式，没有实质性的内容，各地也多半将其视为应付朝廷检查的僵化仪式。更为重要的是，乡约宣讲严重破坏了《吕氏乡约》以来的自治传统，将王阳明《南赣乡约》中的"官治"传统进一步扩大，将乡约本身承载的"民治"传统破坏殆尽。

清代乡约宣讲圣谕自顺治九年（1652 年）开始，雍正二年（1724 年）趋于成熟，乾隆时期大量扩展，嘉庆、道光、咸丰时期则渐趋衰颓。顺治九年颁布宣讲的圣谕完全抄自明太祖朱元璋的"圣谕六言"，即"孝顺父母、恭敬长上、和睦乡里、教训子孙、各安生理、毋作非为"。通过照搬宣讲明代"圣谕六言"，顺治皇帝试图借助前朝文化传统来巩固满清政权，毕竟清政权是少数民族政权，需要得到当时汉族士大夫阶层的接受和认可。到了康熙九年（1670 年），康熙皇帝颁布《圣谕十六条》作为新的乡约宣讲内容。

圣谕十六条

谕曰："朕惟至治之世，不以法令为亟，而以教化为先。盖法令禁于一时，而教化维于可久。若徒恃法令而教化不先，是舍本而务末也。朕今欲法古帝王，尚德缓刑，化民成俗，举凡：

敦孝弟，以重人伦；笃宗族，以昭雍睦；

和乡党，以息争讼；重农桑，以足衣食；

尚节俭，以惜财用；隆学校，以端士习；

黜异端，以崇正学；讲法律，以儆愚顽；

明礼让，以厚风俗；务本业，以定民志；

训子弟，以禁非为；息诬告，以全良善；

诚窝逃，以免株连；完钱粮，以省催科；

联保甲，以弭盗贼；解仇忿，以重身命。

以上诸条，作何训迪劝导，及作何责成内外文武该管各官督率举行，尔部详察典制，定议以闻。"（《清圣祖实录》卷三四）

《圣谕十六条》内容十分粗糙，根本不具有可操作性，只能作为一般性的宣讲传播榜文告示。为了解决这个问题，雍正皇帝对《圣谕十六条》逐条进行了解释，每条附解释三四百字，以说明每条的意旨及含义，增强乡约在宣讲中的可操作性。雍正皇帝对《圣谕十六条》的解释说明，最终于雍正二年（1724年）汇集成编，称为《圣谕广训》，这是清代乡约宣讲的成熟范本。乾隆皇帝虽然也对乡约宣讲作了一些贡献，但主要也是在康雍的基础上，以推广为主，没有更大的突破。尽管清代乡约宣讲呈现出形式化特征，但是在乡约实践方面，清代一些地方官的做法是可圈可点的。如于成龙的《慎选乡约谕》、彭无山的《实行保甲谕》、钱龙门的《守饶保甲述》以及张伯行的《申饬乡约保甲示》等。这些颁行的乡约可谓来源于儒者地方官的行政实践，便于操作而行之有效，有利于稳定社会、综合施治，防范消弭盗贼与不稳定因素。值得注意的是，于成龙的《慎选乡约谕》列举了乡约选择之难，条分缕析，揣摩细微，推己及人，是作者长期基层治理经验的结晶，远非僵化的《圣谕十六条》和《圣谕广训》可比拟。清代乡约宣讲不仅与传统乡约渐行渐远，而且在实践中也发生了质的转变，一些与教化没有直接关联的功能被乡约所吸收，随着时间的推移，清朝统治者原先宣讲它的目的经常被忘掉。最为明显的是，乡约中的约正副等头领成为地方事务仲裁者，乡约取得保甲功能，并与地方团练相结合，从思想教化工具转变为治安控制工具。[1]

五、民国至今乡约体系之转型

民国时期，一度推行乡村自治和乡村建设运动，但终归难成规模。1917 年起，阎锡山任山西督军兼省长，在山西境内推行乡村自治制度，模式多借鉴于王阳明与陆世仪，包括乡约、保甲、社仓和社学在内的四个层面一体推进。这是近代史上一次颇具规模的乡约实践。其次就是梁漱溟、晏阳初等人在 20 世纪 30 年代在山东推行的"乡村建设运动"，尽管规模相较山西较小，但是也值得肯定。共产党在革命根据地时期并未完全取消乡约体系，但是随着革命的深入，革命理念及其建构的革命秩序与传统乡约体系之间存在扞格，这集中表现为革命力量对传统乡约体系的改造。例如，1942 年，张闻天率"延安农村调查团"从杨家岭出发，经延川、清涧到达绥德，了解各地风土人情。调查团主要的调查活动包括神府调查、兴县调查、杨家沟调查和绥德、米脂工商业调查等，取得了重要的调查成果。延安调查对风土人情、乡约体系做了记录，体现了我们党在革命时期不仅重视传统民间秩序，还为革命扎根群众寻求传统制度基础。

新中国成立后，乡村治理主要依靠党的政策和行政命令等。直到 20 世纪 80 年代，村规民约才又在广西宜山县的合寨大队（今宜山州屏南乡）果作村重新出现。1980 年 7 月 14 日，当地村民共计 85 人在村规民约讨论稿上签字，自发制定村规民约，自行组织村民维护村寨社会秩序。这在当时是极具创设性的一步，由此引发官方层面对村民自治的讨论和重视。20 世纪 80 年

---

[1] 萧公权：《中国乡村：19 世纪的帝国控制》，张皓、张升译，九州出版社 2018 年版，第 238—242 页。

代末，党和国家在总结新中国成立以来农村治理经验与教训的基础上，创造性地将城市街道居民委员会制度推广到农村，建立村民委员会基层群众性自治组织，在农村实行基层群众自治，从而收缩国家行政权力，减轻行政负担。彭真认为，乡村问题如果都"由派出所去管，靠法院、检察院去办，越搞负担会越重"，因此他在广泛调研和总结经验后强调人民群众要依靠村规民约自己管理自己的事情，充分发挥村民委员会的作用。

尽管"乡规民约"在历史发展演变过程中一直在"官治"与"民治"传统中摇摆不定，但是我们要看到其背后所承载的制度使命和理论期待。乡约治理的目标是，乡村社会能在某一纲领的引领下，作为一个完整的社会获得发展，乡村的组织也不是一盘散沙，乡民的生活能够欣欣向荣。近代致力于乡村重建的学者，如梁漱溟、杨开道、晏阳初等人无一不从乡村组织角度展开思考，从中国乡约组织的建设入手，促进乡土社会团体建设，通过团体整合个人，完成农村组织和乡治体系的全面发展。今天的乡规建设以及村民自治可以学习借鉴中国乡约演变史，这对于提高乡村社会活力、维持乡土秩序以及重建乡土文化都具有极为重大的意义。

Part 3　第三章
村规民约在乡村治理中的作用

　　村规民约是乡村治理中的重要规范形式，在乡村治理中应该充分发挥其积极作用。本章将主要讨论村规民约在乡村治理中的积极作用、村规民约在乡村治理中发挥积极作用的原因及障碍、村规民约在乡村治理中进一步发挥积极作用的建议，以促进理论界与实务界对这一问题的深入讨论。

一、村规民约在乡村治理中的积极作用

　　村规民约产生于乡村社会之中，在村民日常生活逻辑中形成、生长，具有内生性，是不同于国家法律的社会规范，在乡村治理中有其独立发挥作用的空间。与此同时，由于国家与社会之间的互动性，村规民约是在国家法律指导下制定和实施的，[1]并不是完全独立于国家法律的，在一定程度上其与国家法律调整乡村

---

　　〔1〕《村民委员会组织法》第27条规定："村民会议可以制定和修改村民自治章程、村规民约，并报乡、民族乡、镇的人民政府备案。村民自治章程、村规民约以及村民会议或者村民代表会议的决定不得与宪法、法律、法规和国家的政策相抵触，不得有侵犯村民的人身权利、民主权利和合法财产权利的内容。村民自治章程、村规民约以及村民会议或者村民代表会议的决定违反前款规定的，由乡、民族乡、镇的人民政府责令改正。"

秩序的目标是一致的，能够很好地促进乡村社会秩序的构建。正因为如此，现实中村规民约在乡村治理中既有积极作用，也有消极作用。当下应该大力发挥其积极作用，防范其消极作用。

总体而言，村规民约在乡村治理中的积极作用主要体现在政治、经济、文化、社会及生态等领域，较为全面地调整乡村社会关系，促进乡村经济社会发展和提高农民的生活水平。

（一）保障基层民主

村规民约是实现村民自我管理、自我教育、自我服务，实行民主选举、民主决策、民主管理、民主监督的依据，也是对《村民委员会组织法》的具体落实。根据现行法律的规定，村民自治是广大农民直接行使民主权利，依法办理自己的事情，实行自我管理、自我教育、自我服务的一项基本制度。村民自治制度的核心内容是，村庄自治应该遵循"民主选举、民主决策、民主管理、民主监督"。其中，"民主选举"要求广大村民通过无记名投票的方式进行直接选举，保障农民在选举上的自主权；"民主决策"要求在涉及村民利益的重大事项上村民委员会与村民共同商议决策，按照少数服从多数原则由全体村民对村务进行民主决策；"民主管理"要求村民直接参与和管理村庄事务，对村庄日常事务进行管理；"民主监督"要求实行村务公开，赋予村民监督权和知情权，监督村民委员会及村干部的行为。根据这一制度要求，一些地区的村规民约对基层民主的保障进行规定，内容包括村级选举、村务管理、村务公开等方面，切实保障基层民主制度。

通过调查发现，许多村规民约对村级选举极为重视，尤其是对村级组织成员候选人或自荐人的资格进行严格的限定。例如，浙江慈溪附海镇《海晏庙村村规民约》第六章就是对"民主参与"方面的规定：第27条要求村民"积极参与村级民主管理，珍惜自身民主权利，坚持从本村公益事业发展和全体村民共同利益出发，认真提建议、作决策、选干部"。第 28 条要求村民"严格遵守村级组织换届选举纪律，自觉抵制拉票贿选等违法违纪行为，不以个人关系亲疏、感情好恶、利益轻重为标准进行推荐和选举"。第 29 条则规定了"不能确定为村级组织成员候选人或自荐人"和"不宜确定为村级组织成员候选人或自荐人"的各种情形。前者的情形包括：被判处刑罚或者刑满释放、缓刑期满未满 5 年的；涉黑涉恶受处理未满 3 年的；受到党纪处分尚未超过所受纪律处分有关任职限制期限的；等等。后者的情形包括：煽动群众闹事、扰乱公共秩序的；有严重违法用地、违章建房行为拒不整改的；长期外出不能正常履行职务的；有辞职承诺情形的；党员积分制考评中被评定为不合格党员的；道德品质低劣，在群众户影响较坏的；拖欠集体款项没有归还的。前者如果当选，则当选无效；后者如果当选，本人则应当主动辞职。〔1〕浙江庆元黄田镇《黄源底村村规民约》第 10 条规定："严格遵守村级组织换届选举纪律，自觉抵制拉票贿选等违法违纪行为。"〔2〕

还有一些乡村在村规民约中规定村民委员会、村民代表大会的产生方法和相应职责，村民和村民委员会共同管理村庄事务，村务公开，接受村民的监督，这也是保障基层民主的重要举措。例如，北京房山长沟镇《坟庄村村规民约》第二章就是关于"村委会和村民代表大会工作职能"的规定，如第 9 条规定"村委会每月召开一次例会，做到工作有计划、有布置、有

---

〔1〕 浙江慈溪附海镇《海晏庙村村规民约》（2015 年 7 月 30 日经海晏庙村村民代表大会表决通过），资料编号 01001。

〔2〕 浙江庆元黄田镇《黄源底村村规民约》（2015 年 8 月 6 日经 2/3 以上户代表会议表决通过），资料编号 01034。

检查、有落实、有记录;半年向村民汇报一次工作,发现问题及时解决"。第 13 条规定了村民代表大会的五项职责。[1]

从调查的情况来看,并不是所有被调查村的村规民约中都有关于保障农村基层民主的相关规定,大部分被调查村都没有相关的规定,仅有极少数被调查村对村级选举、村务管理、村务公开等涉及基层民主实践方面有所规定。[2]这些对基层民主有具体规定的村大多集中于经济较为发达的地区,如广东佛山、浙江宁波以及北京房山等地;而在贵州、云南、甘肃、湖南等地的村规民约中鲜有这方面的规定。

(二)管理公共事务

农村的公共事务、公益设施不仅需要国家、政府的力量,还需要村民的参与。各地根据本村实际情况,通过村规民约对生育、教育、村落设施、防火、交通、道路等事务进行管理、保护和规范,保障农村公共事务产品的有效供给,提高乡村社会管理水平。

一些村规民约在教育上对村民子女给予适当的资助。例如,浙江慈溪附海镇《海晏庙村村规民约》第 31 条规定:"对本村户籍学生实行'优秀人才'奖励,其中考入并就读慈溪中学、镇海中学的一次性奖励 1800 元;考入并就读清华大学、北京大学全日制本科的奖励 28 000 元;考入并就读除清华、北大以外'985''211'高校全日制本科的奖励 8000 元;考入并就读

---

〔1〕 北京房山长沟镇《坟庄村村规民约》(2013 年 6 月通过),资料编号01005。

〔2〕 广东佛山市三水白坭镇岗头村通过村规民约建立起村民议事会决策、村民委员会执行、村务监督委员会监督的三权分设机制。村民委员会、村民议事会由村民(代表)会议授权,村小组议事会由村民小组会议授权,在授权范围内行使村(组)自治事务决策权、监督权、议事权,讨论决定本村(组)日常事务。相关规定可参见广东佛山市《三水白坭镇岗头村村规民约》,资料编号 01010。

'985''211'高校的全日制研究生奖励8000元。"[1]贵州锦屏县《瑶白村义务教育村规民约》第10条规定:"为促进本村委会小孩的学习积极性,对成绩优异的进行奖励。高中考大学考上一本以上的奖励800元,考上二本的奖励600元。"[2]

乡村传统村落、古民居、历史文化名村、民族文化村寨、世界文化遗产等为乡村重要的人文资源,一些乡村也通过村规民约对此类资源进行管理、保护和利用。例如,贵州省锦屏县文斗苗寨通过村规民约对村落文化遗产进行保护,《文斗村村规民约》第17条就明确规定:"加强对村寨古物的保护,凡损坏古井、古树、古碑、寨门、亭阁等公共财产,除承担修复费用外,罚违约金500—1000元。"[3]

乡村道路为乡村的重要基础设施,同样也是村规民约调整的范围,如《福建省泉州市南安市翔云镇梅庄村村规民约》对乡村道路的建设及维护作出了详细的规定。[4]贵州锦屏县《文斗村村规民约》则明确要求村民提高水陆交通安全意识,对于乘坐"三无"船舶、"三无"车辆的村民按照村规民约的有关规定进行处理。[5]

消防安全也是村规民约调整的重要内容,如贵州省锦屏县瑶白村专门制定《瑶白村防火公约》,规定了村民在消防中的责任和义务等内容,如第2条规定:"村内防火线内不准任何人挤

---

〔1〕 浙江慈溪附海镇《海晏庙村村规民约》(2015年7月30日经海晏庙村村民代表大会表决通过),资料编号01001。

〔2〕 贵州锦屏县《瑶白村义务教育村规民约》(2013年1月),资料编号010125。

〔3〕 贵州锦屏县《文斗村村规民约》(2015年9月10日村民代表会议表决通过),资料编号010059。

〔4〕 《福建省泉州市南安市翔云镇梅庄村村规民约》,资料编号01009。

〔5〕 贵州锦屏县《文斗村村规民约》(2015年9月10日村民代表会议表决通过),资料编号010059。

占或堆放杂物，家空做到水满缸，人走火灭，人离电关，配备有能上屋梁的楼梯一部。"[1]

（三）分配保护资产

农村集体资产是指归乡（镇）、村集体全体成员（社员）集体所有的资源性资产、非资源性资产。具体包括集体所有的土地、森林、山岭、草原、荒地、滩涂、水面等自然资源；集体所有的流动资产、长期资产、固定资产、无形资产和其他资产。农村集体资产是乡村赖以生存的物质基础，许多村规民约对集体资产的分配及保护进行了较为详细的规定，村民可依据村规民约对集体资产的分配及保护状况进行监督。集体经济组织或者村民委员会[2]、村民小组应当依照村规民约向本集体成员公布集体财产的状况。

从村规民约的具体规定来看，首先涉及对集体资产的保护和管理。北京房山长沟镇《坟庄村村规民约》规定，任何单位和个人都不得侵犯集体资产所有权，禁止任何单位和个人侵占、哄抢、私分、破坏村集体所有财产。福建泉州黄田村专门制定土地管理方面的村规民约，对村集体所有的宅基地、自留地和自留山进行全方位的管理。[3]贵州锦屏县《文斗村村规民约》规定，村民应当关心村集体土地、山林和集体水域，对破坏集体土地、水域的行为要敢于检举揭发，破坏集体土地、山林、水域的交违约金 500—5000 元；村民要树立勤劳致富的观念，积极种好、管好本户责任田和责任山，不能让其荒芜，对撂荒

---

[1] 贵州锦屏县《瑶白村防火公约》（2011 年 3 月 20 日），资料编号 010125。

[2] 在本书中，除个别村规民约与访谈中使用"村委会"一词，其余均使用"村民委员会"。

[3] 《福建泉州黄田村土地管理村规民约》（2010 年 3 月 2 日经村民大会表决通过），资料编号 010033。

的每年每亩交违约金 500 元。[1]

村规民约还涉及对集体资产的分配和管理。贵州锦屏县《瑶白村村规民约》第 7 条第 2 款规定，农村宅基地实行村级统一管理审查制度，需要申请建房的村民或外来人，须向被占地的村民小组和村民委员会提出用地申请，否则按非法占地处以违约罚金 200 元，并责令其向村民委员会补办有关占地手续；对于承包村集体土地的，按其经营种类收益，每年收取承包方 10% 的提成作为村委管理费用。[2]一些地区的村规民约还对土地征收补偿费等费用的分配方案进行了规定，集体经济组织成员可依照村规民约分配相应的财产性利益。

（四）保护利用资源

农村自然资源包括土地资源、气候资源、水资源、生物资源、矿产资源等，对人类的生存和发展具有重要意义，也是乡村存在的物质基础，对农业产业结构起着基础性的作用。调查中发现，许多乡村通过村规民约保护土地资源、森林资源、草原资源、水资源、动植物资源，促进乡村社会的可持续发展。

从调查的情况来看，村规民约对资源进行保护和利用、调整乡村发展与资源利用之间的关系，主要有如下六方面。其一，通过村规民约保护水土资源，防止水土流失。例如，《广西武鸣县府城镇环境保护村规民约》中有"植树绿化，防止水土流失，禁止未经批准随意开山、取石、挖砂"等相关规定。[3]福建龙

---

〔1〕 贵州锦屏县《文斗村村规民约》（2015 年 9 月 10 日村民代表会议表决通过），资料编号 010059。

〔2〕 贵州锦屏县《瑶白村村规民约》（2011 年 3 月 20 日），资料编号 010131。

〔3〕《广西武鸣县府城镇环境保护村规民约》（2012 年 12 月 18 日），资料编号 010031。

岩市长汀县河田镇在二十世纪八九十年代通过村规民约治理水土流失，当地农村的村规民约中均有保护水土资源，防止水土流失的相关规定，如"砍伐1根树枝罚款0.5元，砍伐超过5株的加重处罚，除罚款外还要处杀猪一头、放电影一部"；长汀县策武镇南坑村也规定"谁上山打枝砍柴被发现，就要杀家里最肥的一头猪，分给全村人吃"。[1]正是通过这些村规民约的规定，水土流失得到了有效的治理。其二，通过村规民约保护基本农田。如《福建省泉州市涂岭镇黄田村土地管理村规民约》规定，"全村村民都有保护基本农田的义务，不得破坏或者擅自改变基本农田保护区的保护标志；禁止闲置、荒芜基本农田；禁止在基本农田保护区内建窑、建房、建坟、挖砂、采石、采矿、取土、堆放固体废弃物或者进行其他破坏基本农田的活动；禁止占用基本农田发展林果业和挖塘养鱼。并有权检举、控告侵占、破坏基本农田的行为。"[2]湖南临湘市《水畈村国土资源管理村规民约》规定，"基本农田承包责任人必须严格遵循基本农田保护'五个不准'"。[3]其三，通过村规民约进行封山育林、森林防火。一些林区往往通过村规民约对林业资源进行保护，防止森林火灾。如贵州锦屏县《华寨村村规民约》第四方面第1条规定，"一旦村内房屋、山林发生火警、火灾，全体村民必须积极参与扑救，影响或阻碍扑救工作的给予通报批评教育，情节严重的交上级有关部门处理"；第四方面第6条又规定，"做好山林火灾的预防工作，不得随意炼山、烧田埂。凡引起山林火警、火灾的，除承担民事、刑事责任外，另自愿承担违

---

〔1〕《福建龙岩市长汀县河田镇、策武镇村规民约汇编》，资料编号010032。

〔2〕《福建省泉州市涂岭镇黄田村土地管理村规民约》（2012年2月20日），资料编号010033。

〔3〕湖南临湘市《水畈村国土资源管理村规民约》（2014年5月20日），资料编号010034。

约金 100 元、200 元。"[1]其四，通过村规民约对特定树木进行保护。如贵州黔东南地区的文斗、华寨、瑶白等村都在村规民约中规定对古树进行保护。其五，保护乡村饮用水水源，保护公用排水和再生水设施。如贵州锦屏县《瑶白村村规民约》规定"凡在我辖区内有人畜饮水和种有农作物的地方，严禁任何人在此范围内洗金子、锌化等，每发现一次，除赔偿损失外，每次每人交违约罚金 1000 元"。[2]其六，保护野生动物植物资源。不少村寨通过村规民约对鸟类、鱼类等资源进行保护。

案例 1：

2014 年 4 月的一天，年近 60 岁的姜田秀在上午 9 点左右烧田边的草时引发火灾，烧了将近 3 亩的山。第二天，文斗村按照当时的村规民约对其进行了处理：①罚款 150 元；②给救火的人每人补助 20 元，23 人共 460 元。她马上就兑现了。[3]

（五）保护环境卫生

农村环境是指以农村居民为中心的乡村范围的各种天然的和经过改造的自然因素的总和，它是乡村居民生活和发展的基本条件。农村环境卫生关系到农民生活质量、农村生产力发展、农村经济促进、农村社会发展和稳定的大局，对提高全民族素质具有重要意义。

村规民约在农村卫生、乡村环境保护、农业废弃物处理与利用、畜禽养殖污染防治等方面具有积极作用。许多乡村为了改善村容村貌，保持乡村环境卫生，往往在村规民约中加以规

---

〔1〕 贵州锦屏县《华寨村村规民约》（经 2007 年 7 月 11 日村民代表会议通过），资料编号 010181。

〔2〕 贵州锦屏县《瑶白村村规民约》（2011 年 3 月 20 日），资料编号 010131。

〔3〕 贵州锦屏文斗村姜更生访谈录，2015 年 10 月 1 日。

定，全体村民通过后即作为日常行为规范。如浙江慈溪附海镇《海晏庙村村规民约》第20条规定："共同维护村庄整洁，认真做好包卫生、包绿化、包秩序'门前三包'；提倡实行垃圾源头分类、定点投放，严禁向河道、沟渠、公共场所倾倒垃圾、排放污水，禁止在道路、绿化带内及停车场等公共场所堆放各类垃圾和杂物，无条件拆除乱搭乱建，做到清洁美观。家禽家畜必须实行圈养，严禁乱扔乱丢病（死）畜禽。"[1]广西金秀瑶族自治县《上石井村规民约》则有条文专门就水井卫生作出规定："维护吃水水井卫生，不准在井边洗衣物、米、菜等，严禁将污水、污物倒进水井及水井排水沟内，违者每次罚款1元。"[2]

此外，还有一些地区通过村规民约对村镇规划和建设进行维护，从总体上维护乡村环境。如广西金秀瑶族自治县《公朗屯村规民约》规定，"共同遵守村庄整体规划，生产生活设施建设要先报批，严禁未批先建、少批多建"；"制定村庄规划，村民建房应服从村屯建设规划，经村委会和上级有关部门批准，统一安排，不得擅自动工，不得违反规划或损害四邻利益"；等等。[3]

（六）促进团结互助

村庄是一个共同体，是农民个体赖以存在的基本单元。尽管随着城镇化的进程加快，村庄共同体传统的"熟人社会"出

---

〔1〕 浙江慈溪附海镇《海晏庙村村规民约》（2015年7月30日经海晏庙村村民代表大会表决通过），资料编号01001。也有通过专门的卫生公约的方式来保护村庄环境的，如贵州锦屏县《瑶白村卫生公约》（2013年3月20日），资料编号010133。

〔2〕 广西金秀瑶族自治县《上石井村规民约》（1982年12月17日），资料编号01038。

〔3〕 广西金秀瑶族自治县《公朗屯村规民约》（2013年5月10日），资料编号01015。

现一定的变化，但是村庄作为村民共同生活单元的基本特质没有改变。因此，一些村规民约制定了村民团结互助方面的相关内容，倡导村民之间团结友爱、相互帮助，共同维护村庄共同利益。

从调查情况来看，村规民约促进团结互助主要表现在邻里关系方面。在邻里关系上，村规民约鼓励"村民之间要互尊、互爱、互助，和睦相处，建立良好的邻里关系"，在遇到纠纷时应该"本着团结友爱的原则平等协商解决"。[1]

一些少数民族地区的村规民约中还有加强民族团结方面的规定，如广西金秀瑶族自治县《大瑶山团结公约》就是以传统石牌习惯法的方式确认民族团结、促进民族互助。[2]甘肃省临夏县达沙村村规民约具有促进民族团结、维护邻里关系和睦的积极作用。《达沙村村规民约》第3条规定："团结友爱，相互尊重，相互理解，相互帮助，和睦相处，不打架斗殴，不诽谤他人，不造谣惑众，不播弄是非，不仗势欺人，建立良好的邻里关系。"在当地村干部的长期努力下，回、汉两族村民间也从最初的不理解、不信任逐渐转化为互相理解，彼此信任，促进了民族团结。[3]

（七）推进移风易俗

根据《村民委员会组织法》的相关规定，村规民约不得违

---

〔1〕《福建省泉州市南安市翔云镇梅庄村村规民约》，资料编号01009。

〔2〕《大瑶山团结公约》是新中国成立初期金秀瑶族自治地方各族人民共同制定和实施的，且得到中央、自治区认可的村规民约，具有民族自治地方单行条例的性质。相关研究可参见高其才、罗昶："尊重与吸纳：民族自治地方立法中的固有习惯法——以《大瑶山团结公约》订立为考察对象"，载《清华法学》2012年第2期；关于团结公约的具体内容可参见：广西金秀瑶族自治县《大瑶山团结公约》（1951年8月28日），资料编号010201；广西金秀瑶族自治县《大瑶山团结公约补充规定》（1952年2月），资料编号010202。

〔3〕马敬："村规民约在西北民族地区社会治理中的积极作用"，载《学术交流》2017年第5期。资料来源：甘肃临夏县《达沙村村规民约》，资料编号010042；李建国访谈录，2016年1月10日。

反国家法律，同时也应尊重当地的村风民俗，不能完全脱离既有的习惯法存在。[1]一般而言，具有成文形式的村规民约是对习惯的"双重制度化"。[2]制度化后的村规民约不仅继续确认、保障着传统社会的固有习惯法，而且也衔接着国家法律，体现出国家在村庄治理中的基本要求。故而当代村规民约是国家制定法与习惯法两者相互融合的结果，需要在国家权力与村民自治之间寻求平衡，既确保国家对乡村治理的控制，又确保乡村治理的自治性。正是由于村规民约所具备的这种特性，乡村治理中通过村规民约改变陈旧风俗习惯、推进移风易俗也就成为可能。

随着社会的发展，固有风俗习惯中有一些是不合时宜的，甚至是违反国家法律的，实践中应该予以改变或摒弃。从调查的情况来看，旧的风俗习惯是否应该改变，一般以村民实际需求为衡量标准，很少直接以国家法律作为标准。如贵州锦屏黄门村的传统风俗习惯是，红白喜事以燃放烟花爆竹的数量来衡量情分的深浅，从而出现攀比现象，造成了极大的浪费和不良风气，给村民也造成了极大的经济负担，因此通过村规民约的方式对这种现象加以限制。《黄门村移风易俗关于红白喜事禁止大量燃放烟花爆竹规定》对红白喜事燃放烟花爆竹进行了明确的规定："白喜在本家主持法事，整个过程仅允许燃放 10 000 响

---

〔1〕　本书主要从非国家法意义上理解习惯法，习惯法独立于国家制定法之外，依据某种社会权威和社会组织，具有一定的强制性的行为规范的总和。参见高其才：《中国习惯法论》（修订版），中国法制出版社 2008 年版，第 3 页。

〔2〕　从习惯到习惯法是第一次制度化过程，而通过成文的方式将不成文的习惯法固定下来，作为村民共同遵守的行为准则，则是习惯法的第二次制度化。参见[英]马林诺夫斯基：《原始社会的犯罪与习俗》，原江译，云南人民出版社 2002 年版，第 125—138 页。关于村规民约与习惯法之间关系的讨论，可参见罗昶："村规民约的实施与固有习惯法——以广西壮族自治区金秀县六巷乡为考察对象"，载《现代法学》2008 年第 6 期；高其才：《习惯法的当代传承与弘扬——来自广西金秀的田野考察报告》，中国人民大学出版社 2015 年版，第 130—151 页。

小炮、二箱花炮，抬官（棺）材在街道上主持生平大会或法事吊念等不许放炮，若违规每例罚款 300 元。允许房族和亲戚在禁止处外燃放烟竹，规定超越范围，即东书平岭岔（高健屋），西过闷得协，南超盘太丫（明昌屋），北越平马岔路（孝光屋）。自然村寨也要距寨居集中点 200 米后，才能燃放一些鞭炮。大寨内的墓地处只许放 4000 响小炮和二箱花炮，越过燃放数量，一起则罚款主人 300 元。"[1]贵州锦屏瑶白村也对红白喜事设宴办酒进行了规定，"结婚时男方向女方家献猪肉统一规定 208 斤，其中不包括母舅家、回娘头以及房族条肉部分……结婚时，男方献给母舅的财礼统一规定为 800 元，不准舅家回礼"等。[2]贵州锦屏华寨村为节约村民办酒成本以及减少街坊邻居帮忙时间，对办酒席进行规定："进屋、结婚、嫁娶、打三招等，酒席规定一天；白事暂不规定；违者罚款 2000 元。"[3]这些内容共同反映出村规民约在推进移风易俗方面的作用。通过改变固有风俗，逐渐形成新的风俗习惯，从这个意义上来说村规民约促进了习惯法的生长。

（八）传承良善文化

中华民族具有讲仁崇义、爱国爱乡、尊老爱幼、家庭和谐、友邻和睦、诚实守信、勤劳节俭等传统美德，村规民约倡导良好的社会风气、传承良善文化、促进传统美德在乡村的继承和发展。如广西金秀瑶族自治县《大岭村村规民约》第 1 条即为有关道德风貌、文明礼貌的总体要求："讲文明、讲礼貌，对人

---

[1]　贵州锦屏县《黄门村移风易俗关于红白喜事禁止大量燃放烟花爆竹规定》（2016 年 3 月 13 日），资料编号 010123。

[2]　贵州锦屏县《瑶白村关于改革陈规陋习的规定》（2012 年正月初一），资料编号 010132。

[3]　贵州锦屏县《华寨村办酒宴风俗整改》（2016 年 2 月 12 日），资料编号 010121。

态度和气，不打人，不骂人，不讲粗口话，培养良好的社会风气。"[1]

　　许多村规民约强调村民之间以礼相待和谐共处。如贵州锦屏县《文斗村村规民约》第2条规定："以礼相待和谐共处。村民之间及村民与来客之间以礼相待，与人为善，与人为伴，凡家庭内部及邻里之间因生产生活产生矛盾处理不当，引发谩骂、争吵、打架行为，同时由此引发矛盾纠纷的家庭承担相关的费用，写悔过书10份张贴。"第4条又规定："坚持履行节约，反对浪费。提倡婚丧嫁娶一切从简，反对浪费，提倡厚养薄葬；树立尊敬长者、孝顺老人之风。有不赡养老人、虐待老人者作公开批评，责令改正，并交违约金50—200元。"[2]

　　不少村规民约特别规定孝敬老人。如与上述贵州锦屏县《文斗村村规民约》第4条规定类似，浙江庆元黄田镇《台湖村村规民约》第1条明确规定："严禁虐待老人，违者向老人当面赔礼道歉，通报全村，情节严重的上报司法机关依法惩办。"[3]

　　此外，有的村规民约规定了尊重民族传统。如广西金秀瑶族自治县《六巷村石牌公约》第22条规定："按本民族传统，不得安放坟在村背，违者按本村石牌处理。"[4]贵州锦屏县《华寨村村民自治合约》第6条规定："后龙山已于2008年收归为华寨一二组集体山林，为培植地方风水，佑我华寨万古常青，

---

　　[1]　广西金秀瑶族自治县《大岭村村规民约》（无具体时间，应在1982年前后），资料编号01039。

　　[2]　贵州锦屏县《文斗村村规民约》（2015年9月10日村民代表会议表决通过），资料编号010059。

　　[3]　浙江庆元黄田镇《台湖村村规民约》（2015年8月4日经2/3以上户代表会议表决通过），资料编号01035。

　　[4]　广西金秀瑶族自治县《六巷村石牌公约》（1991年2月1日），资料编号01037。

此山永为公山，子孙万代不能分到户头，世代培护，保持茂盛，严禁砍伐山上树木，违者自愿承担违约金 300—500 元。"[1]

(九) 维护乡村治安

乡村社会治安与农民权益保障、农村社会秩序稳定、农村社会经济进步与发展息息相关。治安与教化一直都是传统村落的基本功能，传统治安管理观念主要是一种"消极求安"式的治理逻辑，注重对基层社会进行严格的控制，而不是主动地预防打击违法犯罪活动。[2]在今天的乡村治理中，治安更多的是以一种积极主动的方式进行，以"网格化管理、组团式服务"的方式内外兼顾地进行治安管理。[3]

从调查的情况来看，被调查的村寨全部都在村规民约中规定了"社会治安"事项，尽管有些不是以专门章节加以规定，但是基本上都涵盖了村庄日常社会治安的方方面面。值得注意的是，一些地区关于社会治安的条款中，还附带惩罚性条款，对于违反治安的行为进行处罚。村规民约对社会治安问题规定的内容包括社会治安综合治理、禁止"黄赌毒"、禁止小偷小摸、禁止打架斗殴、禁止酗酒闹事、举报违法犯罪活动、管理流动人口、帮教刑释人员与社区服刑人员等。如浙江慈溪附海镇《海晏庙村村规民约》第 24 条规定："主动做好平安宣传，村民之间、家庭成员之间要互相提醒帮助、教育监督，不沾'黄毒赌'，不参加邪教组织，不参与传销活动，严防发生火灾、生产、交通、溺水等安全事故。发现聚众赌博、涉毒行为、邪

---

[1] 贵州锦屏县《华寨村村民自治合约》(2010 年 5 月 6 日由村民代表会议表决通过)，资料编号 010182。

[2] 王瑞山："中国传统社会治安思想研究——以'盗贼'治理为考察对象"，华东政法大学 2012 年博士学位论文。

[3] 浙江慈溪附海镇《海晏庙村村规民约》(2015 年 7 月 30 日经海晏庙村村民代表大会表决通过)，资料编号 01001。

教组织等一切违法违规行为，村民有义务及时举报。"〔1〕又如，贵州锦屏县《文斗村村规民约》第30条规定："严禁偷摸扒窃。凡偷摩托车、自行车、偷牛盗马、家畜家禽等，除移交上级按相关法律处罚外和赔偿失主损失外，同时应向村委会交违约金1000—3000元。"〔2〕再如，广西金秀瑶族自治县《下古陈村村规民约》第3条规定："山上野蜜蜂、地龙蜂、干柴、号地等，谁先插有草标，归谁所有，他人要，以盗窃和强抢论处。"〔3〕广西金秀长垌乡《三角屯村民公约》第11条规定："互相通奸、发生不正当的两性关系，破坏他人家庭团结，罚款三个四十（指40斤米，40斤酒，40斤猪肉），男女同等处罚，给全队吃教育酒。"〔4〕

检讨书

我是番化乡兴勤村五组村民周规松，51岁，今天到瑶白村区域内用电器捕鱼违反了《瑶白村村规民约》第五条，愿接受罚款500元（大写伍佰元整）。

此据

周规松

2011年7月13号〔5〕

---

〔1〕 浙江慈溪附海镇《海晏庙村村规民约》（2015年7月30日经海晏庙村村民代表大会表决通过），资料编号01001。

〔2〕 贵州锦屏县《文斗村村规民约》（2015年9月10日村民代表会议表决通过），资料编号010059。

〔3〕 广西金秀瑶族自治县《下古陈村村规民约》（1982年10月31日），资料编号01007。

〔4〕 广西金秀长垌乡《三角屯村民公约》（1992年1月10日），资料编号01036。

〔5〕 贵州省锦屏县瑶白村搜集，2016年2月20日。

还有一些村维护社会治安不是采取正式成文形式的村规民约，而是采取不成文的规范形式。例如，浙江慈溪蒋村义务夜防队没有专门议定详细的、系统的类似章程式的规约，规范简单，仅仅形成了包括组织规范、活动规范和经费规范等主要几个方面。义务夜防队规约为非成文的规范，没有通过文字形式张榜公布，主要依靠村民的内心认同、自觉遵守而发挥作用，缺乏具体的效力保障。但是，蒋村义务夜防队规约在规范义务夜防队活动进而保障村民财产权益、维持村庄秩序方面发挥了积极作用。[1]

（十）解决民间纠纷

村规民约在调处村民矛盾、解决民间纠纷方面具有积极的作用。村规民约作为自治性规范，在解决民间纠纷时并没有国家强制力为后盾，大多依赖的是村大寨部的舆论压力或社区的强制力，依靠的是习惯法的力量。但是在当前乡村治理中村规民约解决民间纠纷具有明显的效力。

村规民约解决的民间纠纷主要发生于村落共同体内部，大多是村民之间的诸如邻里纠纷、婚姻家庭纠纷等日常生活纠纷。如浙江慈溪附海镇《海晏庙村村规民约》第二章、第三章详细规定了村民在婚姻家庭和邻里关系方面的权利和义务，以及在产生纠纷之后的解决方法，"提倡用协商办法解决各种矛盾纠纷，协商不成功的，可申请到村、镇调委会调解，也可依法向人民法院起诉"。

村规民约规定的纠纷解决方式主要为村民自行协商、村民委员会调解、行政机关调解以及法院诉讼等，其中又以"调解"为最为主要的解决方式。例如，贵州锦屏县《瑶白村村规民约》

---

〔1〕 参见高其才："义务夜防队规约与社会治安维护——以浙江省慈溪市平林镇蒋村为考察对象"，载《湘潭大学学报（哲学社会科学版）》2017年第1期。

规定，"当事人可向村民委提出申诉，按情节轻重公开、公平、公正进行调处"；[1]贵州锦屏县《文斗村村规民约》规定，"全村推行人民调解、治保处理纠纷制度，由村民委推选调解主任，负责组织协调处理村内纠纷，协助村、组治理地方"；[2]广西金秀长垌乡《三角屯村民公约》第17条规定，"凡处理违约人员，需要召开群众会议的，每个村民都应参加，如有不来参加会议和背后议论的，给予罚款50元"。[3]

在执行方面，如果是村民委员会解决纠纷并作出相应的处理结果，一般都会由村民委员会执行，执行的方式有多种。如广西金秀金秀镇《林香屯村民公约》第17条规定："为维护本村规民约的严肃性，设立村规民约监督小组，成员由村民推选，负责对村民遵守村规民约进行监督，并将村民违反事项提交村民大会或户主会议讨论处罚决定。"[4]贵州锦屏华寨村"以歌劝和"、贵州锦屏瑶白村则成立村护约队执行。

案例 2：

2002年三四月份，40来岁的董春泽与他老婆吵架。当时，我们一共十一二人去调解，一人出了5角，一共凑了五六元买了鞭炮去他家叫他请客。董春泽看见我们来了，做了一桌菜给我们吃。吃的时候，我们讲家庭以和为贵，吵架影响不好，还要请客吃饭，这样经济上也亏损，他们夫妻听了后就和好了。[5]

---

〔1〕 贵州锦屏县《瑶白村村规民约》（2011年3月20日），资料编号010131。

〔2〕 贵州锦屏县《文斗村村规民约》（2015年9月10日村民代表会议表决通过），资料编号010059。

〔3〕 广西金秀长垌乡《三角屯村民公约》（1992年1月10日），资料编号01036。

〔4〕 广西金秀金秀镇《林香屯村民公约》（2013年5月10日起实施），资料编号01040。

〔5〕 贵州锦屏华寨村龙运朝访谈录，2016年2月21日。

总之，根据村规民约处理民间纠纷，充分发挥村规民约在解决乡村社会矛盾中的作用，有利于农村生产、生活争端的解决，有利于恢复乡村社会秩序，实现农村社会的和谐发展。

（十一）促进国家法的实施

课题组考察浙江省庆元县黄田镇 27 个村的村规民约后发现，这些村规民约基本上涵盖了我国多个法律法规。例如，《台湖村村规民约》第 8 条规定，畜牧家禽饲养户对于自己饲养的牛、羊、猪等牲畜家禽应当有专人看管，损坏了农作物或经济物由主人承担赔偿责任。[1]《下济村村规民约》第 1 条规定了农户使用木材的程序。其他还有禁止私自野外用火、禁止盗伐等内容。这些条文与《中华人民共和国物权法》关于财产保护的原则是一致的。《大坑村村规民约》第 5 条规定："全体村民均有保护耕地的义务。村内任何组织和个人使用土地都应服从村的统一规划和调整，不得侵占、买卖或者以其他形式非法转让土地。"[2]《中华人民共和国宪法》（以下简称《宪法》）文本中没有直接出现"耕地"的字样，但在第 10 条第 4 款和第 5 款规定："任何组织或者个人不得侵占、买卖或者以其他形式非法转让土地。土地的使用权可以依照法律的规定转让。一切使用土地的组织和个人必须合理地利用土地。"《中华人民共和国土地管理法》（以下简称《土地管理法》）有关于耕地保护的专门一章，在第 30 条更是明确规定国家保护耕地，严格控制耕地转为非耕地，在第 33 条进一步规定我国实行基本农田保护制度。据此，国务院制定了《基本农田保护条例》这一专门针对耕地的行政法规。并且，浙江省人民政府在 2010 年 12 月审议通

---

〔1〕 参见《浙江丽水黄田镇村规民约汇编》，资料编号 010040。
〔2〕 参见《浙江丽水黄田镇村规民约汇编》，资料编号 010040。

过的《浙江省耕地质量管理办法》对于加强耕地质量管理、增强耕地综合生产能力作了更加具体的规定。这27个村的村规民约关于耕地保护的内容一部分直接来源于我国《宪法》《土地管理法》的规定，一部分则来源于《浙江省耕地质量管理办法》这一政府规章，对于这些法律法规的具体落实，保证了村规民约在乡村社会的有效实施。

通过村规民约遵循和重述国家法，有助于法律知识在农村社会的传播，提高村民法律素质，有利于推动乡村法治社会的建设。此外，这些村规民约传承和弘扬了乡村习惯法中的一些内容，是对村民约定俗成的行为规范的一种确认，实现了国家法与习惯法在村规民约范围内的有限结合，增加了国家法在乡村实施的"柔性"，是实现乡村依法治理的良好途径。

以上所论主要是村规民约在乡村治理中的积极作用。同时，我们也应该看到，村规民约在治理中难免会存在一些消极作用，甚至出现违反国家法律的内容。从调查的情况来看，当前村规民约在乡村治理中的消极作用主要表现为以下四个方面。

第一，有的村规民约违反国家法律，侵犯村民财产权、人身权等合法权益。如在土地征用补偿费分配的时候，一些村寨的村规民约限制外嫁女、入赘婿、离婚户的土地权益，对其少补或不补相应的土地补偿费用。在宅基地分配或翻建的时候，限制村民的翻建权利。例如，北京房山长沟镇《坟庄村村规民约》第61条规定："具有下列条件之一的不批翻建手续：（1）男到女家落户，或女到男家落户一方有房的户；（2）出卖或出租住房的户；（3）子女未满18周岁的户；（4）违反计划生育的户；（5）应征青年拒服兵役的户。"[1]贵州锦屏县《瑶白村卫

---

[1]　北京房山长沟镇《坟庄村村规民约》(2013年6月通过)，资料编号01005。

生公约》第 6 条规定："各村民喂养的狗，必须圈养；如发现浪放的情况，监督小组实行毒打。"[1]还有一些村规民约强制性要求村民承担某种义务，否则就会剥夺或限制其合法财产权益。

第二，有的村规民约实施方式简单、粗暴，处罚规范违法。如限制违反村规民约村民的其他正当权益，不办理盖章手续等。有的村规民约规定了罚款条款，违反了国家法律的规定。有些村规民约中，罚款的金额小到几元、几十元，大到几千元、上万元，有的甚至还规定村民委员会有没收违法财产的权限。这超越了村民自治的范围，侵犯了国家权力。村规民约属自治"合约"，不能设定罚款；规定数额较小的违约金是合理的；但是如果村规民约规定的违约金数额较高，并且赋予村民委员会等组织较大处罚权则很有可能会侵害村民的正当权益。

第三，村规民约在促进乡村经济发展方面的作用较为薄弱。许多村规民约主要规范社会治安、公益事业建设、护林防火、纠纷解决等事宜，对农民致富、产业发展、集体经济发展、专业合作社发展等较少列入村规民约调整范畴，村规民约在乡村经济发展、农民收入增加方面的作用需要进一步加强。

第四，有些村规民约制定过程缺乏经过全体村民或者村民代表的广泛讨论，仅由少数村干部商量决定；有的村规民约仅依照范本简单照搬照抄，针对性不强，与村民的生产、生活关系不大；等等。这些因素都使村规民约在乡村治理中的积极作用难以发挥。

二、村规民约在乡村治理中发挥积极作用的原因

村规民约在乡村政治、经济、文化、生态等方面的治理中

---

〔1〕 贵州锦屏县《瑶白村卫生公约》(2013 年 3 月 20 日)，资料编号 010133。

具有重要的积极作用，这与国家法律的确认、社会环境的支持分不开，也与乡村固有的自治传统的发扬、村民集体认同心理的支撑密切相关。同时，"能人治村"使村规民约有了制定和实施的人员保障，而村规民约的变革调适使村规民约能够适应社会发展，积极发挥其在乡村治理中的作用。

（一）国家法律的确认

我国《宪法》《村民委员会组织法》等法律法规对村规民约给予了认可和支持，赋予村规民约必要的发展空间，为村规民约作用的发挥提供了法律依据。我国《宪法》第24条第1款规定："国家通过普及理想教育、道德教育、文化教育、纪律和法制教育，通过在城乡不同范围的群众中制定和执行各种守则、公约，加强社会主义精神文明的建设。"此处"守则、公约"包括了村规民约。我国《宪法》第111条规定，城市和农村按居民居住地区设立的居民委员会或者村民委员会是基层群众性自治组织。宪法将村民委员会定性为基层群众性自治组织，赋予农村社区自治权，村规民约即为自治规范。

《村民委员会组织法》对我国《宪法》中的相关条款进一步细化，赋予村民会议制定修改村规民约的权利，同时要求村规民约不得与宪法、法律、法规和国家的政策相抵触，不得有侵犯村民人身权利、民主权利和合法财产权利的内容。村民委员会、驻在农村的机关、团体、部队、国有及国有控股企业、事业单位及其人员均应遵守有关村规民约。

与此同时，国家也通过地方性法规、地方政府规章对村规民约进行确认、要求和规范，涉及乡村治理的政治、经济、社会、文化诸领域，包括村民自治、农村治安、农村自然资源保护与利用、农村环境保护、农村公共事务、农民权益保护、农村纠纷解决等方面，较为全面地调整乡村社会关系。[1]

国家法律、法规对村规民约的认可和支持，不仅赋予村规民约正式法源的地位，而且明确规定村规民约的基本功能，为村规民约在乡村治理中发挥积极作用提供法律依据。

（二）社会环境的支持

乡村的社会治理与外部客观环境密切相关，外部环境如政治环境、经济环境以及社会环境等皆是村规民约发挥积极作用的重要基础。地方县乡政府和领导重视村规民约在乡村治理中的重要地位，为村规民约发挥积极作用提供良好的政治环境和政策支持。如湖南临湘五里乡将村规民约作为基层治理的重要工作来抓，在 2015 年已经做到每村都制定村规民约；浙江庆元黄田镇以"范本"的方式推进村规民约的制定，实现村规民约在辖区 27 个村全面覆盖。

农村经济的发展为村规民约在乡村治理中积极作用的发挥提供了基础。随着经济的发展，乡村集体逐渐累积了一定的财富，如何对这些财富进行公平分配以及合理保护公私财产是一个迫切的问题。通过村规民约约定公共财产分配方案和保护个人财产已经成为一些乡村保护财产的主要形式。农村经济的发展需要村规民约为公私财产提供强有力的保护，这一点得到了村民的广泛认可。

当前农村社会环境日益复杂，出现了一定的分化，不同利益团体之间会进行博弈，催生出通过村规民约的乡村治理模式。村规民约是当前农村社会各阶层在村级事务运作过程中表达诉求和平衡各种利益关系的重要方式。在这种社会环境之下，村规民约以其符合现代社会法治发展的契约性得到村民的认可和

---

〔1〕 高其才："通过村规民约的乡村治理——从地方法规规章角度的观察"，载《政法论丛》2016 年第 2 期。

接受，在村庄事务管理中能够体现出民主精神、契约观念。从这个意义上来说，社会环境为村规民约在乡村治理中积极作用的发挥提供了支持。

（三）自治传统的发扬

我国传统社会有着悠久的自治传统和自治习惯，村规民约在我国社会特别是基层社会的治理中起着广泛的作用。陕西蓝田《吕氏乡约》是乡绅带领村民自发创造的乡约，目的是通过乡约改善乡俗、敦行教化。自王阳明《南赣乡约》以后，[1]乡约成为地方政府和国家力推的基层治理政策，通过乡约推行乡村自治。明太祖朱元璋颁布的"圣谕六言"不仅与《吕氏乡约》内容基本一致，而且成为以后村规民约的基本原则。清康熙皇帝也颁布了"圣谕十六条"，成为乡约宣讲的永久内容。民国时期，传统乡约制度得以延续，辅之以保甲制度共同对乡村展开治理。

新中国成立之后，特别是1958年以后推行政社合一后，乡村的自治传统受到一定的影响。但是乡村自治的传统并未就此完全中断。改革开放之后，我国乡村的自治传统很快得到恢复和弘扬。在宪法的基础上，1987年11月24日第六届全国人民代表大会常务委员会第二十三次会议通过的《村民委员会组织法（试行）》，规定我国在农村实行村民自治制度，重新赋予乡村社会自治权，尊重并延续了乡村自治传统与习惯。1998年11月4日第九届全国人民代表大会常务委员会第五次会议通过，并于2010年10月28日由第十一届全国人民代表大会常务委员

---

〔1〕《南赣乡约》是王阳明在南赣担任巡抚时，针对当时社会匪患严重、社会失范而推行的乡约。王阳明实行乡约并推行十家牌法。《南赣乡约》的原则是诱掖奖劝，奉行忠厚之道，注重实际效果。《南赣乡约》是由地方政府推行的自治规范，所有村民必须加入，在固定的时间参加集会，不参加者会受到严厉惩罚。参见牛铭实编著：《中国历代乡规民约》，中国社会出版社2014年版，第31页。

会第十七次会议修订通过的《村民委员会组织法》，继续实行村民自治制度，并进一步完善了基层自治制度。

在自治传统与自治习惯的影响之下，通过村规民约的自治符合村民的心理预期，能够更好地被村民认同和接受，村规民约成为村民自治的重要规范，在乡村治理的过程中发挥着重要作用，调整着各方面的乡村社会关系。

（四）集体认同心理的支撑

社会心理学认为，"个体认同"强调个体认同的独特性、独一无二性和差异性，而"集体认同"更加注重认同中被诸多个体共享的东西或相似性。受到传统自治习惯和国家法律政策倡导的影响，乡村共同体成员在心理上普遍认同和接受村规民约，这为村规民约积极作用的发挥提供了重要心理基础。首先，集体认同为村规民约的制定提供了心理基础。在一些自治传统较为深厚的村庄，村民对村规民约这种自治方式十分认同，会自发地制定村规民约（包括不成文的），并且会积极地参与到村规民约议制过程中。其次，集体认同为村规民约的实施提供了心理基础。由于村民普遍认同集体议制出的村规民约，在村规民约实施过程中会普遍遵守这些规范，对违反村规民约的集体成员则会采取舆论谴责或心理强制等方式进行惩罚，这种惩罚方式在以"熟人"为主要关系网络的乡村中十分有效。最后，集体认同为村规民约的监督提供了心理基础。在村规民约的制定实施过程中，村民对其进行有效监督的重要前提就是内心确信和认同村规民约这一规范，认为村规民约是集体成员共同智慧的体现。在调查中发现，村规民约监督较为有效的村庄，基本上是村庄共同体成员对村规民约认同度较高的村庄，村民将村规民约视为与自身利益密切相关的规范。

（五）治村能人的推动

乡村的社会治理离不开人的作用，"能人治村"是当前乡村治理中不得不面对的客观现实。如果乡村有一个以村党支部书记为核心的强有力的领导班子，那么村党支部、村民委员会的职能将会得到切实履行，乡村事务往往能够得到高效有序地管理，村民自治就能够较好地运行，村规民约就能够较好地发挥作用。

从调查的情况来看，在不少乡村尤其是在社会结构相对较为稳定的村组，乡村能人对村规民约积极作用的发挥起到至关重要的作用。如湖南临湘市水畈村村支书吴国华曾是退伍军人，转业后在广州经营几家大型超市，经济实力较为雄厚。2012 年 8 月，吴国华被前任村支书邀请回来主持村民委员会工作，仅仅 3 年时间就将村民年收入翻了一倍，调查时当地村民向我们一致表达了对其工作的赞扬和肯定。正是因为吴国华在村庄中的能人身份，他在村里说的话十分有效，水畈村的村规民约能够得到有效实施，违反村规民约的行为也能得到相应的制裁，村规民约在水畈村的治理中发挥了重要的作用。

（六）村规民约的变革调适

随着社会经济的发展和城镇化进程的推进，乡村社会正处于转型之中，村规民约也要根据乡村社会的发展而革故鼎新，完成自我调适，适应乡村社会发展之需求。正因为村规民约具有这种变革调适的品性，使其具有强大的生命力，不至于因陈旧保守而被社会摒弃。通过调查发现，80%以上被调查村的村规民约近五年内都有所修订，很少有自制定以来从未进行修订的。从内容来看，村规民约变革调适的部分一般都体现了村民迫切的现实诉求，也有反映国家和社会发展需要的，还有通过修改违法条款达到法律要求的。例如，针对近年来村里公共卫生较差的现象，湖南临湘花桥村的村规民约于 2015 年 12 月进行了修改，新增了两条保护环境卫生的相关条款，体现出村民对保护乡村环境卫生的迫切需求。又如，贵州锦屏县《文斗村村规民约》将以前违反村规民约的"罚金"改为"违约金"，变革调适以法律为标准，摒弃违法内容，使村规民约符合国家法律规定。正是由于村规民约不僵化保守，会根据现实情况进行变革调适，使其更好地体现村民的诉求，反映国家和社会的需要，与国家法律的要求相一致，才有可能有力地保障其在社会治理中积极作用的发挥。

三、村规民约在乡村治理中发挥积极作用的障碍

在调查中发现，乡村现实中存在的一些因素制约着村规约作用的发挥，成为村规民约在乡村治理中发挥积极作用的障碍，影响着村规民约在推进乡村法治建设、建设乡村法治社会中功能的实现。我们需要将村规民约置入到具体的"社会情境"之中，以整体论来发现事实，从村规民约与"社会—文化"场景的整体关联中确定各种影响因素、障碍因素的具体意义。[1]

（一）乡村社会结构因素

社会学经典理论认为，社会结构一般是指各种社会个体、群体之间所结成的"社会关系网络"。[2]对于中国农村社会结

---

〔1〕 参见朱晓阳："'语言混乱'与法律人类学的整体论进路"，载《中国社会科学》2007年第2期。

〔2〕 美国社会学家布劳（Peter M. Blau）认为，社会学中所使用的"社会结构"一词大体包括三种含义：一是社会关系与社会地位的组合；二是社会生活和历史赖以存在的基础性结构；三是共同体中人们社会地位分化后形成的多维空间。孙立平将社会结构解释为"社会关系"。参见孙立平："'关系'、社会关系与社会结构"，载《社会学研究》1996年第5期。

构的认识，学术界有多种观点，[1]其中一种较为经典的描述来自费孝通先生20世纪30年代的判断，费孝通先生认为，中国传统乡村社会结构是一种"差序格局"，在这种"差序格局"之下，人们之间社会关系的远近、亲疏受到"血缘"及"地缘"的影响。[2]作为血缘关系的延伸和超越，"家族"成为传统村庄结构的基本单元，士绅成为传统村庄结构中的重要治理力量。随着社会革命对中国乡村的广泛动员和改造，传统乡村结构赖以存在的家族与士绅阶层逐渐崩解，取而代之的是党和国家在乡村基层的主导性地位。这种治理结构从新中国成立到改革开放初期的家庭联产承包责任制，并没有发生根本性的转变。

当下村规民约作用的发挥即与乡村社会结构变迁的背景密切相关。通过调查发现，村规民约能发挥较大作用的村组往往是社会结构较为稳定的村庄，这些村组基于历史传统、社会环境等纽带紧密地联系在一起。村规民约发挥作用时所依赖的权威是多元的，既有传统型权威，又有法理型权威。[3]如果村民违反了村规民约，执行起来的抵制力量会比较小。与此同时，在社会结构稳定的村组，村规民约侵犯村民权益的现象也较为普遍，村民维权也存在较大的障碍。相反，如果在社会结构松

---

　　[1]　关于中国乡村社会结构的研究，海内外研究成果较为丰富。美国学者施坚雅提出"基层市场共同体假设"，认为中国乡村社会基本结构单元是以基层集镇为中心的基层市场共同体。黄宗智则从商品化的角度探讨中国乡村社会结构变迁问题。杜赞奇从国家政权建设的角度探讨了随着国家政权力量的渗入，乡村社会权力结构的变迁，提出"文化网络"概念。当前国内讨论这一问题的学者有徐勇、吴毅、贺雪峰等人。

　　[2]　费孝通：《乡土中国 生育制度》，北京大学出版社1998年版，第24—30页。

　　[3]　[德] 马克斯·韦伯：《经济与社会》（第一卷），阎克文译，上海人民出版社2010年版，第322页。

散甚至解体的村庄，村规民约发挥作用则较为有限，有些村组虽然制定了村规民约，但一般也是"一纸具文"，实践中没有太大作用。即便村民委员会依照村规民约进行了处理，但执行起来的难度要大得多，村民更倾向于通过诉讼等方式来寻求权利救济。例如，课题组调查的北京房山区长沟镇的沿村和南甘池村甚至都没有制定村规民约，村民自治事项一般都采取"一事一议"的方式进行；甘肃东乡东垣村的村规民约涉及一些村民自治方面的内容，但我们认为还是太过空泛，宣传口号太多而具体措施太少，没有什么可操作性，基本上是一个只能贴在墙上的规定罢了。[1]

乡村社会结构对村规民约作用的发挥有着至关重要的影响，这种结构性因素无法在短期内消除，可能伴随着社会转型而一直存在。欧博文曾对《村民委员会组织法》的实施情况进行考察，在"达标型、强制型、失控型、瘫痪型"四种实施模式中，只有"达标型"能够达到国家的要求，而占有更大比例的则是另外三种实施模式。[2]这三种实施模式主要存在于乡村结构转型较为剧烈的地区。这一分析框架对于我们理解村规民约在乡村治理中积极作用发挥机制仍然是有效的。在村规民约实施"达标"的地区，往往是社会结构较为稳定的乡村地区，尤其是传统结构尚未受到巨大冲击的地区；而村规民约实施"未达标"的地区，往往是社会结构正处于剧烈转型阶段的乡村，一旦成功完成结构转型，这些地区的村规民约的实施也将不再出现

---

〔1〕 高其才、马敬：《陇原乡老马伊德勒斯》，中国政法大学出版社 2014 年版，第 50 页。

〔2〕 ［美］欧博文："中国村民委员会组织法的贯彻执行情况探讨"，载《社会主义研究》1994 年第 5 期。

"结构混乱"[1]。

（二）国家行政权力干预因素

从村规民约发展的历史实践来看，纯粹"民治"的村规民约未曾完全实践过；而且，村规民约的"民治"属性，是建立在"国家—社会"二元关系之上的。在中国"一统多元、政刑传统"的政治和社会结构中，作为"民治"理论基础的"国家—社会"二元关系未必贴近中国实际，因此纯粹的"民治"理论上也难以自洽。从南赣乡约到晚近的村规民约，"官督民治""官辅民治"更符合中国传统村规民约的实践事实。换言之，中国传统乡村社会治理史上并未出现过真正的"民治"，大多数属于官方主导下的有限自治，传统乡村社会治理中"皇权不下县"（县以下实行"自治"）的理论判断可能值得商榷。[2]

这一局面在今天并未得到根本性的改变。根据我国现行法律规定，基层政权只到乡（镇）一级，村以下实行自治。改革开放以来，乡村治理中建构出的这一治理格局被称为"乡政村治"模式。[3]在此模式的作用之下，乡村治理中存在两种不同的权力，这两种权力彼此之间相对独立：一是乡（镇）政府代表国家自上而下行使的行政管理权；二是村民委员会代表村民自下而上行使的自治权。根据我国现行法律制度，村民自治权是由宪法赋予的，村民自治不得违反宪法的规定，授予乡（镇）

---

〔1〕　参见董磊明、陈柏峰、聂良波："结构混乱与迎法下乡——河南宋村法律实践的解读"，载《中国社会科学》2008年第5期。

〔2〕　参见胡恒：《皇权不下县？——清代县辖政区与基层社会治理》，北京师范大学出版社2015年版。

〔3〕　"乡政村治"有三个含义：其一，乡（镇）作为国家在农村的基层政权，根据宪法和法律规定对本乡镇事务行使国家行政管理职能；其二，村民委员会作为村民的自治组织，对本村事务行使自治权；其三，乡（镇）与村之间的关系是指导与被指导的关系。

行政机关"责令改正"的纠错权。但是，在乡村治理实践中，经常出现国家行政权过度干预村规民约制定实施的现象，损害村民自治，背离了村民自治制度设计的初衷。

在村规民约制定过程中普遍存在的一种现象是，乡镇政府往往事先提供村规民约范本，导致辖区内各村所制定的村规民约基本一致。[1]这种同质化的村规民约在现实中效力较差，作用并不明显。还有一种情况是，村民委员会在乡镇政府指导下，没有经过村民会议的讨论表决（或只经过村民代表大会讨论表决）就直接制定村规民约，这实际上也是行政权干预的结果。

（三）村规民约制定实施因素

除上述影响因素之外，村规民约本身在制定实施过程中存在的问题也会影响其作用的发挥。从整体论角度来看，作为乡村治理的基本方式，村规民约的制定实施必然会受到乡村社会结构的影响，但同时我们也要看到村规民约制定实施过程中的程序性、技术性因素也会影响其作用的发挥。

第一，制定层面。通过调查发现，当前村规民约在制定过程中普遍存在的问题有：公开透明度不高，缺乏规范性、程序性和民主性，往往受制于国家行政权力的过度指导，没有充分体现出基层自治。根据《村民委员会组织法》的规定，村规民约或村民自治章程等由村民会议制定修改，但在现实中，一些村组在制定村规民约时，没有充分动员村民参与，往往由村党支部、村民委员会即"两委"组织村民代表大会讨论通过，或者根据乡镇"范本"直接拟定。如北京房山长沟镇《坟庄村村

---

〔1〕 课题组在调查浙江丽水黄田镇 27 个村时发现，这些村的村规民约内容基本上是一致的，大同小异，很明显是根据政府提供的村规民约范本稍加修改而制定的。这种情况在许多乡村较为普遍，一般是为了应付上级行政机关检查而制定的。参见《浙江丽水黄田镇村规民约汇编》，资料编号 010040。

规民约》的制定过程即是如此。当然，目前农村地区"空心化"也可能会对村规民约的制定产生一定的影响。外出打工村民较多的农村，村民会议实际上处于瘫痪状态，这也为村规民约的制定造成了现实障碍。村民会议召集的困难和村规民约修订程序的复杂，使得村规民约更新处于滞后状态，不少农村超过五年未修订村规民约，导致村规民约不能与时俱进，内容陈旧过时，不能适应乡村新的社会状况。

第二，内容层面。通过调查发现，目前一些地区村规民约的内容存在以下问题：一是过于原则、空洞，无法执行，没有可操作性；二是千村一面，脱离实际，没有针对性；三是成为国家法律及政策的翻版或实施细则，脱离农村实际情况，没有吸收乡村既有的法治资源和习惯法传统；四是习惯法的重述，没有以国家法律为指导，存在违反国家法的内容（典型的如剥夺外嫁女性土地权益等）；五是行政命令式，没有体现村民当家作主、维护村民利益的目的，导致村民没有参与和遵守的积极性、自觉性；六是不具备社会规范的科学性、系统性，缺少公平、公正性，既无责任承担相关规定，也没有明确公开的说理、救济方式和途径。村规民约是乡村内生性秩序的外在表现，应该反映传统习惯法中的良善内容。与此同时，村规民约又是乡村治理法治化的重要方式，内容不得与国家法律相悖，因而在内容上应该以国家法律作为标准。从这个意义上来说，村规民约应该是连通国家法与习惯法的桥梁，平衡国家法与习惯法冲突的重要途径。从调查情况来看，不多的村组在制定村规民约时能够准确把握国家法与习惯法之间的平衡关系。在一些经济较为发达的地区，村规民约大多对国家法"细则化"（如北京坎庄村、浙江海晏庙村、福建三合村等）；而在一些经济欠发达的地区，村规民约则更倾向于对传统习惯法的制度化，对国家法内容的表述相对较少（如贵州文斗村、贵州瑶白村、湖南花桥村等）。

第三，实施层面。通过调查发现，一些乡村的村规民约在实施过程中往往成了"挂在墙上"的文字，实践性和效力性不强；基层组织依照村规民约对违约的村民进行处理时，村民也会认为处理不公而拒不执行。村规民约在实施执行过程中的另一个重要问题就在于，制裁手段和措施违法，例如，"罚款"、限制作为村集体成员的合法福利等。这些制裁手段于法无据，无法得到村民的接受和认可，容易引发投诉等事件。

村规民约之所以在实施过程中出现上述问题，除了其在责任承担与执行方面的规定不明确之外，归根结底就在于当前村规民约的合法性审查机制不健全。如果村民认为村规民约对自己处理不公，或者侵犯到了自己的合法权益，可能就会涉及对村规民约的合法性审查。如果经审查村规民约合法，那么可以借助国家权力执行村民委员会依据村规民约所作出的决定；如果经审查发现村规民约违法，那么村民应该同样可以向国家权力寻求保护和救济。通过合法性审查才能保证村规民约在实施中的效力，这也是避免村规民约成为"墙上文字"的重要方式。然而，现实的情况是，当前合法性审查机制存在较大问题，乡镇行政机关虽然具有备案审查权，但缺乏可供操作的具体细则，而且实践中只备案不审查的情况也较为普遍。国家司法机关对违法的村规民约虽有撤销权，但合法性审查权则无相关的依据，以至于司法实践中对涉及村规民约的案件多以不属于受案范围而裁定驳回。[1]因此，在村民自治权与国家行政权、司法权之

---

〔1〕 关于村规民约司法审查问题，可参见赵正斌："村民自治权利司法救济的现状与完善"，载《中国检察官》2016 年第 4 期；孟刚、阮啸："村规民约的司法审查研究"，载《国家行政学院学报》2011 年第 3 期；侯猛："村规民约的司法适用"，载《法律适用》2010 年第 6 期。

间寻求某种平衡关系，是保障村规民约得以有效施行的关键。

毋庸置疑，村规民约在制定、内容及实施方面存在的问题是影响村规民约作用发挥的关键因素。这些因素共同指向村规民约的作用机制，致使村规民约在乡村治理中的积极作用不能充分有效发挥，从而削弱基层群众的自治力量，影响党和国家对乡村的控制，增加国家在乡村的治理成本，阻碍乡村治理法治化进程。

四、村规民约在乡村治理中进一步发挥积极作用的建议

村规民约在乡村治理中已经发挥了重要的积极作用，但是这一作用就各个农村地区而言并不平衡，也有待广泛发挥、全面发挥。村规民约在乡村治理中进一步发挥积极作用，需要提高认识，也需要完善制度。

（一）提高认识

调查发现，当前村规民约在乡村治理中发挥的积极作用不够，一个重要的问题就是主观认识不到位，不少基层政府领导或村组干部存在一些错误认识，如"制定村规民约只是为了应付上级检查""村规民约在实践中没有多大作用""村规民约应该在政府指导下制定"等。事实证明，这些认识直接制约了村规民约在乡村治理中积极作用的发挥。因此，需要充分认识法治国家、法治政府、法治社会建设中的村规民约，全面理解村规民约在我国农村发展中的重要地位，以进一步发挥村规民约在乡村治理中的积极作用。

村规民约是党和国家治理乡村经验教训的总结。我们党和国家在治理乡村时，尤其是随着革命运动在乡村社会的深入，并未对传统乡约治理模式给予足够的重视，甚至一度破坏这一治理模式。20世纪80年代，党和国家在总结新中国成立以来农

村治理经验与教训的基础上，创造性地将城市街道居民委员会制度推广到农村，建立村民委员会基层群众性自治组织，在农村实行基层群众自治，从而收缩国家行政权力，减轻了行政负担。彭真认为，乡村问题如果都"由派出所去管，靠法院、检察院去办，越搞负担会越重"，因此他在广泛调研和总结经验后强调人民群众要依靠村规民约自己管理自己的事情，充分发挥村民委员会的作用。[1]从乡村治理历史实践来看，村规民约是我们党和国家在治理农村问题方面经验教训的总结，进一步发挥村规民约在乡村治理中积极作用需要充分认识到这一点。

村规民约是乡村地区法治国家、法治政府、法治社会建设的重要内容。党的十八届三中全会提出，推进法治中国进程要"坚持法治国家、法治政府、法治社会一体建设"。党的十八届四中全会公报指出，要提高基层社会治理法治化水平，发挥村规民约等社会规范的积极作用，这为法治社会建设指明了方向。当前法治国家、法治政府、法治社会一体建设应该着重突出法治社会建设，而农村地区的法治社会建设无疑是我国法治社会建设的重要组成部分。充分运用村规民约调整乡村社会关系，化解乡村社会纠纷，培育村民自治能力和法治精神，实现村民自治，发挥村规民约在乡村治理中的积极作用，不仅能够有力地推进农村地区法治社会建设，而且能全方位推进我国法治国家、法治政府、法治社会的一体建设。

村规民约是"新发展理念"在乡村建设中的具体运用。党的十八届五中全会指出，实现"十三五"时期发展目标，破解发展难题，培植发展优势，必须牢固树立并切实贯彻创新、协调、绿色、开放、共享的发展理念。"新发展理念"在农村地区

---

[1] 彭真：《论新中国的政法工作》，中央文献出版社1992年版，第335—337页。

的落实，离不开村规民约的作用。绿色发展理念要求全面节约和高效利用资源，保护环境，防治污染。调查表明，村规民约在资源利用和保护、环境卫生保护等方面具有极其重要的作用。村民就资源、环境问题进行集体讨论和决议，将绿色发展理念植入其中，能够切实可行地利用乡村资源，保护乡村环境。村民通过村规民约的制定、修改、实施，积极参与乡村的协调发展、创新发展、开放发展，共同规划乡村发展的蓝图，共享乡村发展的成果，全面推进乡村建设。因此，在乡村建设发展中，"新发展理念"能够通过村规民约细化和落实，促进乡村全方位可持续发展。

村规民约是治国理政"四个全面"布局的内在要求。"全面建设社会主义现代化国家、全面深化改革、全面依法治国、全面从严治党"的"四个全面"布局是我们党在新的历史时期治国理政的宏大战略体系，也是治国理政的新思路。"四个全面"战略布局要求全面建设社会主义现代化国家。实现农业农村现代化是全面建设社会主义现代化国家的重大任务，是解决发展不平衡不充分问题的必然要求。村规民约全面调整农村社会关系，在政治、经济、文化、社会及生态文明方面都具有重要的积极作用，通过村规民约能够扎实推动乡村产业、人文文化、生态、组织的发展，推进乡村的全面振兴。"四个全面"战略布局要求全面深化改革。当前农村地区改革已经进入深水区，改革涉及土地制度、民主制度、户籍制度等多个方面。改革需要依靠人民群众的智慧，体现人民群众的利益诉求，基于村民自治的村规民约能够保证村民诉求的实现，也能确保农村地区改革的顺利推进。"四个全面"战略布局要求全面推进依法治国。依法治国是落实"四个全面"战略布局的重要保障。全面推进依法治国不仅要依靠国家法律，而且要依靠村规民约等社会规范，两者缺一不可。通过村规民约统筹国家法律与社会自治规范，进一步实施国家法律，进而推进乡村法治建设。"四个全面"战略布局要求全面从严治党。全面从严治党要求抓好农村基层党组织建设，加强基层反腐力度。一些地区的村规民约对村党支部、村民委员会"两委"的工作职责有所规定，通过村规民约监督"两委"工作能有效防治基层腐败。总之，村规民约在保障"四个全面"战略布局在农村地区的全面开展方面具有积极作用。

村规民约是社会主义新农村建设的重要手段。社会主义新农村建设是指包括农村地区党的建设、政治建设、经济建设、文化建设、社会建设以及环境建设等多个方面在内的全方位系统性建设。村规民约能够发扬基层民主，提高村民参政议政意识和能力，实现村务自我管理、自我服务，增进农村政治建设。村规民约在集体资产分配和公私财产保护方面能够做到公开透明，合理公平，村民根据实际情况共同探索议定符合村情的经济建设模式，村集体成员参与其中，极大地提高村集体经济建设水平。村规民约在中国历史上对乡村建设起到了巨大的文化治理作用，这种文化治理方式在当代新农村建设中也同样值得借鉴。村规民约不仅传承传统文化中的有益资源，而且吸收社会主义道德文化和法治文化，促进社会主义新农村文化建设。农村社会建设离不开村规民约的作用，通过村规民约可以管理社会公共事务、维护社会治安、增进村民团结互助等，构建出有机合理运行的农村社会。社会主义新农村建设的一个重要内容就是美丽乡村建设，村规民约对乡村资源保护和环境建设具有十分重要的作用，通过村规民约能够更好地保护环境，建设美丽乡村。

村规民约是推进城乡一体化建设的重要途径。城乡一体化需要城乡在经济、政治、法治、文化、社会等方面的一体化。随着城乡一体化进程的不断加快，我国城乡之间的差距越来越小，但是农村地区地域广阔，发展程度相对较低且不平衡，城乡一体化建设仍然面临着艰巨的任务。应充分发挥村规民约在乡村治理中的积极作用，通过村规民约调整乡村社会关系、明确村民权利义务、规范村民行为，不断提高农村经济社会发展水平、村民生活水平，消除城乡壁垒，使城乡人口、技术、资本、资源等要素相互融合、互为资源，逐步达到城乡之间在经济、社会、文化、生态、空间、政策（制度）上的协调发展。

村规民约是国家法律在乡村实施的重要载体。在大国法治背景下，我国东中西部地区法治基础存在较大差异，国家法律在乡村社会实施可能会面临许多困难，现代法律与乡村传统文化和内生性规范会发生一定的冲突，因而需要紧密结合乡村社会的实际情况进行法治建设。农村自治是国家法框架下的自治，村规民约必须符合国家法律的相关规定。村规民约在制定过程中可以以国家法律为基本参照，将法治的基本精神、价值理念、规范要求等融入村规民约之中，结合村情社情，制定出既符合国家法律又符合乡村实际的规范，对国家法律进行细化处理，并弥补国家法律的不足，保障国家法律在乡村社会的全面实施。与此同时，国家法的制定实施也应以村规民约为基础，充分考虑村规民约调整社会关系的功能，将村规民约作为国家法律的重要基础和来源。

村规民约是传统乡约制度的当代延续。自明文记载的《吕氏乡约》以降，中国基层社会治理就以村规民约为主要形式，由此积累了丰富的基层社会治理经验。传统乡约提倡的"德业相劝，过失相规，礼俗相交，患难相恤"等基本价值理念，以及"整体性乡治"或"系统性乡治"的基本架构,[1]对传统中国基层治理产生了深远的影响。传统乡约治理经验与智慧对当下乡村治理具有十分重要的参考价值。当代村规民约与传统乡约无论在功能上,还是制定程序上,抑或运行模式上,都具有高度的相似性。如两者皆具有"广教化而厚风俗"、维持乡村秩序的功能,都是村民根据实际需要而共同议定的,惩戒机制都是基于传统型权威等。乡约治理传统并未因晚近社会剧烈变革而中断,而是被传承和延续,我们必须尊重这种赓续与发展规律。同时,村规民约承载着厚重的乡土文化与乡土情感,"差序格局"下的乡村关系网络不仅包含了文化血脉的延续、文化基因的传承,而且包含了村民思维方式、情感交流方式的传承,村规民约的传续也是优秀传统文化的传承。

村规民约是习惯法当代传承与弘扬的重要方式。习惯法是由地方性知识构成的内生性规范,经过了历史传承至今仍具有顽强的生命力。村规民约为习惯法的主要组成部分,村规民约吸收传统习惯法中的合理规范,通过对习惯法的"双重制度化"以明确的条文形式吸纳、承继习惯法;同时村规民约也能够改变固有习惯法的某些规范,即通过移风易俗变革传统习惯法的一些内容,促进习惯法的"生长"。[2]因此,村规民约可以传承和弘扬习惯法,为社会变迁过程中习惯法参与社会治理提供制度基础。

村规民约是其他社会规范的重要基础。国家法律之外的社会规范包括村规民约、市民公约、行业规范、团体章程等。这

---

〔1〕 "整体性乡治"或"系统性乡治",是指通过村规民约全面整合乡村社会,囊括乡村的社仓(生产和救济)、保甲(组织和治安)、社学(童教)为一体,既有纲领性规定,又有具体条目的整体性的治理体系。

〔2〕 参见陈寒非:"乡土法杰与村规民约的'生长'",载《学术交流》2015年第11期。

些社会规范都是基于自治产生的，在社会治理中都具有十分重要的积极作用。传统中国的村规民约实践已经积累了丰富的经验，其他社会规范或多或少都受到村规民约治理实践的影响。乡村自治是其他一切自治的基础，通过村规民约积累的自治经验能够为其他领域或类型的自治提供借鉴，村规民约的制定实施也能为其他社会规范运行提供比较样本，村规民约是其他社会规范的重要基础。

（二）完善制度

为了进一步发挥村规民约在乡村治理中的积极作用，针对村规民约实际运行中存在的问题，需要从宏观、中观、微观三个层面构建村规民约积极作用发挥机制、完善相关法律制度。

第一，宏观层面。从宏观层面来看，当前村规民约积极作用得以发挥的重要前提是需要做好顶层设计。由于村规民约在乡村治理中具有正反两方面作用，这也就决定了应以法治中国顶层设计和国家法律为主导对其进行整合、引导与制约。《村民委员会组织法》将其作为村民自治的一种规范形式，但是对其性质及定位并不明确，一些地方性法规、规章虽然也强调村规民约在乡村治理中的作用，[1]但对其也没有进行清晰定位。在实践中，涉及村规民约的纠纷争论的焦点就在于：村规民约究竟具有何种性质，如果将其视为民事契约，则明显不符合民事契约所要求的"合意"（因为少数服从多数表决原则无法做到每一个成员合意）；如果将其视为抽象行政行为，则制定村规民约的乡村集体又并非行政主体。法律定位不明确，也就导致村规民约在实践中遭遇到适用难题，如涉及村规民约的纠纷无法得到有效救济等。

---

〔1〕 高其才："通过村规民约的乡村治理——从地方法规规章角度的观察"，载《政法论丛》2016年第2期。

从法治中国、法治社会建设来看，全面推进依法治国并不仅只是国家法律的任务，作为国家法律之外的村规民约也能够起到关键性的作用。然而，如果不从根本上解决村规民约的性质和定位问题，国家法与村规民约之间的关系可能会存在"语言混乱"的情形。一方面，村规民约作为乡村自治规范，必然以村民日常生活行为规范为表达的重点；另一方面，村规民约又须遵守国家法律、参照国家法律。国家法与习惯法两种话语体系在村规民约中均有体现，对两者之间"度"的把握成为关键。也许短期内可以对两者之间的冲突进行调适，但从长远来看，如果国家法没有给村规民约预留适度空间，可能会出现国家法日益"侵蚀"村规民约的现象，习惯法在村规民约中的空间日渐萎缩，而这是不符合村民自治的基本要求的，也将会限制村规民约在乡村治理中积极作用的发挥。

因此，本章认为应该明确村规民约的性质和地位。村规民约是在国家法律认可下的乡村生活自治规范，[1]村民自治权利来自宪法的授权，因而村规民约的制定实施不能超出国家法律的范围。同时，按照"少数服从多数"的表决原则，一旦村规民约被村民会议通过，对村规民约的服从本质上是对国家法律的服从，因为这种表决原则基础来自国家法律。

同时，村规民约为一种社会自治规范。乡村社区在国家法律下独立地针对当地实际情况进行村规民约的创制和实施，就

---

[1] 法律的正式渊源，是指那些可以从体现国家制定的规范性法律文件中的明确条文形式中得到的渊源，如宪法、法律、法规等，主要为制定法。参见高其才：《法理学》（第三版），清华大学出版社2015年版，第77页。我国法律规定习惯在特定情况下经国家认可成为习惯法而具有正式的法律渊源地位。我国《宪法》《村民委员会组织法》等法律明文认可村规民约。从某种角度来看，可以认为村规民约是一种由国家法律明文认可的习惯法。村规民约为我国的补充性正式法律渊源、次要的正式法律渊源。

乡村经济发展和社会管理事务建章立制，调整乡村社会关系。应当重视村规民约的自治性、独立性、地方性。

第二，中观层面。从中观层面来看，当前村规民约作用的发挥应该处理好农村社会结构转型与村规民约之间的关系。村规民约赖以存在的基础就在于村治环境，而这种村治环境又以乡村社会结构为核心。当前一些农村地区社会结构发生转型，传统治理权威性基础遭受破坏，新的治理权威又没有建立起来，导致"强人治村"模式日益普遍。村治模式转型如果引导不当则可能会破坏基层民主，《村民委员会组织法》规定的选举制度难以贯彻落实。在这些民主基础相对薄弱的村庄，村规民约大多都是由村党支部、村民委员会一手操办制定的，村民几乎没有参与其中；即便有少数村民代表参与其中，所表达的意见也没有多大作用。

因此，在乡村社会结构转型的背景下，应该重视乡村社会结构的完善，村规民约作用机制的构建应该做到因地制宜，根据具体的实际情况推行，而不应该统一采取固定模式。对于社会结构较为稳定的地区，村规民约的制定实施可以发挥较大的自治权；而对于社会结构转型剧烈的地区，村规民约的制定则应严格把好备案审查关，政府应加强对村规民约的指导，大力发展基层民主，防止灰色势力对村规民约的非理性操控。

第三，微观层面。从微观层面来看，当前村规民约作用的发挥应该从制定、内容和实施方面入手，合理构建具体制度对村规民约进行规范程序和监督。在制定层面，应该扩大村民参与范围，制定程序公开透明化，充分体现基层民主和基层自治。在内容层面，应该注意提高村规民约的议制水平，避免内容出现僵化、虚化等问题，在国家法律与地方习惯法之间寻求平衡。村规民约的内容应该符合国家法律，不得侵犯村民的合法权益。

在实施层面，村规民约应该有明确的执行主体，执行应该在法律框架下进行。在监督层面，村规民约的监督主体应该包括基层政权、村两委组织以及民间权威性组织（如宗族组织、乡贤理事会等）。

当前村规民约在制度、内容和实施层面的目标实现需要有健全的制度予以支持和保障。在村规民约制定之前，村民委员会应该在政府指导下对当地传统乡约、习惯进行调查，甄别选取其中合理的内容加以确认。健全的备案审查制度是保障村规民约得以顺利施行的关键，也是村规民约积极作用发挥的保障。当前审查制度可以分为事前审查和事后审查。事前审查的审查主体可以包括村民及其代表、乡镇政府等行政机关、法律顾问、律师等。事后审查的主体则主要为司法机关，进一步完善相应的审查程序。在村规民约实施的过程中，需要有完备的定期检查制度和效果评估制度，由行政机关或第三方主体对实施情况展开检查和效果评估。

五、本章小结

农村问题仍然是当代中国面临的核心问题，社会治理规范不仅包括国家法律，而且包括村规民约等其他社会规范，村规民约能够较好地实现国家法对乡村的治理，满足村民的法律需求，教育和推动村民履行法律规定的义务，又能吸收保留传统习惯法中的有益内容，实现村治在传统与现实之间的赓续。我们应在这一背景之下思考村规民约在乡村治理中的积极作用。

通过调查发现，当前村规民约在乡村治理中的积极作用集中表现在发扬基层民主、管理公共事务、分配保护资产、保护利用资源、保护环境卫生、促进团结互助、推进移风易俗、传承良善文化、维护乡村治安、解决民间纠纷、促进国家法实施等方面。与此同时，一些地区的村规民约也反映出一定的消极作用，如侵犯村民财产权、人身权等合法性权益等。村规民约在乡村治理中积极作用产生的原因包括国家法律的确认、社会环境的支持、自治传统的发扬、集体认同心理的支撑、治村能人的推动、村规民约的变革调适等六个方面。

村规民约在乡村治理中积极作用的发挥面临三个方面的影响。第一种属于结构性影响，即乡村社会结构转型而导致村治模式的转变，可能会在一定程度上影响其作用的发挥。第二种影响来自基层政府，表现为行政权对村民自治和村规民约的过渡性指导。第三种影响来自村规民约本身。当前村规民约在制定程序、具体内容及实施过程等方面存在一些问题，直接影响了村规民约作用的发挥。如何最大程度消除影响因素，是当前村规民约作用发挥的关键。

针对调查中出现的问题，本章分别从主客观两个层面构建村规民约作用发挥机制。主观层面应该统一思想、提高认识，各级党委政府和村级组织应该充分认识到村规民约在乡村治理中的积极作用。村规民约是党和国家治理乡村经验教训的总结，是乡村地区法治国家、法治政府、法治社会建设的重要内容，是"新发展理念"在乡村建设中的具体运用，是治国理政"四个全面"布局的内在要求，是社会主义新农村建设的重要手段，是推进城乡一体化建设的重要途径，是国家法律在乡村实施的重要载体，是传统乡约制度的当代延续，是习惯法当代传承与弘扬的重要方式，是其他社会规范的重要基础。客观层面应该提供制度保障，从宏观、中观和微观三个制度层面合理构建村规民约作用发挥机制。当前村规民约作用机制构建是一个系统性的工程，不仅需要将其置入国家制定法与地方习惯法、国家权力与乡村自治的语境中予以考察，还要将其置入全面推进依法治国和法治国家、法治社会建设的宏大背景下考察。从宏观、中观及微观三个层面对村规民约在乡村治理中的积极作用发挥机制进行方案设计，既包括了法治中国建设的宏观要求，也考虑到村规民约与社会结构之间的关系，同时还考虑到具体保障制度的构建。只有采取这种全面的视角合理构建村规民约在乡村治理中的积极作用机制，才能在乡村治理中更好地发挥村规民约的积极作用。

第四章
通过村规民约推进移风易俗

　　在中国传统典籍中，"风"不仅指"风谣"，还具有"社会教化导向"之义；"俗"具有"传习"之义，引申为社会文化意义上某种习以为常的生活方式。古汉语"风俗"一词合用则主要指具有地方文化特性的社会风气或社会时尚，通常表现为一种与官方正式文化制度并存的文化形态。风俗承载的社会教化功能历来受到重视。孔子云："子欲善而民善矣。君子之德风，小人之德草，草上之风，必偃。"〔1〕"风吹草偃"比喻以德化民与民之向化，犹风吹草仆，相率从善。风俗被赋予政治含义，历代统治者都注重通过风俗来对社会进行控制治理，近代以来社会鼎革之际风俗移易更是实现革命理想的重要方式。〔2〕风俗立基于自然与文化，因此一般具有稳定性和传承性，难以轻易改变。尽管如此，时过境迁，不同时期亦会根据文化赓续与伦理秩序

---

　　〔1〕　杨伯峻译注：《论语译注》，中华书局 1980 年版，第 129 页。
　　〔2〕　参见魏彩苹："延安时期中国共产党开展移风易俗运动的史实考察"，载《延安大学学报（社会科学版）》2014 年第 6 期；郭云："中国共产党推动革命根据地移风易俗的历史经验和启示"，载《毛泽东邓小平理论研究》2015 年第 1 期；艾萍："国民政府时期移风易俗特点探析——以上海为个案"，载《郑州大学学报（哲学社会科学版）》2014 年第 3 期；等等。

构建之需要对风俗进行改革移易。传统民俗学认为，晚清以来移风易俗的方式主要通过文化手段，包括小说、戏剧、电影和报刊等。[1]由于风俗历来被视为重要的社会控制方式，因而在治理方式上多以"自上而下"的政府导向型为其主要模式。以往民俗学关于这一问题的研究主要从文化视角展开。如果从"治理论"[2]角度考察移风易俗问题，则移风易俗主要依赖基于"地方性知识"而形成的社会规范，比如本书所讨论的"村规民约"，其主要采取"自下而上"的村民自治的方式。

村规民约是指村民依据党的方针政策和国家法律法规，结合本村实际，为维护本村的社会秩序、社会公共道德、村风民俗、精神文明建设等方面制定的约束规范村民行为的一种规章制度。一直以来，村规民约都被视为农村自治的重要表现形式，也是基层民主政治发展的重要成果。根据《村民委员会组织法》的相关规定，村规民约不得违反国家法律，同时也应尊重当地的村风民俗，不能完全脱离既有的习惯。由于同属地方性知识且内生自发形成，村规民约与风俗习惯具有某种天然的亲密关系，村民需要基于这种关系制定相关的规约。然而，以往关于村规民约的研究并未充分注意到其在推进移风易俗方面的积极作用，研究主体主要集中在村规民约的基础理论、演变历史、实施过程等方面。

社会主义新农村建设不仅包括物质基础建设，而且包括精神文明等软实力方面的建设，导化出一种符合当前农村社会经济发展的风俗亦属于乡村治理的重要内容。改革开放后，随着

---

〔1〕 萧放："中国传统风俗观的历史研究与当代思考"，载《北京师范大学学报（社会科学版）》2004年第6期。

〔2〕 基层治理中"治理论"主张通过地方性规范（如习惯法等）而不主要是国家法进行治理，推行基层社会风俗变革并不主要依靠形式法治，而是各种策略和权力技术。参见陈柏峰、董磊明："治理论还是法治论——当代中国乡村司法的理论建构"，载《法学研究》2010年第5期。

城乡一体化建设的推进，农村在积累大量物质财富的同时出现了精神文化方面的匮乏，一些陈规陋习重新出现，严重损害农村地区的深化改革进程。村规民约作为一类重要的内生性规范，其在促进风俗传承及移易方面具有十分重要的作用。村民通过民主协商共同议定符合本村实际需要的村规民约，摒除不合时宜的风俗习惯，积极引导村庄走向良善之治，在一定程度上弥补乡村文化治理方面的不足。因此，本章拟着重探讨村规民约在促进移风易俗方面的作用，结合实证调查具体回答"为什么要移风易俗""如何移风易俗"以及"村规民约移风易俗的运作逻辑"三个问题，对通过村规民约的风俗之治进行系统性考察。

本章将主要采用实证研究方法，通过访谈、观察等方式进行定性研究，在个案研究的基础上对村规民约促进移风易俗问题进行剖析。鉴于此，笔者于 2016 年 2 月—7 月先后三次前往贵州省黔东南苗族侗族自治州锦屏县瑶白、华寨、黄门三村展开实地调查，对三村通过村规民约移风易俗的具体过程进行实证研究，并在此基础上进行比较分析，试图从中探索村规民约在移风易俗方面的个性与共性。

一、陋俗之困：移风易俗之原因

风俗具有一定的时空性，一方面风俗与地方自然环境及文化环境相适应，每个地区都有其独具特色的风俗；另一方面风俗也与社会发展相适应，在不同的历史时期会形成不同的风俗习惯。风俗的生长演变可能会受到国家权力导向的影响，但更多的是来自村庄共同体成员的实际需求。由于风俗属于内生性秩序规范，对传统的保守性延续是显而易见的，其内容并不能及时地反映社会发展变化和村民需求，会表现出一定的滞后性。正因为风俗具有时空性、内生性及滞后性的特点，所以随着社会的发展，一些过往形成的风俗则会因为与当下不适宜而成为"陈规陋俗"，变成村级治理中的"恶法"。

调查发现，瑶白、华寨、黄门三村都有这种"陋俗"存在，甚至一度导致群众生产生活的困难。以三村红白喜事举办风俗为例。瑶白村原来结婚办酒席，男方家一般要举行5天5夜，主家要管客人早中晚三餐，女方家在婚嫁进门之前则开始摆酒，一般会宴请1—3天，具体根据实际情况来定。这也就是当地传统风俗中"大事七天小事三天"的说法。原有风俗中还有新娘送礼鞋给房族内亲友的习惯。在结婚时，男方不仅要给女方家献猪肉，还要给母舅家、回娘头以及房族各户条肉。男方献给母舅财礼一般高达数千元，同时舅家会象征性地回礼一部分。瑶白村丧事风俗一般会根据死者生辰八字等因素确定尸体停放时间，如遇"撞七"等有可能停放时间长达十多天之久，死者在落气之后会鸣"落气炮"、烧"落气钱"，入殓之前还会"洗手脚"，丧事过程中有领祭、封斋、上斋等宴请礼节，满七会有"走亲"。红白喜事宴请菜肴一般比较丰盛，当地人认为，菜肴越是丰盛，孝家对死者越有"孝道"，以至于相互攀比。白事不仅自人死之时就燃放烟花爆竹，而且唱祭、出殡时也要燃放大量的烟花爆竹。[1]华寨村地处隆里乡，进屋、结婚、嫁娶、打三招等宴请也有大操大办的风俗。[2]

黄门村的乡风礼俗虽然不区分大礼、中礼、小礼和面子礼等，但是办酒请客的事由较多，包括红白喜事、起新屋立柱上梁、升学、满月、周岁、过寿、造方板、安墓碑、干部离退休、门面开张恭贺、养殖场挂牌、斗牛高价卖、安神、节日活动吃修、上下走客（朋友）等。由于这些"礼"之间并不区分大

---

〔1〕 贵州锦屏县《瑶白调查资料汇编——风俗类》，资料编号20160201。

〔2〕 贵州锦屏县《华寨调查资料汇编——风俗类》，资料编号20160202。

小，收礼标准一度较为混乱，有些小礼或面子礼也会收得比较重（所收礼金甚至超过大礼）。更为重要的是，大、中礼可能会重复收取。例如，A有三个儿子甲、乙、丙，丁与甲、乙、丙均是朋友。A去世由其子甲、乙、丙三人共同举办白事，每个房头会设立一个账本收礼，丁由于与甲、乙、丙均是朋友，因而会送出三份相同的礼金，相当于同一事（老人辞世）重复收取三次礼（甲、乙、丙各一份）。再如，以前无论是大事，还是小事，均要给每个亲友写请帖，或者安排专人"面请"亲友，以示尊重和诚意。大小事宴席一般包括三餐甚至更多，红喜事一般都会摆夜宵酒，此时亲友还会再送一份贺礼，礼金数额几十元到几百元不等。在黄门村另一个值得注意的风俗是"红白喜事大量燃放烟花爆竹"。该村婚嫁、立柱上梁、齐迁新居、升学参军等红喜事一般会燃放大量烟花爆竹，迎客和送客时都要燃放；白事自"落气"开始直至整个法事结束都要燃放烟花爆竹，尤其是在出殡过程中，烟花爆竹一般要从村寨一路燃放至墓地，不仅本家要燃放，而且房族和亲戚也要燃放，烟花爆竹燃放越多越热闹，也表明子女越孝顺。红白喜事烟花爆竹燃放地点也较为随意，一般都在房前屋后甚至是街道等公共场所。[1]此外，瑶白、华寨及黄门三村还有诸多乡风礼俗维持着当地的人情世故和日常生活秩序，在此不一一赘述。我们关心的问题是，既然这些乡风礼俗是村寨自发形成的"礼物流动风俗"[2]，曾经在村庄社会关系网

---

〔1〕 贵州锦屏县《黄门调查资料汇编——风俗类》，资料编号20160203。

〔2〕 乡风礼俗中最主要的内容即为礼物流动习俗，调查发现瑶白、华寨及黄门三村风俗习惯多属此类。人类学家阎云翔先生曾经系统考察过黑龙江下岬村礼物流动的具体过程和规则，村庄共同体内礼物流动透视着礼物经济与关系网络、乡村社会中的关系结构、互惠原则与人情伦理、礼物交换关系中的权力与声望、婚姻交换与社会转型等方面的问题。参见〔美〕阎云翔：《礼物的流动：一个中国村庄中的互惠原则与社会网络》，李春放、刘瑜译，上海人民出版社2000年版。

络形成、人情伦理秩序调整、礼物交换互惠中权力与声望的维系等方面具有十分重要的作用，那么为何又主张对其移易呢？

调查发现，乡风礼俗移易的原因主要有如下四个方面。第一，乡风礼俗过于繁复，浪费大量的人力。这是实践中较为常见的原因。一般而言，由于乡风礼俗传承历史时期的礼仪文化，对日常生活多有限制和规定，尤其在红白喜事方面的规定更是细微全面，产生了不少繁文缛节。如苗族传统婚姻习俗就包括了"游方"、接亲、挑新水、报亲、认亲、举行婚礼、回门、满月酒等多个环节，每个环节中又有一些具体的礼仪规则。尽管随着社会经济发展，有些礼仪规则有所更改，但在总体上仍然遵循着传统。繁复的礼节会造成人力的浪费，难免耽误生产。最为典型的例子是，瑶白村有遇红白喜事专门派人去请客的风俗，该村村主任滚明焰表示，这项风俗浪费了大量的人力，因此需要改变。

问：咱们这儿办酒席具体是怎么请客的？

答：根据我们当地风俗，主家在举办酒席的时候要派专人当面去请客，你打电话和下请柬都不行，会被人认为不尊重和没有诚意。被请的客人如果没有专人去请，即使是知道举办酒席也会装作不知道，一般都不会主动去参加酒席。如果是客人在别的村寨，过去请少说也要一两个小时的往返路程，远的则要花大半天时间。如果主家要请的客人比较多，那至少要派五六个人专门花个把星期去请，这样就把人搞得很累，浪费了大量的人力。[1]

第二，乡风礼俗过于铺张，造成沉重的经济负担。在调查中发现的另一个重要原因即是乡风礼俗过于铺张浪费，增加了

---

[1] 贵州锦屏瑶白村滚明焰访谈录，2016 年 2 月 20 日。

村民的经济负担。随着经济的发展，农村地区有一些先富起来的人。由于"面子"观念的影响，先富村民在举办酒席宴请宾客时以规模大、档次高等而赢得"面子"和"声誉"，形成村民之间相互盲目攀比，久之则内生为乡风礼俗。殊不知，礼俗过于铺张则会给村民造成经济负担。以黄门村为例。黄门村举办白事时相互攀比燃放烟花爆竹的数量，并将烟花爆竹燃放的数量和子女的传统"孝道"联系起来，如果子女燃放数量多则会留下"孝顺"的美誉，反之则被视为"没尽孝道"，在村民心目中留下"不孝"的恶名，主家在村内将长期抬不起头。这样攀比的结果是，举办一场红白喜事光购买烟花爆竹就得花费几千元到上万元不等，"既不环保也没实惠，还不如把这个钱用在宴席上，让亲友吃好一些"。[1]

第三，乡风礼俗导向违法，与国家法律政策的精神不符。随着社会的发展，固有风俗习惯中有一些是不合时宜的，甚至是违反国家法律的，实践中应该予以改变或摒弃，这也是推进移风易俗的重要原因。从调查的情况来看，虽然瑶白、华寨、黄门三村风俗习惯的改变很少直接以国家法律政策作为依据，而是以村民实际需求为衡量标准，但这并不是说风俗习惯完全脱离了国家法律政策的引导。一般而言，乡风礼俗的导向都会综合考虑国家法律政策的精神，如果严重违背了国家法律政策精神，则很有可能会被改变（甚至可能会采取"自上而下"政府主导型方式）。例如，黄门村摆酒宴请不区分大小礼显然与2012年12月4日通过的"中央八项规定"第8条"厉行勤俭节约"的精神不符，因此2013年5月9日黄门村党支部主持议定了《黄门村风俗习俗礼节礼尚往来处置制度》[2]，该制度不仅

---

[1]　贵州锦屏黄门村龙大军访谈录，2016年2月21日。

[2]　贵州锦屏县《黄门村风俗习俗礼节礼尚往来处置制度》，资料编号010122。

区分了大礼、中礼、小礼以及面子礼，还对礼金标准进行了规定。

第四，乡风礼俗内容陈旧，不符合社会经济发展之需要。乡风礼俗具有滞后性，往往会因内容陈旧过时而滞后于社会经济发展，从而表现出不适宜。在华寨村，"打三朝"[1]一般会大操大办，过去经济条件比较差，即使大操大办也相对比较简单，主要是村寨里面的人和主家亲友一起图个热闹。但是，随着社会经济的发展，"打三朝"大操大办的风俗逐渐与社会脱节。操办"打三朝"酒席等仪式一般长达数日，不仅花费村民的办酒成本，还耽误街坊邻居的时间，尤其是青壮年外出打工比较多的村寨，举办"打三朝"也因缺乏劳动力而无法继续维持。为了解决这一问题，村寨改变传统旧俗，规定"打三朝"酒席只能举办一天。[2]

从以上情况可以看出，"陋俗"不适应社会发展，会给村民带来巨大的经济负担，严重影响村民的生产生活。"陋俗之困"成为村民移风易俗的最主要原因，这种困扰可能来自国家法律政策导向与当地风俗之间的冲突，而一般会以国家法律政策为裁量依据；但是更多的是来自村民日常生活实践与旧有风俗之间的冲突，此时则以村民实际生活需求为评判标准。两者相较，显然村民日常生活实践需求是导致当地移风易俗最主要的原因和动力。正如《黄门村移风易俗关于红白喜事禁止大量燃放烟花爆竹规定》开篇所云：制定本规则"利于创建环卫，促使环境宜居和谐；利于安全稳定，避免事故发生；利于避免噪声污

---

〔1〕 "打三朝"为西南地区的习俗，是指姑娘出嫁后生下第一个孩子的第三天至第七天内举行摆酒宴请等仪式，具体包括报喜、洗三朝、打三朝等内容。打三朝宴请的客人一般为母家、舅家，外婆要给外孙送背带，这是苗侗族"不落夫家"传统的体现。

〔2〕 贵州锦屏华寨村王明发访谈录，2016年2月22日。

染，促进身心健康；利于经济发展，减少不必要的浪费"〔1〕，这恰好揭示出移风易俗的主要原因。

二、村约自治：移风易俗之方式

前文已述，具有成文形式的村规民约是对风俗习惯的"双重制度化"。而村规民约在对习惯制度化时，会对其进行甄别和改造，特别是对照国家法的内容对风俗习惯进行引导，这也就使得乡村治理中通过村规民约移风易俗成为可能。

不少民俗学者认为，农村地区移风易俗的主要方式是文化宣导，通过村民喜闻乐见的文化艺术形式进行风俗教化。例如，苗族地区流传的《苗族贾理》就是一种口耳相传的文化艺术，其中包括了苗族长期以来的风俗传统和民族习惯〔2〕，这种口头传唱的形式一般比较容易被民众接受。通过文化宣导移风易俗一般都是"自上而下"有目的性地改变（如新中国成立初期贯彻婚姻法运动对传统婚姻习俗的改变），而以村民自治的方式订立村规民约则更多的是来自生活实践的需要，属于"自下而上"的主动改变。

黔东南地区曾以"榔规"或"侗款"等方式来推进移风易俗。苗寨议定的"榔规"正是当地的村规民约或习惯法。"榔规"的订立先有"议榔"，"议榔"是苗族地区不同宗的家族组织成的地域性村寨组织，是一种民间议事会组织。议榔每隔几年或更长时间召集一次会议，并制定新的榔规。会议由榔头主

---

〔1〕　贵州锦屏县《黄门村移风易俗关于红白喜事禁止大量燃放烟花爆竹规定》（2016 年 3 月 13 日），资料编号 010123。

〔2〕《苗族贾理》是苗族历史生活和文化特征的镜子，被誉为记载苗族社会历史的"百科全书"。参见王凤刚：《苗族贾理》（上、下），贵州人民出版社 2009 年版。

持，榔头由各寨寨老、理老等推举产生。每次议榔首先由各寨寨老或理老们商议"榔规"内容，然后召集群众大会共同议定通过并宣读生效。"榔规"不仅对苗族地区社会秩序的维持具有十分重要的意义，还是当地风俗习惯传承移易的重要方式。经寨老共同商议、民众通过的"榔规"可以对风俗作出更改，确立更为贴近生活实际的新的风俗。侗族地区的"侗款"也是当地的村规民约或习惯法。侗款制度以家庭、家族和村寨为基础，有着严密的制定组织体系和丰富的功能。侗款的制定首先由村寨各户在本寨选出"款首"，各寨"款首"共同召开"鼓楼会议"，在会议上协商议定"款约"，"款约"制定后由款首率领村民共同执行。侗款制度不仅具有维持村寨日常秩序、解决村寨纠纷、调整村寨社会关系等功能，而且也可以对当地风俗作出更改。"款首"在"鼓楼会议"上可以针对风俗习惯作出调整和修订，一旦讨论确立，村民则会遵循新的风俗习惯。根据马克斯·韦伯的支配社会学理论，无论是"榔规"抑或是"侗款"，其推行的基础都是"长老政治"，属于典型的传统型支配权威。

　　"榔规"或"侗款"的多年实践培养了当地浓厚的自治习惯，今天黔东南地区苗侗村寨仍然会通过村规民约的方式进行自治，调整村寨社会关系。调查发现，通过村规民约促进移风易俗在当地是较为常见的方式。村规民约的制定一般由村两委根据国家政策、村民实际需求等提议修订，寨老及各户代表组成"村寨议事会"共同商议确定，这充分体现了村民自治和基层民主，法理型权威与传统型权威共同作用促进风俗易变。瑶白、华寨、黄门三村就是通过这种方式来推动移风易俗的，实践证明这也是最为有效的方式。黄门村为了遏制红白喜事中极大的浪费和不良风气，减轻村民的经济负担，由村民委员会集中讨论、村民大会民主协商，共同制定出《黄门村风俗习俗礼节礼尚往来处置制度》和《黄门村移风易俗关于红白喜事禁止大量燃放烟花爆竹规定》两部村规民约。其中，《黄门村风俗习俗礼节礼尚往来处置制度》专门对礼尚往来过程中的陈规陋习进行了修改。例如，针对原有乡风礼俗中不分大小礼、请客频繁、耗时较长以及铺张浪费等不良风气，《黄门村风俗习俗礼节礼尚往来处置制度》从"礼类"和"礼类处置规则"两个方面进行调整限定（见表4-1）。

表4-1 黄门村风俗习俗礼节礼尚往来处置制度[1]

礼类处置规定 / 礼类	邀请形式	送礼数量		宴席标准	其他规则
【大礼】老人归世（或成家有妻儿年轻人归世）、男婚女嫁、起新屋立柱上梁（包括商品房）、考上二本（贵大、贵师大）以上大学或参军	写请帖或讣文邀请，不安排人面请	大、中礼类凡一人一事只能举行一次收礼	以记10分制送，大礼10分，同等服制内亲属大礼（如嫁女）为1000元	大、中礼类三餐（当日中午、下午，第二天中午）	（1）白喜孝帕：亲房子女及三代内直系亲属白布挂孝，其他亲戚、朋友毛帕。白喜孝家出行：八人之内，邀最亲近房族代表；（2）红喜夜宵宴酒转饭贺礼每人不超过20元（除女婿之外）；
【中礼】二本以下的大学、汤饼（满月酒）或周岁、古稀以上的高寿、民转公高升			中礼6分，同服制亲属中礼（如满月）为600元		

---

[1] 表中规则根据《黄门村风俗习俗礼节礼尚往来处置制度》整理。参见贵州锦屏县《黄门村风俗习俗礼节礼尚往来处置制度》，资料编号010122。

礼类处置规定 礼 类	邀请形式	送礼数量		宴席标准	其他规则
【小礼】造方板、安墓碑	安排人电话通知即可，不写请帖，不要求面请	礼金少，无限制	小礼2分，同服制亲属小礼（如安墓碑）为200元	小礼类（当日两餐）	（3）节日活动放牛：由主持单位放炮开幕开场和放炮闭幕圆场，中途场内不准放鞭炮，亲戚朋友给牛放炮一定要在远离场外100米处放
【面子礼】干部离退休、门面开张恭贺、养殖场挂牌、斗牛高价卖、安神、节日活动吃修、上下走客（朋友）			亲戚只放炮或送小礼品，不能送礼	面礼一餐	

从上表中可以看出，黄门村一改以往不区分"礼类"大小的风俗，按照宴请事由大小将"礼"分为大礼、中礼、小礼和面子礼四类，不同类别的"礼"对应着不同的送礼规则。比如，大礼10分，中礼6分，小礼2分，面子礼则不送，即内兄的儿子考上重点大学或内兄建新屋，平常送礼1000元（10分制）；若内兄的儿子办汤饼酒则以6分制送礼，即600元；内兄的父亲建方板则以2分制送礼，即200元；内兄的父亲退休可以只送小礼品。此外还有宴席规则，大、中礼宴席负责三餐，小礼类主家仅负责当日两餐，面礼类则仅负责当日一餐。更为重要的是，黄门村不论大小礼，规定"凡一人一事只能举行一次收礼"，避免旧俗重复收礼带来的经济负担。此外，黄门村还通过村规民约改变"红白喜事大量燃放烟花爆竹"的风俗。《黄门村移风易俗关于红白喜事禁止大量燃放烟花爆竹规定》对红白喜事燃放烟花爆竹进行了明确的规定："白喜在本家主持法事，整个过程

仅允许燃放 10 000 响小炮、二箱花炮，抬官（棺）材在街道上主持生平大会或法事吊念等不许放炮，若违规每例罚款 300 元。允许房族和亲戚在禁止处外燃放烟竹，规定超越范围，即东书平岭岔（高健屋），西过闷得协，南超盘太丫（明昌屋），北越平马岔路（孝光屋）。自然村寨也要距寨居集中点 200 米后，才能燃放一些鞭炮。大寨内的墓地处只许放 4000 响小炮和二箱花炮，越过燃放数量，一起则罚款主人 300 元。"[1] 通过这部村规民约，红白喜事不再以燃放烟花爆竹数量的多少来衡量孝道的深浅，减轻了村民的经济负担，同时也保护了村寨环境。

　　瑶白村也通过村规民约的方式对红白喜事设宴办酒等事项进行规定，试图改变既往陈旧风俗。该村 2012 年农历正月初一制定的《瑶白村关于改革陈规陋习的规定》对红喜、白喜、请客方式、食品安全、违规处理等五个方面进行了规定（见表 4-2）。

表 4-2　瑶白村关于改革陈规陋习的规定[2]

礼俗类别	具体规则
第一条 红喜	1. 结婚办喜酒男方家只准举行两天（即正酒当天和第二天），一天实行两餐制（即早餐与正席）。女方出嫁酒席只举行一天，允许早餐调换为正席。 2. 接新娘进门尚未办正式喜酒前（俗称吃鸭）不允许宴请客人，青年贺礼不宴请女方吃茶。 3. 宴请亲爹、亲妈只安排一天酒席，陪亲酒只准请双方直属亲舅、姑、兄妹，并不准郎家挂彩给娘家客人。 4. 禁止新娘送礼鞋给房族亲友。 5. 结婚时，男方向女方家献猪肉统一规定为 208 斤，其中不包括母舅家、回娘头以及房族条肉部分。

　　〔1〕　贵州锦屏县《黄门村移风易俗关于红白喜事禁止大量燃放烟花爆竹规定》（2016 年 3 月 13 日），资料编号 010123。

　　〔2〕　表中内容根据《瑶白村关于改革陈规陋习的规定》整理。参见贵州锦屏县《瑶白村关于改革陈规陋习的规定》（2012 年正月初一），资料编号 010132。

礼俗类别	具体规则
	6. 结婚时，男方献给母舅的财礼统一规定为800元，不准舅家回礼。 7. 小孩只准办三朝酒席，禁止举行周岁及老人寿诞酒席宴客。 8. 新居落成只准上梁办酒席，禁止进新屋，立大门等办酒席请客。 9. 升学只允许考取一本、二本学生办酒席请客，凡是考取三本（含三本）、专科以下考生禁止举办升学酒席。 10. 三朝、新居落成（升迁）、升学等喜事只进行一天（即正酒当天），实行两餐制，第二天不得宴请客人。 11. 凡喜事菜单早餐规定6菜1汤，正席菜单规定12菜1汤。
第二条 白喜	1. 一般从起事之日起不超过七天。 2. 直系亲属（含女婿）可穿孝衣、戴孝帽，旁系亲属、旁女婿发给孝帕，此外一律不发孝衣、孝帕，按悼念名单发毛巾。 3. 唱祭时不准滥乱鸣炮，待扶柩登山再鸣炮送行。 4. 丧事酒席实行两餐制，早餐菜单规定4菜1汤，正席菜单规定6菜1汤，丧事菜肴禁止摆设鸡、鸭、鱼。 5. 丧事统一禁止"洗手脚"，领祭、封斋、上斋等宴请礼节，不准满七走亲（俗称"走七"）。 6. 亲戚唱祭献猪肉不准超过100斤，禁止回祭礼，不准丧事挂亲送礼以及立墓碑请客。 7. 白喜不准请人砍柴，由本房族各户自筹干柴。
第三条 请客方式	所有办酒席一律以下请柬为准，不再安排专人"面请"。
第四条 食品安全等 其他事项	1. 凡是举办酒席宴客方一律禁止散发剩余菜、肉。 2. 凡是举办酒席一定要按照《中华人民共和国食品安全法》进行食品采购和烹饪，杜绝患有传染疾病的厨师烹饪，注意饮食卫生。 3. 注意消防安全，排除隐患。
第五条 违规处理	1. 违反本规定条款者罚款500元，并强制按本规定执行。 2. 对餐食工作人员打击报复者罚款300—500元，造成人身伤害的移送司法机关处理。

礼俗类别	具体规则
	3. 违反本规定条款的除罚款外，取消该户的低保待遇且不能享受上级的一切政策资助。 4. 凡我瑶白境内的所有人员必须遵守执行，违者一律按本规定处罚。
第六条 附则	本规定于 2012 年农历正月初一经村民代表大会通过，自通过之日起生效实施，最终解释权属村两委。

　　从上表可以看出，瑶白村村民代表大会议定通过的《瑶白村关于改革陈规陋习的规定》对于红白喜事风俗习惯的调整是十分具体细微的，例如，"结婚时男方向女方家献猪肉统一规定为 208 斤""男方献给母舅的财礼统一规定为 800 元，不准舅家回礼""亲戚唱祭献猪肉不准超过 100 斤""喜事菜单早餐规定6 菜 1 汤，正席菜单规定 12 菜 1 汤""丧事酒席实行两餐制，早餐菜单规定 4 菜 1 汤，正席菜单规定 6 菜 1 汤，丧事菜肴禁止摆设鸡、鸭、鱼"等规则都具体到数字。这些规定具体可行，贴近村民的日常生活，因此村规民约具有"规范性"和"可行性"，促进了当地陈规陋习的修改。

　　瑶白、华寨、黄门三村主要是采取制定村规民约的方式对风俗进行移易，这不仅充分体现了基层自治，而且比较真实地反映了村民的诉求。通过村约自治的方式推进移风易俗是"自下而上"的路径，符合风俗习惯内生性的生长规律。正是通过改变固有风俗，逐渐形成新的风俗习惯，从这个意义上来说村规民约促进了习惯法的生长。

三、风俗之治：村规民约推进移风易俗的逻辑

　　前文已经讨论移风易俗的主要原因和通过村约自治推进移风易俗的方式，继而要进一步讨论这种方式的运作逻辑与实际

效果，也就是回答通过村规民约如何实现"风俗之治"这一问题。村规民约是村民自我管理、自我教育、自我服务、自我监督的重要依据和规范，它不仅吸纳风俗习惯，而且也会遵循国家法律，村规民约的治理逻辑体现了基于法治的国家法治理逻辑和基于风俗的习惯法治理逻辑。同时，村规民约推进风俗易变还离不开乡村精英的作用。

（一）法律之治与风俗之治

乡土社会治理中"法律之治"与"风俗之治"的偏重取舍以及现代法治体系与传统风俗体系之间的冲突对立，一直以来颇受社科学者们的关注。费孝通先生曾经在《乡土中国》中将中国农村社会秩序重建困境概括为"现代司法制度与传统礼法秩序之间的较量"。[1]尽管费孝通先生对现代法治制度强行推入乡村未明确予以否定，但仍然对传统乡村礼治秩序表现出一定的担忧，以至于提出"乡土重建"的命题[2]，试图通过发展工业文明和乡土社会"嫁接"起来，认为只有乡村建成现代工业文明才能毫无阻碍地输入现代法治秩序。

20世纪90年代苏力同样意识到这个问题，认为在乡村社会贸然推行现代法治方案并不可取，会导致乡村司法出现许多规避法律的现象。乡村法治秩序构建应该尊重法治本土资源，当代中国法治建设应该注重国家法与习惯法之间的协调与合作，缓解现代法治体系与传统风俗习惯体系之间的紧张对立。[3]朱晓阳借助格尔兹描述西方世界与第三世界法律"语言混乱"的理论视角，概括乡土社会法治建设过程中现代法治话语与传统

---

〔1〕 费孝通：《乡土中国 生育制度》，北京大学出版社1998年版，第58页。
〔2〕 参见费孝通：《乡土重建》，岳麓书社2012年版。
〔3〕 参见苏力：《送法下乡——中国基层司法制度研究》，中国政法大学出版社2000年版。

风俗话语之间"语言混乱"的问题，主张法律人类学研究应该采取一种整体论进路。[1]董磊明等人认为，随着乡土社会结构的变迁，乡土法治实践并不是朱晓阳等人所论及的"语言混乱"，而是"结构混乱"，结构的转变意味着村民法治需求的转变，从"送法下乡"变为"迎法下乡"。[2]

高其才教授长期致力于民族地区习惯法的研究，揭示出习惯法话语体系在乡土法治实践中的作用及效力，有力地回应了法治论者在乡土社会强行推行现代法律体系的主张，至少在一些农村地区（尤其是少数民族地区）客观存在着这一套规则体系，而且村庄日常生活秩序维持及治理也主要是依靠此套规则。[3]

简单梳理学术史不难发现，学术界的争论主要围绕"现代法治体系与传统风俗体系"抑或"国家法与民间法"之间的冲突融合问题展开，但问题的实质则是"双轨政治"[4]下国家治理与社会自治两种模式的区别，即"法律之治"与"风俗之治"引发的话语差异。现代法治话语体系代表着国家权力，具

---

[1] 朱晓阳："'语言混乱'与法律人类学的整体论进路"，载《中国社会科学》2007年第2期。

[2] 董磊明、陈柏峰、聂良波："结构混乱与迎法下乡——河南宋村法律实践的解读"，载《中国社会科学》2008年第5期。

[3] 参见高其才：《中国习惯法论》（修订版），中国法制出版社2008年版；高其才：《瑶族习惯法》，清华大学出版社2008年版；高其才：《习惯法的当代传承与弘扬——来自广西金秀的田野考察报告》，中国人民大学出版社2015年版；等等。

[4] 所谓"双轨政治"主要是指社会治理的两条平行轨道：一条是自上而下的中央集权的专制体制的轨道，它以皇帝为中心建立一整套的官僚体系，由官员与知识分子来实施具体的治理，最后可以到达县一级（"皇权不下县"）；另一条是基层组织自治的轨道，它由乡绅等乡村精英进行治理，绅士阶层是乡村社会的实际"统治阶级"，而宗族是士绅进行乡村治理的组织基础。参见费孝通：《乡土中国（修订本）》，上海人民出版社2013年版，第276—294页。"双轨政治"相关解读和研究可参见黄杰："'双轨政治'：对当代中国政治形态的一种尝试性解释"，载《太平洋学报》2011年第5期；郑卫东："'双轨政治'转型与村治结构创新"，载《复旦学报（社会科学版）》2013年第1期。

有通过"形式法治"统一乡村法治话语的"自然天性",在乡村推行"法律之治";而习惯法话语体系代表着乡村自治权利,具有鲜明的地方性和内生性特征,并不需要以形式理性加以统摄,我们可以将习惯法的这种治理模式称为"风俗之治"。"法律之治"具有话语统一性、国家强制性以及秩序外生性等基本特性,而且"法律之治"追求的法治统一原则从根本上排斥"法外之地"的存在,"法律不入之地"并不是"法律之治"希望看到的。然而,在大国法治背景下,"法律之治"无法在东中西部做到完全的一致和平衡,在一些农村地区,尤其是西部少数民族聚居区,"法律之治"调整乡土社会秩序的作用是十分有限的。比如,笔者调查的黔东南苗族侗族自治州地处山区,当地清水江流域苗族、侗族村寨长期以来就已经形成深厚的自治传统,"锦屏文书"即是当地人民在生产生活实践中自发形成的一种契约文化,"榔规""侗款"至今仍然发挥着作用。如果通过国家法律对当地生产生活采取"一刀切"的方式进行处理,将会面临规避、抵制甚至反抗。再者,"法律之治"的调整范围具有局限性,某些领域的问题无法通过法律强制性调整,比如本章所讨论的"移风易俗"。风俗难以通过法律直接进行调整和移易,风俗的改变需要实施"风俗之治"。

风俗习惯是各地区人民在长期的生产和生活实践中积累起来的风尚和习俗的总和,"它指的是一个特定民族在衣、食、住、行、生产劳动、婚姻、丧葬、节庆、礼仪等方面的风尚和习俗"[1]。风俗与习惯一般没有严格区分,如果深究两者的区别则在于,后者规范性要强于前者;但两者之间更多地表现出明显的关联性,风俗是习惯的基础,习惯源于风俗,风俗与习

---

[1] 林耀华主编:《民族学通论》,中央民族学院出版社1990年版,第23页。

惯都是内生自发产生的规范，具有浓厚的地方生活实践色彩。因此，"风俗之治"在某种意义上来说即为"习惯之治"或"习惯法之治"〔1〕。梁治平先生从社会学与人类学的角度对习惯法进行界定，认为"习惯法乃是这样一套地方性规范，它是在乡民长期的生活与劳作过程中逐渐形成；它被用来分配乡民之间的权利、义务，调整和解决了他们之间的利益冲突，并且主要在一套关系网络中被予以实施"。〔2〕高其才教授在其著作中首先主张对法应该作广义的理解，即"凡是为了维护社会秩序，进行社会管理，而依据某种社会权威和社会组织，具有一定的强制性的行为规范，均属于法范畴体系之列，包括国家制定法与习惯法两类"，因此，"习惯法是独立于国家制定法之外，依据某种社会权威和社会组织，具有一定的强制性的行为规范的总和"。〔3〕

"风俗之治"基本涵盖了村民衣食住行、生老病死等多个方面的习俗（这些并非"法律之治"所能涵盖或调整的），风俗在调整或规范人们行为方面具有强大的力量。当前在对乡村进行治理时，应该注意发挥"风俗之治"的作用，充分尊重风俗习惯在调整社会关系方面的规范意义。"风俗之治"以村民自治为基础，因此风俗的改变同样也需要以村民自治的方式推进，村规民约正是当前村民自治的重要形式。黔东南地区瑶白、华寨及黄门三村以及其他一些地区"移风易俗"多以村规民约的

---

〔1〕 此处从非国家法意义上使用"习惯"与"习惯法"概念。如果从国家法意义上使用，则"习惯法"是指经国家法认可的习惯，可以作为正式法律渊源；而"习惯"则是没经国家认可的社会规范，属于非正式法律渊源。参见高其才："作为当代中国正式法律渊源的习惯法"，载《华东政法大学学报》2013年第2期。

〔2〕 梁治平：《清代习惯法：社会与国家》，中国政法大学出版社1996年版，第1页。

〔3〕 高其才：《中国习惯法论》（修订版），中国法制出版社2008年版，第3页。

方式进行，这正好反映出以自治主导的"风俗之治"的强大生命力。当前乡村治理逻辑在注重"法律之治"的同时也要充分重视"风俗之治"的作用。

（二）乡村精英推进"风俗之治"

乡村社会治理离不开人的作用，"强人治村""能人治村"是当前乡村治理中值得注意的现象。[1]如果乡村有一个以村党支部书记为核心的强有力的领导班子或者其他精英，那么村民自治就能够较好地运行，村规民约也能够发挥比较大的作用，更好地推进移风易俗，实现"风俗之治"。

早在二十世纪二三十年代，杨开道先生就谈及"农村领袖"问题。他认为乡村建设归根结底还是人的建设，仅仅有源自西方的法律制度并不能促使乡村生活发生根本性的变化。[2]高其才教授及其研究团队系统讨论了当代"乡土法人"在地方秩序维持中的主导性作用，这些人或者担任过村干部，或是知识精英，在一定程度上都属乡村精英。[3]乡村精英在乡村治理中的确发挥着至关重要的作用，当前农村地区并不是缺少有效制度，

---

〔1〕 在乡村治理中，"强人治村"模式一直备受关注。对于这种治村模式，大体有两种观点。一种观点认为，"强人治村"容易造成乡村权力的绝对化，损害基层民主，导致村级腐败；另一种观点认为，"强人治村"能够有力地推动乡村的发展，尤其是能够带动农村经济发展。

〔2〕 杨开道：《农村领袖》，上海世界书局1930年版，第5页、38—40页、47页。

〔3〕 参见高其才教授主编"乡土法杰"系列书系中的研究成果。该书系目前已出五本，分别是《桂瑶头人盘振武》《洞庭乡人何培金》《浙中村夫王玉龙》《滇东好人张荣德》《陇原乡老马伊德勒斯》以及《乡土法杰研究》。相关论文主要有高其才："全面推进依法治国中的乡土法杰"，载《学术交流》2015年第11期；陈寒非："乡土法杰与村规民约的'生长'"，载《学术交流》2015年第11期；王丽惠："作为乡村领袖的'乡土法杰'"，载《学术交流》2015年第11期；魏小强："通过乡土法杰的乡村纠纷解决"，载《学术交流》2015年第11期；柳海松："乡土法杰在国家法律实施中的作用"，载《学术交流》2015年第11期；等等。

而是缺乏强有力的精英人物。

当前在大多数乡村中存在的客观事实是，传统型精英受到冲击，现代法理型精英亦无法确立，市场经济浪潮席卷下经济型精英也仅能表现出有限的活力。但是，这并不能否定乡村精英在乡村治理中的作用，甚至在一些乡村精英建设健全的村庄，乡村治理行之有效，村庄内部也团结一致。从调查情况来看，在不少乡村尤其是在社会结构相对较为稳定的村组，乡村能人对村规民约积极作用的发挥起到至关重要的作用。

乡村精英推进"风俗之治"在此次调研的黔东南苗族侗族自治州锦屏县瑶白、华寨、黄门三村表现得较为明显。这三个村寨都有传统的村庄精英寨老。当风俗习惯不适应社会经济发展成陈风陋俗时，寨老们就会聚集在一起召开"寨老会议"，对旧有风俗进行调整。在"寨老会议"中商议确立的条款将写入"侗款"等当地的村规民约中。如果村两委提议对旧有风俗修改也可以，但需要征求"寨老"们的意见，与"寨老"们及村民代表商议，通过之后再订立改革陈规陋俗的村规民约。在黔东南地区三村通过村规民约移风易俗的改革实践中，乡村精英是发挥了巨大的作用的，这里的乡村精英不仅有现代法理型精英（村两委负责人），还有传统型精英（寨老），同时也有其他类型的精英综合发挥作用。由此可见，通过村规民约促进移风易俗，实施"风俗之治"，与乡村精英密不可分，在当前乡村治理过程中要认真对待乡村精英。

（三）村规民约促进移风易俗的实效

通过村规民约的方式移风易俗，究竟实际效果如何？这个问题值得我们关注。因此在调查过程中，我们注重对这方面情况的考察。如果村规民约确立了新的风俗规定而无法在现实中得到执行，那么这种方式无疑是收效甚微，甚至是失败的。在瑶白村，笔者调查到一起违反新风俗规定被处罚的案例。

案例1

2012年5月左右，我们村一个老村干部90多岁高龄的母亲去世，办丧事时，他违反了两条关于改革陈规陋习方面的规定，一条是孝服只能是直系亲属穿，而他是满堂孝；另一条是办完孝事后不能走亲戚，他走了。每条罚款400元，因此共罚款800元。他是规定颁布后第一个违反的。首先，我们通过他的房长去做他的思想工作；其次，又找丧事总管去做他的思想工作；最后，村委会领导又去做他的思想工作，把规定的重要性以及他行为的反面影响告诉他。最终一个礼拜内他接受了处罚并履行罚款。[1]

《瑶白村关于改革陈规陋习的规定》第2条第2项规定"直系亲属（含女婿）可穿孝衣、戴孝帽，旁系亲属、旁女婿发给孝帕，此外一律不发孝衣、孝帕，按悼念名单发毛巾"；第5项规定"丧事统一禁止'洗手脚'，领祭、封斋、上斋等宴请礼节，不准满七走亲（俗称'走七'）"。[2]在这起案例中，老村干部违反了孝服穿戴的规定，不论直系亲属还是旁系亲属，均穿戴孝服（满堂孝），按规定旁系亲属和旁女婿都只发孝帕。此外还在满七走亲（走七），在这个过程中会给亲友还一部分礼。老村干部是新规定制定以来第一个违反的，村民委员会通过多方做其思想工作给予处罚。根据《瑶白村关于改革陈规陋习的规定》，"违反本规定条款者罚款500元，并强制按本规定执行"，村民委员会最终对其变通适用，处以每条400元罚款

---

[1] 贵州锦屏瑶白村滚明焰访谈录，2016年2月20日。

[2] 贵州锦屏县《瑶白村关于改革陈规陋习的规定》（2012年正月初一），资料编号010132。

（两条共计 800 元），最终老村干部在一个礼拜内接受了处罚。

从这起案例中，我们可以看到，一旦村规民约确定了新的风俗规定，其执行力是比较强的，村民委员会也通过多种方式执行，执行结果也能够得到村民的认可。对村主任滚明焰的访谈也能证明这一点。

问：村民违反规定之后有没有拒不执行的情况？

答：这种情况一般很少发生，村民如果违反了村里的规定，我们一般都会做他的思想工作，给他讲清楚道理，道理讲清楚了一般也就会接受处罚了。如果讲清楚道理后还不执行，村里人也会对他们家有看法，会认为他们家不讲信用，在其他很多事情上就会不与他们家打交道。[1]

村规民约的作用发生机制一般都是依靠村民自觉和共同体内部舆论压力，其背后蕴含的动力机制正是涂尔干所提出的"社会集体意识"。涂尔干认为，社会成员平均具有的信仰和感情的总和，构成了他们自身明确的生活体系，我们可以称为集体意识或共同意识，同时如果一种行为触犯了强烈而明确的集体意识，那么这种行为就是犯罪。[2]由此可知，处罚违反村规民约的行为就是对这种损害集体意识行为的一种抵制。然而，集体意识主要是以个人意识的相似性存在为前提，在机械团结的社会中表现得最为明显。随着社会分工的发展，有机团结逐渐处于社会主导性地位，集体意识确定性的平均强度也日渐衰微，那么对于违反集体意识行为的处罚效力则会相应减弱。因此，在一些原子化色彩较为明显的村庄，违反村规民约的行为

---

〔1〕　贵州锦屏瑶白村滚明焰访谈录，2016 年 2 月 20 日。

〔2〕　[法] 埃米尔·涂尔干：《社会分工论》，渠东译，生活·读书·新知三联书店 2000 年版，第 42—43 页。

很难受到社会成员的强烈谴责和反对，这也是当前村规民约实践中值得注意的问题。涂尔干晚年通过对澳洲中部土著人图腾崇拜制度的研究，认为在有机团结盛行的社会中应该重视社会集体意识对社会整合的促进作用，因此他提出了解决方案——构建法人团体（职业群体），将集体意识的属辖范围缩小到一个可操控的范围，重新树立一种职业规范和职业伦理。从这一理论方案出发，笔者认为，在当前乡村治理中充分发挥村规民约推进"风俗之治"的积极作用，应该综合调动各种村级组织及其力量作为保障，如村两委组织、寨老会议、村民代表大会、乡贤理事会等，在尽可能的范围内培育集体意识，以此作为乡村社会整合的根本性力量。

四、本章小结

移风易俗是一项十分重要且复杂的工作，不仅关系到社会风气的健康发展，还关涉国家对乡村的教化治理，历来"风俗之治"就是国家的一项重要任务。然而，风俗习惯毕竟属于自发性的社会规范，乡村"风俗之治"与国家"法律之治"的治理范围及治理机制并不一致，前者更多地属于"私权自治"，而后者更多地反映了"公权他治"，国家法不宜过多介入属于风俗调整的范畴。村规民约正是乡村自治的重要形式，通过村规民约促进移风易俗，切实推行"风俗之治"，对于推进社会治理能力现代化具有极为重要的现实意义。

笔者选取黔东南苗族侗族自治州锦屏县瑶白、华寨、黄门三村展开实证研究。黔东南地区是苗族、侗族聚居区，具有独特的民族风俗习惯，自古以来在红白喜事方面习俗较多。近年来随着社会经济的发展，风俗习惯中出现红白喜事讲究排场、盲目攀比的不良风气。调查发现，瑶白、华寨、黄门三村近年移风易俗的主要原因在于：乡风礼俗过于繁复浪费了大量的人力，乡风礼俗过于铺张增加了村民的经济负担，乡风礼俗导向与国家法律政策的精神不符，乡风礼俗内容陈旧不符合社会经济发展之需要。瑶白、华寨、黄门三村通过村规民约促进移风易俗，这也是黔东南地区移风易俗的主要方式。三村历史上皆有"榔规"或"侗款"传统，这些都属于当地的村规民约，因此有着深厚的通过村规民约进行村寨治理的习惯。在系统考察《瑶白村关于改革陈规陋习的规定》《华寨村办酒宴风俗整改》《黄门村移风易俗关于红白喜事禁止大量燃放烟花爆竹规定》以及《黄门村风俗习俗礼节礼尚往来处置制度》四部规约后发现，村规民约对风俗的规定十分具体细微，而且极具针对性，符合乡村的发展和村民的基本需求。这也表明，以村规民约促进移风易俗的方式是可行的，"风俗之治"以这种形式推进比较符合农村实际情况，国家法不能也不可能采取这种方式促进风俗易变。村规民约促进移风易俗的逻辑在于，"风俗之治"在当前乡村治理中具有"法律之治"所不具备的先天性优势，乡村精英在议定村规民约、推进"风俗之治"中发挥着至关重要的作用，村规民约促进移风易俗的实效十分显著，其动力机制就在于"社会集体意识"。

当前乡村治理应该注意到风俗习惯的作用。实践证明乡风民俗具有代言功能、内化功能、治理功能和教导功能，"风俗之治"通过"风俗之变"调整着乡村社会关系。通过村规民约促进移风易俗的过程，是村规民约促使习惯法不断演进生长的过程，也是乡风礼俗参与"善治"的过程，更是传统中国移风易俗的治世价值当代传承与弘扬的过程。

乡村精英与村规民约的实践

　　村规民约被视为农村自治的重要表现形式，也是基层民主政治的重要成果。村规民约是"村民根据有关法律、法规与政策，结合本村实际共同商议制定，并要求全体村民自觉遵守的行为规范，其内容主要涉及社会公德、家庭美德、村风民俗、邻里关系、公共秩序、治安管理等各方面"[1]。《村民委员会组织法》第27条第1款和第2款明确规定："村民会议可以制定和修改村民自治章程、村规民约，并报乡、民族乡、镇的人民政府备案。村民自治章程、村规民约以及村民会议或者村民代表会议的决定不得与宪法、法律、法规和国家的政策相抵触，不得有侵犯村民的人身权利、民主权利和合法财产权利的内容。"可见，村规民约是根据国家法律由村民会议依照一定的程序制定的，具有法律认可的效力，村规民约的内容不得违反国家法律；同时村规民约的内容也应该尊重当地村风民俗，不能完全脱离既有的习惯法而存在。在一定程度上，村规民约日渐成为乡村社会中至关重要的规范，成为乡村治理的重要方式。

---

　　〔1〕　王禹：《我国村民自治研究》，北京大学出版社2004年版，第111页。

　　村规民约作为一种极其重要的乡村治理方式，是国家鼓励并倡导村民自治的产物，国家对村民自治以"公约"的成文形式加以固定，并通过这种方式"巧妙"地将国家法律与习惯法相结合，成为乡土社会的基本准则，极大地维护着乡村社会秩序。1949 年以前就已有学者对乡约制度进行研究，这个时期主要考察明清乡约之历史与功能。1949 年以后，乡约的研究大体处于停滞状态，一直到 20 世纪 90 年代才重新被学术界所关注。从现有的研究来看，关于村规民约的研究主要集中在三个方面。其一，关于村规民约的历史起源与传承演变方面的研究。这些学者主要从社会史、文化史的角度对村规民约进行考察，有学者指出正式成文的村规民约出现于北宋范仲淹于天圣八年（1030 年）为羌人立约〔1〕，也有学者认为，最早的乡约应该是北宋嘉祐年的《吕氏乡约》，并对宋以降乡约的传承与演变展开了较为详尽的研究。〔2〕其二，关于乡约的概念、属性、职能、特点等基础理论方面的研究。古代乡约具有自发性、自治性以及自觉性，现代村规民约则在内容上具有综合性，在效力上具有倡导性，而在产生上来看属于宪法规定的"守则公约"〔3〕；

---

　　〔1〕　据《宋史·范仲淹传》记载，范仲淹于天圣八年（1030 年）为羌人立约：若仇己和断，辄私报之及伤人者，罚羊百、马二，已杀者斩。负债争讼，听告官为理，辄质缚平人者，罚羊五十、马一。贼马入界，追集不赴随本族，每户罚羊二，质其首领。贼大人，老幼人保本砦，官为给食；即不入砦，本家罚羊二；全族不至，质其首领。王铭铭据此认为，地方文化贵族与乡规民约是联系在一起的，范仲淹以宰相之身份最早写出乡规民约。参见王铭铭、〔英〕王斯福主编：《乡土社会的秩序、公正与权威》，中国政法大学出版社 1997 年版，第 484 页。

　　〔2〕　参见杨开道：《中国乡约制度》，商务印书馆 2015 年版；吕著清："中国乡约概要"，载《河北学刊》1936 年第 4 期；赵秀玲：《中国乡里制度》，社会科学文献出版社 1998 年版；胡庆钧："从蓝田乡约到呈贡乡约"，载《云南社会科学》2001 年第 3 期；张广修："村规民约的历史演变"，载《洛阳工学院学报（社会科学版）》2000 年第 2 期；等等。

　　〔3〕　参见于大水："村规民约之研究"，载《社会主义研究》2001 年第 2 期。

乡约最主要的功能是"教化"（宣谕教化，劝人向善，遵纪守法，笃行风俗）[1]，此外还有一定的司法职能[2]。其三，关于村规民约的实施研究。村规民约不是停留在纸面上的"具文"，而是它的实施对社会秩序的维持具有一定的作用。因此，近年来不少学者逐渐重点关注村规民约的具体实施问题，尤其是结合具体个案，从实证的角度对村规民约的实施以及司法适用展开研究。[3]

从学术史的角度观察，关于村规民约的重点研究主题大体包括上述三类，相关的研究成果也较为深入。值得注意的是，现有的研究并未充分注意到当代村规民约在实践中的"主体"问题。换言之，村规民约是如何实践的，又是如何不断传承发展的？村规民约在实践、传承、发展过程中由何者推动？众所周知，村规民约是由村民会议制定的，但在这个过程中需要强

[1] 参见谢长法："乡约及其社会教化"，载《史学集刊》1996年第3期；尹钧科："明代的宣谕和清代的讲约"，载《北京社会科学》1999年第4期；张中秋："乡约的诸属性及其文化原理认识"，载《南京大学学报（哲学·人文科学·社会科学版）》2004年第5期；王日根："论明清乡约属性与职能的变迁"，载《厦门大学学报（哲学社会科学版）》2003年第2期；段自成："论清代的乡村儒学教化——以清代乡约为中心"，载《孔子研究》2009年第2期；韩玉胜："中国古代乡约道德教化精神的理性审视及现代性重塑"，载《云南社会科学》2014年第3期；等等。

[2] 参见段自成："明清乡约的司法职能及其产生原因"，载《史学集刊》1999年第2期；杨军："浅议清代新疆乡约制度创设及司法职能"，载《思想战线》2008年第6期；李菊："乡约民俗在司法调解中的应用"，载《山西师大学报（社会科学版）》2012年第S1期；等等。

[3] 参见于语和、安宁："民间法视野中的村规民约——以河北省某村的民间调查为个案"，载《甘肃政法学院学报》2005年第5期；罗昶："村规民约的实施与固有习惯法——以广西壮族自治区金秀县六巷乡为考察对象"，载《现代法学》2008年第6期；侯猛："村规民约的司法适用"，载《法律适用》2010年第6期；钱海梅："村规民约与制度性社会资本——以一个城郊村村级治理的个案研究为例"，载《中国农村观察》2009年第2期；等等。

有力的推动者，然而在乡土社会的"狭小"场域中，作为乡村精英的"乡土法人"往往担任了这一角色。高其才教授在"乡土法杰"系列书中对"乡土法人"进行描述："我选择把生活在中国社会底层的在世乡土精英列为本系列传记的主人。他们现在或生活在农村，或生活在城镇，正直、热心、善良、能干、自信是他们的共同特点。他们非常熟悉乡土规范，广泛参与民间活动，热心调解社会纠纷。他们是乡村社会规范的创制者、总结者、传承者，也是草根立法者、民众法学家。他们作风正派，办事公道，能力突出，影响深远，口碑良好；他们有着独特个性、富有担当、充满活力；他们给人以温暖，给社区带来温情，让弱者有安全感。他们是平凡人，自然也有自身的缺点和不足。这些有血有肉的乡土法人深受固有规范的影响，身上流淌着华夏儿女的血液，他们的所思所为维系着中华文明的根脉。本系列力求表达民间社区法人的独特人生、民间智慧者的法事生活、特定社区的秩序维持、中国普通人的文化情怀。"〔1〕由此可见，"乡土法人"在地方秩序的形成以及维持上发挥着极为重要的作用，而这具体表现为对乡土社会中的重要规范——村规民约的认识、制定、修改以及实施等方面，村规民约正是因为有"乡土法人"的推动才能不断"生长"。

　　鉴于此，本章的中心议题为"乡村精英与村规民约"之间的互动关系，重点讨论作为乡村精英的"乡土法人"对村规民约的认识、制定、修改以及实施等方面的问题，试图勾勒出以"乡土法人与村规民约"为中心的当代乡村社会秩序之"网"。本章使用的实证研究资料，主要来自笔者所在团队于 2013 年以来陆续推出的"乡土法杰"系列书系，该书系以乡土法人的人

---

　　〔1〕　高其才：《桂瑶头人盘振武》，中国政法大学出版社 2013 年版，第 3—4 页。

生史（life history）为主线，为读者们展示了一幅幅生动具体的关于当下乡土社会的"画面"。这些素材提供的信息十分详尽，以至于让人"身临其境"，透过文字接触"地气"。更为重要的是，由于受到时空等客观条件之局限，每个研究者不可能任意进入所有相关的"田野"，这种借助研究团队获取多种研究材料的"学术炼金"研究方式本身也是一种"学术再生产"，值得研究者们尝试。

一、乡土法人对村规民约的认识

根据现有法律规定，村规民约应由村民会议共同协商制定（村民自治的方式），而且内容不得与现行国家法律法规相悖。从法律文本表达上来看，这一点与传统中国的不同之处就在于，传统中国的乡约一般由地方士绅制定和掌握，乡绅依照地方风俗、儒家伦理以及国家法律议定乡约而后直接颁行，可能不需要全体村民的共同参与，这被视为地方基层政权与士绅势力共建地方秩序的表现；而现代乡约则是由全体村民参与共同制定，由村民会议进行表决的，充分体现了基层民主与基层自治。然而，值得追问的是，在村民会议共同制定村规民约的过程中，乡土法人扮演着什么样的角色？乡土法人对村规民约有着怎样的理解和认识？村规民约的范畴是否仅限于文本上的规定？这些问题值得我们进一步思考。

从现有的材料来看，乡土法人对村规民约的认识和理解有两个方面值得注意。

第一，乡土法人对村规民约范围的理解是比较宽泛的，显然不只限于村民会议依法制定的"村规民约"。在桂瑶头人盘振武看来，依国家法律制定的村规民约与传统的瑶族石牌习惯法是一致的，只不过表现形式不同。改革开放之后绝大部分瑶族村屯仍然按照瑶族的传统，在国家制定法指导下制定了调整本村寨社会关系的"乡规民约""村规民约"。这种乡规民约成为金秀瑶族自治县各村人民社会生活的重要规范。从这些"乡规民约""村规民约"的内容、制定过程、实施诸方面可明显发现瑶族习惯法的痕迹和影响。[1]由此可见，村规民约与当地习惯法在内容上基本上是一致的，村规民约是从过去的石牌习惯法继承而来，将石牌的精神与现实情况相结合的结果。盘振武甚至认为，下古陈村于 1982 年 10 月 31 日议定的《下古陈村村规民约》与传统瑶族石牌习惯法的区别就在于，前者实施的层次较浅，适用范围较小，后者实施的层次较深，适用范围也较大；前者规定得较为细致，而后者则较粗略。[2]

随着国家权力的触角不断深入乡村基层，原本具有自发性、自觉性和自主性的乡约也受到国家权力的监督，最为明显的正如《村民委员会组织法》第 27 条所规定，如村规民约与现行法律法规相抵触，则由乡、民族乡、镇的人民政府责令改正。由此可见，国家权力通过审查村规民约的合法性，从而对乡土社会秩序进行有效的监控和干预。在传统社会，帝国在中央是"集权"状态，权威无法分割于相对独立的政府各部门，更没有为政府与市民社会共享，为了保证世袭主义制在中央的有效性，必须精简在地方的官僚力量，相应的治理模式也就是"简约化治理"。[3]因此，帝国在基层社会的治理不得不依赖于地方精英，形成地方精英与地方官僚共治的局面，从而形成介于国家

---

〔1〕 高其才：《桂瑶头人盘振武》，中国政法大学出版社 2013 年版，第 84 页。
〔2〕 高其才：《桂瑶头人盘振武》，中国政法大学出版社 2013 年版，第 90 页。
〔3〕 黄宗智：《过去和现在：中国民事法律实践的探索》，法律出版社 2009 年版，第 78 页。

与社会之间的"第三领域"[1]。在这种情况之下，一般由地方士绅或宗族头人主导村规民约的议定，国家权力极少干预其中（可能会进行价值引导）。由于具有成文形式的村规民约是对习惯的"双重制度化"[2]，两者之间具有紧密的关联，地方士绅对于习惯法的认识和理解在一定程度上会影响村规民约的内容。

与传统不同的是，近代以来国家权力不断向基层延伸，这使得乡村社会全部"裸露"于国家权力之下。直到改革开放之后，尤其是2003—2005年的税费改革以及取消农业税，国家权力才从乡土社会逐步"退场"（但未完全撤离）。与此同时，村规民约的制定也开始由地方精英主导逐渐转变为村民会议集体议定。国家权力一方面为村规民约设定法律限制，另一方面又不得不承认它是村民自治之结果。然而，由于乡、民族乡、镇的人民政府对于违反现行法律规定的村规民约具有"责令改正权"，在某些时候可能会对村规民约的自治性造成一定程度的损害。从《东塇乡东塇村村规民约》中，我们可以看到这一点。正如高其才教授指出，"东塇村的这个'村规民约'涉及一些村民自治方面的内容，但我们认为还是太过空泛，宣传口号太多而具体措施太少，没有什么可操作性，基本上是一个只能贴在

---

〔1〕 黄宗智从哈贝马斯（Jurgen Habermas）的"国家—公共领域—社会"三元理论出发，用以描述处于政府官方和民间社会之间的"中间领域"，从而解释基层社会的"半正式治理模式"。黄氏主要采用的仍然是"国家—社会"二元对立视角，从而遭到梁治平、林端等人的批评。参见黄宗智：《过去和现在：中国民事法律实践的探索》，法律出版社2009年版，第77页；林端：《韦伯论中国传统法律：韦伯比较社会学的批判》，中国政法大学出版社2014年版，第95—99页。

〔2〕 ［英］马林诺夫斯基：《原始社会的犯罪与习俗》，原江译，云南人民出版社2002年版，第125—138页。

墙上的规定罢了。"[1]这种村规民约流于空泛的根本原因就在于，国家权力并未完全退场而原有传统基础就遭受冲击，以至于村规民约在粗略吸收习惯的同时又加入许多国家推行的道德规范。因此，在乡土法人看来，村规民约是广义的，它必定不能以"贴在墙上"的规范为准，而应该是指更为宽泛实用的习惯法。这一点至关重要，因为在考察村规民约的实践时，我们将会看到乡土法人并不简单使用村民会议所通过的村规民约，而是更多地灵活使用没有写入村规民约的习惯法。从这个意义上来说，乡土法人对村规民约的理解和认识是超脱于文本的，其范畴可能更为广泛。

第二，乡土法人对村规民约的认识途径是多样化的。村规民约的内容不仅传承了当地习惯法（这种习惯法本身也不断变迁），而且也吸收了国家法律倡导的行为规范，这两种社会规范都以社会物质条件为基础，因此村规民约（广义上的）的内容随着社会的变迁而不断发展。为了更好地理解和认识变化中的村规民约，乡土法人对于村规民约的认识途径也进行了拓展，呈现出多样化的趋势。如滇东好人张荣德"对村规民约的认知有五种方式：生活经验的积累、走村串户中的信息获取、纠纷调解中知悉的传统习俗、参加司法所人民调解员经验交流或会议培训中的规范习得、观看法治节目或阅读法律期刊（如《人民调解》《法制与社会》等）自学的知识"。[2]首先，此处的村规民约显然是广义上的，包括了传统习俗、习惯以及国家法律。其次，乡土法人面对广义的"村规民约"不得不拓宽认识渠道，因此包括了传统的生活经验渠道，同时也包括了获取现代社会

---

[1]　高其才、马敬：《陇原乡老马伊德勒斯》，中国政法大学出版社 2014 年版，第 50 页。

[2]　卢燕：《滇东好人张荣德》，中国政法大学出版社 2014 年版，第 140 页。

信息的渠道（如电视媒体、专业期刊以及专业培训等）。

从上述讨论我们可以看出，村规民约并不是狭义的"条文"，更不是"贴在墙上的口号"，乡土法人对于村规民约的理解是广义上的，在他们看来"村规民约"理应融合习惯法和国家法律，而且村民会议议定的村规民约只不过是习惯法的"制度化"。正如盘振武所言，"村规民约跟石牌是一条龙，村规民约哪是根据石牌的有些内容来的"。[1]正因为村规民约融入了习惯法，所以在乡土法人看来，村规民约的效力与国家法律是等同的。在村规民约的具体实施过程中，乡土法人对村规民约的广义理解和认识起到了至关重要的作用。

二、乡土法人与村规民约的制定及修改

如前文所述，与传统社会由乡绅主导制定乡约不同，村规民约由村民会议议定通过。根据《村民委员会组织法》第21条规定："村民会议由本村十八周岁以上的村民组成。村民会议由村民委员会召集。有十分之一以上的村民或者三分之一以上的村民代表提议，应当召集村民会议。召集村民会议，应当提前十天通知村民。"第22条规定："召开村民会议，应当有本村十八周岁以上村民的过半数，或者本村三分之二以上的户的代表参加，村民会议所作决定应当经到会人员的过半数通过。法律

---

〔1〕 从盘振武所在的下古陈村村规民约来看，国家法律与地方习惯之间的融合表现得尤其突出。《下古陈村村规民约》第1条规定："人人要自觉遵守国家法律、法令和政策，保护国家集体和个人的财产，敢于和坏人坏事作斗争。发现偷盗和其他违法犯罪行为，就立即汇报或扭送到村委和上级机关。见者不报，以参与违法论处。"显然，此条款体现出国家法律的精神。第3条规定："山上野蜜蜂、地龙蜂、干柴、号地等，谁先插有草标，归谁所有，他人要，以盗窃和强抢论处。"该条款又充分体现出了瑶族的打草标习惯法，是对地方传统习惯的吸收。参见高其才：《桂瑶头人盘振武》，中国政法大学出版社2013年版，第85页。

对召开村民会议及作出决定另有规定的，依照其规定。召开村民会议，根据需要可以邀请驻本村的企业、事业单位和群众组织派代表列席。"由此可见，国家法律对村规民约的制定设定了一套非常严格的程序，这充分体现了村民自治和基层民主。然而，值得进一步思考的是，乡土法人在村规民约的制定与修改过程中究竟发挥着怎样的作用？换言之，乡土法人在此过程中充当了何种角色？

通过考察《下古陈村村规民约》议定过程，我们不难发现，乡土法人对于村规民约的制定发挥着一定的作用。盘振武作为石牌头人兼村干部（副队长、村主任）积极参与了下古陈村村规民约的制定和修改。第一次是 1982 年的制定，第二次是 2002 年的修订。在这两次村规民约的制定和修订过程中，主要以村民的讨论为主，盘振武只是辅助和引导。

盘振武：村规民约制定以大家讨论为主啊，第一次村规民约是 1982 年重新制定的，县委派了一个团委书记胡德才来协助。当时也是根据以前的石牌制度和治安法来制定，首先，每户派一人来参加，大家一起讨论，进行了两个晚上将草案基本确定了下来。那时候我是副队长，副主任，我记得最终确立了 36 条村规，每一条的具体内容我记不清了，大概内容就是：户与户之间的林地不能跨界；不能破坏他人家庭；不能偷盗，不能杀人放火；不能让牲畜进他人田地吃庄稼；不能投毒；等等。投毒主要指不能下河毒鱼，这条定得比较尖锐，投毒如造成严重后果的除按照村规民约处理外，还要送公安局处理。村规民约不是一户一份，而是每个小组一份，我们这里是 4 个小组。家家户户按手印、签字，这个是大家认可的，执行起来比较方便。这个跟以前石牌基本一致，执行效果很好，大家都遵守。个别不遵守的会受到处罚。

第二次村规民约修改好像在 02 年，修改不大，主要是对处罚进行加重，其他都不变。为什么要加重处罚呢？比方说原来只罚 10 来斤肉，但是 10 斤肉、10 斤酒、10 斤米，全村人不够吃，所以要加重，大家对此没有意见，这项修改是通过的。修改之后，最轻的处罚是 3 个"三十六"，就是 36 斤肉、36 斤酒、36 斤米，这里还有个 36 块钱，也就是 4 个"三十六"。以前是没有罚钱这一项的，现在加上是因为办事需要一定的人工，这 36 块钱是处理人员的补助。当时我是村主任，有部分村民提出要加重处罚，后来大家讨论通过，我没有意见，所以就进行了那次修改。[1]

《下古陈村村规民约》在第一次制订时，县团委书记胡德才的"协助"，实际上是向村民展示国家权力的力量（基层活动应在国家权力的监督下进行），而此时作为村主任的盘振武并没有发挥较大的作用，只是反复强调依照传统石牌习惯法来制定。第二次修改，村民提出当违反村规民约加重处罚时，盘振武尊重多数村民们的意见举办组织会议进行讨论，经讨论后多数人同意此修改，对于村规民约的修改也就通过了。

在此背景之下，乡土法人无法如传统地方精英一样主导村规民约的制定，而村民也意识到可以通过村民会议行使自身权利和表达内在诉求。但是，由于国家政权试图"输入"的新权力体系（包括对社会主义新人的塑造）并未取得预期的效果，在一些公共性事务上又不得不依赖于尚存传统权威的乡土法人（在制定和实施村规民约的关键时候需要乡土法人的积极参与）。于是，在当前乡村治理的"二重悖论"中，乡土法人在村规民

---

〔1〕 高其才：《桂瑶头人盘振武》，中国政法大学出版社 2013 年版，第 89—90 页。

约制定时只能处于辅助性地位。

三、乡土法人与村规民约的实施

乡土法人不同于传统社会中的乡绅等地方精英群体。首先，乡土法人的身份是多元的。当代中国地方精英的来源日益趋向多元化，可能来自政治、经济、文化、社会、法律等领域，这与传统来源领域单一化明显不同。"乡土法杰"系列著作中的五位代表性人物，分别来自不同的领域，具有不同的身份。其次，"乡土法人"表现的权威类型是混合的，可能包括传统型权威、知识型权威、代理型权威以及公权型权威中的一种或几种。[1]乡土法人身份的多元性以及权威类型的混合性，使得他们在村规民约的实施过程中发挥着极为重要的作用，成为乡村社会运用村规民约解决纠纷的重要主体。

通过考察"立传"的乡土法人的人生史，我们可以发现许多运用村规民约解决纠纷的例子。盘振武曾处理过一起"偷竹笋"的案件。

案例1：

在 2009 年二三月，其他村的几个人到下古陈村偷竹笋（大概偷了五六十斤）被当场抓到，而帮忙架梯的赵姓夫妻被放走了（辅助作用）。后来，被偷的盘据大和盘进离两家找到盘振武，请盘振武处理此事。盘振武打电话给赵姓夫妻，建议他们依照村规民约协商解决，双方都同意了。依照《下古陈村村规民约》第 9 条的规定，"偷窃香草、八角、桐油、棕衣、茶子、茶叶、香菇、木耳和各种人培植笋等，除退回原物外（没有原

---

〔1〕　参见陈寒非："从一元到多元：乡土精英的身份变迁与习惯法的成长"，载《甘肃政法学院学报》2014 年第 3 期。

物按市场价格折款），香草罚款 3 倍，其余罚款 2 倍。"但是，在实际情况中，由于赵姓夫妻并不是主要偷窃者，只是帮忙架了梯子，盘振武认为夫妻俩按照当地习惯拿些鸡、猪肉和酒到被偷者家里认个错就行了，也不用严格依照村规民约赔偿。[1]

从以上案例可以看出，乡土法人在适用村规民约时，表现出一定的灵活性，并且发挥着主导性作用。乡土法人在实施村规民约时，并不是严格的"法条主义者"，而是根据具体的案情对既有的习惯法规则作出变通适用。在盘振武处理的"偷竹笋"案中，本来依照《下古陈村村规民约》的规定，偷盗人工培育笋者除返还原物外，还应罚款两倍。然而，由于赵姓夫妇只是"从犯"，而且竹笋也已经归还，就只依照习惯法"罚请吃"，被惩罚者拿出鸡、猪肉和酒请对方吃并赔礼道歉。在处理村规民约中没有规定的行为时，乡土法人会根据具体情况进行分析，灵活适用比村规民约更为宽泛的习惯法。

此外，浙中村夫王玉龙、洞庭乡人何培金、滇东好人张荣德也在不同程度上对村规民约加以灵活运用，在地方秩序的维持上发挥着主导作用。或许，正如前文所述，在乡土法人们看来，村规民约与习惯法之间并无太大区别，在实施的过程中秉承"实用主义"，只要能够化解纠纷就是好的规范。论述至此，还有一个问题值得思考：为何乡土法人在村规民约的制定上发挥的作用只是辅助性的，而在实施的过程中却是主导性的？若要回答这个问题，仍然需要将视野放置整个乡村的变局之中。传统权威在新中国成立初期以及集体化时期受到冲击之后，已经被极大削弱。再加上村民权利意识的觉醒，因此在村规民约

---

〔1〕 参见高其才：《桂瑶头人盘振武》，中国政法大学出版社 2013 年版，第95—96 页。

的制定过程中并不需要乡土法人主导。与之相反的是，在村规民约的实施中，一方面乡土法人身份多元化且权威类型混合化，而且乡土法人往往精通国家法律以及地方习俗，懂得如何从国家权力体系中获取新的权威（如担任村干部或司法调解员）；另一方面对于村民而言，日常生活中乡土法人仍然是"德高望重"的（学历、资历与阅历都超越普通村民），除非涉及严重的刑事犯罪，否则村民一般都比较倾向于让乡土法人解决纠纷。正因为如此，在传统权威日渐衰落的今天，乡土法人在村规民约的实施过程中仍然发挥着主导性作用。

四、乡土法人、习惯法与村规民约的"生长"

从调研材料来看，村规民约是以习惯法为基础的，并结合了国家法律的精神，是两者的融合体。乡土法人一般倾向于对村规民约作更为宽泛的理解，大多数情况下直接将其等同于习惯法。乡土法人参与村规民约的制定、修改以及实施，虽然在村规民约的制定与修改过程中只是起辅助性作用，但在村规民约的实施过程中发挥主导性作用。美国法律现实主义代表卡多佐曾经讨论普通法传统中的法律生长问题，认为法律主要是通过"司法过程"生长。法官在审判中面临多种选择时，会依照一定的标准进行权衡和选择，或遵循先例，或创出新例。而随着社会变化不断创造的新判例则是法律的生长过程。与此同时，他还划分出法律生长过程中存在的四种应当服从的力量以及应当采用的方法，即逻辑或类比的力量——哲学的方法；历史的力量——历史的方法；习惯的力量——传统的方法；正义、道德和社会幸福，即一个时代的风俗习惯——社会学方法。[1]卡

---

〔1〕〔美〕本杰明·内森·卡多佐：《法律的生长》，刘培峰、刘骁军译，贵州人民出版社 2003 年版，第 33—36 页。

多佐阐述的背景是普通法传统，在这种传统下法律的生命在于"经验"，而不是逻辑。村规民约的基础是习惯法传统，习惯法的生命同样在于"经验"而非逻辑。因此，村规民约的"生长"也是在适用过程中得以实现，而乡土法人与村规民约之间存在着极为紧密的联系，直接推动着村规民约的"生长"。

首先，乡土法人对村规民约的认知和理解，间接推动着村规民约的"生长"。如前文所述，乡土法人在对村规民约的认识和理解上，并不是狭隘的，而是广义的。在他们看来，经过长期历史文化积淀而形成的习惯法是一种地方"小传统"，充斥在乡村生活的方方面面，时刻调整着人们的行为。即便向乡村社会输入"法律"（即送法下乡），也并不妨碍这种传统在现实生活中发挥作用。他们甚至认为，在大多数时候习惯法比国家法律在维护社会秩序方面更为行之有效。因此，尽管国家法律赋予村民会议议定村规民约的权利，但这只不过是对习惯法的"双重制度化"而已。在乡土法人包括大多数村民的心中，村规民约与习惯法基本上是划等号的。换言之，村规民约只有与习惯法保持一致才具有"永恒的生命"，否则只不过是"贴在墙上的口号"。正因为乡土法人具有这种认识，才使得村规民约不断从习惯法中汲取"养料"，习惯法的传承与延续也就是村规民约的"生长"。

其次，乡土法人积极参与村规民约的制定与修订，推动着村规民约的"生长"。尽管国家法律赋予村民会议议定村规民约的权利，由全体村民共同讨论确立村规民约，而作为乡村精英的乡土法人在此过程中并没有如传统社会中的地方士绅一样发挥主导性作用，但他们仍然积极参与村规民约的制定和修改。由于他们对习惯法和乡规礼俗有着较深的理解和较全面的掌握，从技术层面来说，他们对于制定和修改村规民约的作用同样也是值得注意的。在村规民约的讨论过程中，乡土法人借助"知识—权力"结构[1]生产出的话语权力，使其提出的建议或意见更能获得村民的认可。再者，乡土法人都比较精通国家法律和政策（乡土社会的"法律精英"），所以对于当代村规民约所需汲取的国家法律内容，乡土法人也比较具有话语权。正是由于乡土法人的积极参与，村规民约才能在制定和修改中继续保留习惯法的内核，才能随着社会变迁而不断"生长"。

最后，乡土法人对习惯法的实施，推动着村规民约的"生长"。法律的真正意义在于实施，习惯法同样如此。习惯法是在长期的实践中形成的一整套约定俗成的规范，它本身就是实践的产物，实践倾向可能更为明显。正是由于村规民约与习惯法之间保持着一种天然的亲密关系，乡土法人运用村规民约解决乡村社会纠纷的过程实际上就是适用习惯法的过程。乡土法人对习惯法的运用是灵活的，会根据需要进行变通，从而不断创造出新的习惯法规则。浙江岭腰村王玉龙主持解决的一起再婚案件很好地说明了这一点。[2]岭腰村的再婚习惯，存在许多男女不平等的地方，通常对妇女再婚限制较多，对男子再婚则几乎没有限制。那么在本案中有一个十分重要的习惯——"一路夫妻"，即对于丧夫的妇女，如果丈夫去世时已满50岁，村民会认为两人

---

〔1〕 福柯认为，知识是可以产生权力的，权力也能促使知识的产生，这也成为他考察监狱刑罚的基点。"这种现实的非肉体的灵魂不是一种实体，而是一种因素。它体现了某种权力的效应，某种知识的指涉，某种机制。借助这种机制，权力关系造就了一种知识体系，知识则扩大和强化了这种权力的效应。围绕这种现实—指涉，人们建构了各种概念，划分了各种分析领域：心理、主观、人格、意识等等。围绕着它，还形成了具有科学性的技术和话语以及人道主义的道德主张。"参见 ［法］米歇尔·福柯：《规训与惩罚：监狱的诞生》，刘北成、杨远婴译，生活·读书·新知三联书店2007年版，第32页。

〔2〕 该案载于高其才、王凯：《浙中村夫王玉龙》，中国政法大学出版社2013年版，第62—63页。

算"一路夫妻",应一路相伴,所以村里尊重这类妇女不再改嫁而选择守寡。因为改嫁会遭受非议,在本村难以立足,所以即使改嫁也只能改嫁外村。但是,王玉龙在处理此案时并未严格按照固有的习惯法规则进行处理,而是通过采取"事实婚姻"(即不以法律上夫妻的身份,而只是"互相做个伴")的方式予以灵活变通适用。可见,乡土法人在运用习惯法解决纠纷时是灵活变通的,会根据具体的情况进行适当调整,由此催生出新的规则。这些新规则依赖于"先例"存在,久而久之逐渐被村民接受和认可,此时也就形成了新的习惯法。当一种新习惯法为乡村社会生活提供极为重要的行为准则时,该习惯法就会被村民在村民会议中加以讨论,很可能被吸纳到正式的村规民约之中。这个过程就是习惯法的成长过程,同样也是村规民约的"生长"过程。概言之,乡土法人对习惯法的实施推动着习惯法的成长,同时也为村规民约提供了富有生命力的"基础",从而不断推动着村规民约的生成演进。

五、本章小结

通过考察发现,乡土法人与村规民约之间存在着极为紧密的关联,乡土法人极大地推动着村规民约的"生长"。从乡土法人与村规民约之间的互动,我们不仅可以清楚地把握村规民约的"生长"过程,还能从中概括出当前通过村规民约进行乡村治理的一般性规律以及在此过程中需要注意的问题。

第一,重视村规民约的制定问题,不可使其流于具文,应该充分尊重并吸收习惯法。如前文所述,村规民约是以习惯法为基础的,这正是村规民约的真正生命力所在。尽管国家政权从未放弃试图通过行政、法律等手段控制乡村社会的努力,但是这并不意味着可以置乡村社会习惯法于不顾。实际上,村规民约只有紧密结合了习惯法，才能更好地在其中"植入"国家政权推崇的价值理念和行为导向，习惯法与国家法在此场域才能实现真正的融合，从而有效地调整和维护乡村社会秩序。反之，一份不尊重习惯法的村规民约只能是"一纸具文"，一如调研团队在东源村墙上所看到的"口号"。这一点是当前国家在乡村治理问题上需要重点注意的，基层政权应该鼓励和引导村民在村规民约的制定上合理吸收习惯法。

第二，积极适用村规民约，解决实践中存在的问题。村规民约作为村民自治的重要成果，也是村民的行为规范，应该在乡村日常生活中发挥更为重大的作用。村规民约是对习惯法的"双重制度化"，它的基础是习惯法，而习惯法的真正意义在于实践。然而，一方面，由于当前大多数村规民约没有充分吸收地方习惯法，从而使得村规民约无法在实践中得以运用；另一方面，即使有些地方的村规民约适当吸收了习惯法（如金秀瑶族自治县下古陈村的村规民约），也由于其调整范围较小而不得不放弃适用，转而适用范围更宽泛的习惯法。正是这些原因，使得村规民约并不受村民们的重视，导致村民适用的积极性不高。因此，当前通过村规民约进行乡村治理时，应该重点解决村规民约在实践中遇到的问题，特别是注意村规民约的操作性问题。

第三，重视乡土法人对村规民约"生长"的推动作用。即使今天的乡土法人已经完全不同于传统的乡村精英，但是乡土法人具备权威的混合基础，在乡村秩序的维持上发挥着不可替代的作用。从这个意义上来说，乡土法人积极参与了村规民约的认知理解、制定修改以及实施的全部过程，尤其在村规民约的实施中发挥着主导性作用。实际上，乡土法人是村规民约的主要适用者，正是因为乡土法人的参与才推动着村规民约的不断"生长",村规民约才能更趋完善。所以当前通过村规民约进行乡村治理时,应该充分注意乡土法人的作用,尤其是认真听取乡土法人关于村规民约制定和实施方面的建议。这或许可以有效加强国家对于乡村的治理和监督,遏制农村"灰色势力"的兴起与发展。

第六章
民法典时代村规民约的司法适用

在全面推进依法治国背景下，基层社会治理法治化对于促进法治建设具有基础性的地位与作用。十八届四中全会通过的《中共中央关于全面推进依法治国若干重大问题的决定》指出"全面推进依法治国，基础在基层，工作重点在基层"，明确要求"推进多层次多领域依法治理，提高社会治理法治化水平"。十八届五中全会公报明确指出，加强和创新社会治理，推进社会治理精细化，构建全民共建共享的社会治理格局。十九届四中全会提出建设社会治理共同体。在基层社会治理中，治理规则体系是由不同类别、不同层级、不同效力的社会规范构成的集合体，除国家法律法规外，还有乡规民约、市民公约、行业规章等社会规范，这些非正式规则在特定条件下往往具有重要的规范、指引及约束作用。党的十九大提出了实施乡村振兴战略的宏伟目标，"治理有效"就是要加强和创新农村社会治理，加强基层民主和法治建设，健全自治、法治、德治相结合的乡村治理体系。村规民约是当前乡村治理中非常重要的规范资源，是健全自治、法治、德治相融合乡村治理体系的重要载体，是实现"治理有效"目标的重要着力点。村规民约对加强和创新基层社会治理、提高基层社会治理法治化水平具有极为重要的意义。

2018年2月24日，最高人民法院发出《关于认真学习贯彻〈中共中央、国务院关于实施乡村振兴战略的意见〉的通知》，要求各级人民法院更加充分地发挥职能作用，依法妥善处理乡村振兴战略实施过程中的各类矛盾纠纷，为实施乡村振兴战略提供有力的司法服务和司法保障。如何积极应对处理涉村规民约的纠纷是司法保障乡村振兴战略实施的关键。当前村规民约治理实践中存在诸如村规民约内容违法、侵害村民合法权益等现象，大量涉及村规民约的纠纷（典型如"外嫁女"土地权益纠纷）进入司法场域。由于制度设计缺失等原因，各地法院处理结果不一（同案不同判），司法救济机制的不健全制约了村规民约的治理功能。在法治统一原则之下，司法实践中"同案不同判"一直是一个重要问题，也引发了学者们诸多讨论。"类案检索机制"作为一种解决方案被提出，同时也饱受争议和质疑。村规民约司法适用中的"同案不同判"不同于一般意义上的"同案不同判"，前者主要是客观适用需要与法源地位缺失共同造成的，而后者则主要是法律规则理解适用不同造成的。因此，从法源层面探讨村规民约适用问题，进而寻找村规民约与现有法源之间的整合路径，也就成为重要的突破点。

曾经流行于社科领域，至今仍然发挥重要影响的"国家—社会"二元理论认为，国家法与非国家法之间存在冲突对立，两者之间应该不断缓解和调适。这种理论分析框架是"粗糙"的，因为非国家法的范围十分广泛，包括习惯法、宗族规约、行业规章、村规民约等一切国家法之外的非正式规则，这些非正式规则有些是完全自发形成的，有些则会受到国家法的指导与影响，从而统合国家法与习惯法之间的冲突，在官方与民间共同协商的基础上形成介于自治与他治之间的"第三种治理模式"。本书所讨论的村规民约治理模式就属于这种类型。根据宪法及相关法律的规定，村民通过共同协商并根据治村实际需要拟订村规民约，基层政府则通过指导、审查、备案等方式介入村规民约的拟订过程，官方与民间在此场域相互较量，最终形成介于法治与自治之间的村规民约治理路径，通过法治引导村民自治也就成为可能，这正是当下村级治理法治化的重要方式。

鉴于此，本书以"村规民约司法适用"为研究对象，试图通过司法裁判案例、实证调查资料等分析村规民约司法适用的现状、问题及原因，从制度设计及司法实践层面解决村规民约司法适用难题，这对于当前司法保障乡村振兴战略实施，充分发挥村规民约在乡村治理中的积极作用具有重要的实践价值。与此同时，村规民约司法适用问题的实质是乡村治理中自治权、行政权及司法权之间关系建构及权力配置，这也是"三治融合"中的基础性问题，因此本书对于当前健全"三治融合"的乡村治理体系具有重要的理论价值。

笔者所在团队于 2013 年 7 月—2016 年 7 月先后多次展开调研，调研地区包括北京、浙江、广西、贵州、甘肃、湖南、湖北、山东等省市区，入驻调研的行政村共计 45 个。2017 年 7 月—8 月、2018 年 8 月、2019 年 5 月，笔者又先后到贵州、河南、湖南、青海等地实地调研。收集的相关研究资料基本上涵括了东南西北中 5 个区域，既包括发达地区如北京、浙江等省市，也涵盖了西部欠发达地区如贵州、云南、甘肃等省份，还有中部地区如湖南等省份。因此，本书选取的研究样本比较具有代表性，能够在不同区域之间进行样本比较研究，获得更为全面的认识。此外，笔者还以"中国裁判文书网"为检索数据库，检索村规民约司法适用相关案例。在"中国裁判文书网"登录检索出现困难时，则选择在"把手案例网"中进行检索，该数据库的案例更新较快，而且与"中国裁判文书网"中录入的案例是一致的。

一、村规民约司法适用的理论基础

（一）村规民约及相关概念

传统村规民约是县域以下乡民自治的产物，尽管此种自治后来逐渐转变为"官督民治"，但是总体而言仍然属于"民治"范畴。村规民约不同于习惯法，尽管两者之间有一定的重合。习惯可分为事实性习惯和规范性习惯，前者仅指对生活环境、交往模式以及生活技能等方面的事实性描述，后者则是对前者的抽象性表达，具备规则性、普遍性等基本特质。对于后者而言，已经具备"习惯法"的规范性特点，可以认定为"习惯法"。村规民约在制定过程中会对传统习惯法进行吸纳，将不成文的习惯法表述为村规条约，这一过程实际上是将习惯法"制度化"。但是，村规民约并不完全与习惯法一致，或者自然地吸纳习惯法的内容，村规民约更多地体现出"约"的创造性，在一定程度上甚至会通过"约"创造出新的习惯规则。因此，本章讨论的"村规民约司法适用"中的"村规民约"主要是指宪法和村民委员会组织法规定的村民自治意义上的村规民约，即由村民会议、村民代表大会制定通过的实行村民自治的综合性规范（村民自治章程）、总则性行为规范（村规民约）及特定事项决议等。这些村规民约具有一定的规范性，属于村民自治的产物，在很大程度上被视为乡村治理的"小宪法"。如果司法实践中，村规民约与习惯法重合，那么我们也主要从村规民约意义上讨论适用问题，而不是单纯地从习惯法角度讨论适用问题。

因此，本章所论司法适用主要指法院在具体个案中适用村规民约进行裁判的情况，同时也涉及村民、村集体以及行政机关援引的情形。

（二）"三治融合"治理理论

"产业兴旺、生态宜居、乡风文明、治理有效、生活富裕"是党的十九大报告提出实施乡村振兴战略的总要求。"治理有效"就是要加强和创新农村社会治理，加强基层民主和法治建设，"加强农村基层基础工作，健全自治、法治、德治相结合的乡村治理体系"，打造共建共治共享的社会治理格局，实现政府治理和社会调节、居民自治良性互动。乡村振兴战略是当前乡村治理的重大理论创新，健全自治、法治、德治相结合的乡村治理体系包括主体、规范及运行三个子系统。

区别于以往乡村治理思路的片面化和碎片化，健全乡村治理体系强调"自治、法治、德治相结合"，这也就意味着乡村治理不再单独依靠某一方面的治理资源，而是在"三治结合"思路指导下整合优化多种治理资源。根据现有治理理念和制度安排，自治、法治、德治三者关系应定位为：法治为保障、自治为基础、德治为支撑。具体言之，"法治为保障"意味着乡村治理要以法治为根本遵循，自治、德治都要在法治框架之下，以法治规范和保障自治、德治；"自治为基础"意味着乡村治理最终要实现村民自我管理、自我教育这一目标，法治和德治都要以自治为基础践行落实；"德治为支撑"意味着乡村治理要以道德规范、习惯规约、人情法则等社会规范来维风导俗，以德治教化和道德约束来支撑自治、法治。那么，如何健全自治、法治、德治相结合的乡村治理体系？笔者认为，"乡村治理"主要包括"谁来治理""依何治理"以及"如何治理"三个方面，其中"谁来治理"指向主体维度、"依何治理"指向规范维度、

"如何治理"指向运行维度。本书所讨论的村规民约属于健全自治、法治、德治相结合的乡村治理体系的规范子系统部分。村规民约司法适用问题离不开乡村治理的整体环境，涉及适用主体、适用依据以及适用方式等问题，因而应将其纳入相关理论中进行观察。

（三）法律渊源及司法识别

村规民约司法适用问题的本质是村规民约的法源识别问题，如何通过法律渊源理论并结合当前制度框架对村规民约进行法源定位是解决这一难题的关键。根据法律渊源的基本理论，法律渊源可以区分为正式渊源和非正式渊源。当前我国的正式渊源包括宪法、法律、行政法规、地方性法规、规章等，非正式渊源包括政策、指导性案例等。从法源划分上看，一般认为村规民约属于非正式渊源。但是，如果进一步深入探究，村规民约的制定是属于宪法中基层群众自治组织条款以及村民委员会组织法中赋予村民大会或村民代表大会的制定权限，其类别可视为授权性立法。只不过，当前将其作为村民自治范畴，在应对纷繁复杂的乡村治理情况时，可能无法形成统一的标准，而忽略其法源属性。如果从法源上解决了村规民约的属性问题，那么其司法适用也不存在问题。因此，从村规民约来源、性质等角度探讨其法源地位，结合法律渊源理论是一个无法绕开的环节。

从法源视角来看，《中华人民共和国民法典》（以下简称《民法典》）第10条规定，"处理民事纠纷，应当依照法律；法律没有规定的，可以适用习惯，但是不得违背公序良俗"。民法典概括地将习惯法作为民事法的正式法源，即在满足该条所列条件的情况下可以直接援引民事习惯作为民事纠纷的裁判依据。司法识别民事习惯极其重要，是民事规则援引的前提条件。然而，从村规民约实践来看，不少村规民约将民事习惯进行成文化，从某种意义上来说，村规民约与民事习惯就是同义语，村规民约是民事习惯的具体呈现和文字载体。村规民约与民事习惯之间的内在关系及高度关联性，使得村规民约在必要时可通过民事法源途径成为司法裁判援引的规则，民事习惯的司法识别也可以直观地从村规民约入手。

二、村规民约司法适用的基本现状

笔者在"中国裁判文书网""北大法宝""把手案例网"等案例库检索涉及村规民约的裁判文书，并在一些地区法院进行调查。在这些检索数据库中，鉴于"中国裁判文书网"经常出现故障以及北大法宝案例不够全面的情况，本研究又选择以"把手案例网"为主，其他数据库为辅。根据检索及实地调查情况，并对相关的案例进行分析和归类，当前村规民约司法适用现状初步概括如下。

第一，从案件数量来看，裁判文书反映出经济发达地区法院涉及村规民约的案件数量较多，总体案件数量逐年上升。以"把手案例网"为例，以"村规民约"为关键词进行全文检索，共计检索出 41 502 篇文书。由于全文检索涉及范围比较广泛，有些仅仅只是当事人诉称、辩称、诉讼请求等环节提出，不能更为精确地体现出裁判的情况，进一步将检索范围限定在"裁判要旨"上，这样共检索出 1445 篇文书。将这些文书按照裁判年份排列，呈现上升趋势（见图 6-1）。[1]

---

[1] 笔者对案例数据库的检索时间为 2021 年 2 月 18 日。

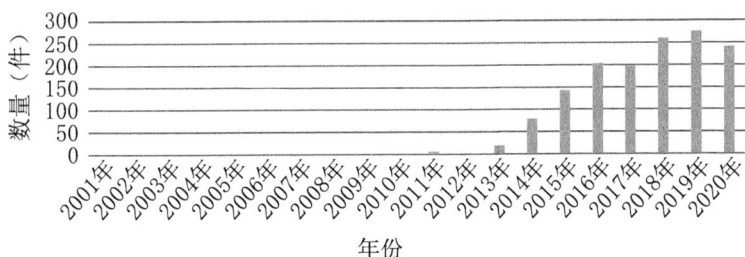

图6-1　涉村规民约裁判文书数量变化图（2001—2020年）

第二，从案由来看，主要集中在民事领域（1284件），而行政领域（156件）和刑事领域（5件）相对较少。从审理法院层级来看，主要集中在基层法院（906件），其次在中级人民法院（439件），高级人民法院最少（100件）。从案件发生地域来看，数量较多的是广西（269件），广东（268件）、福建（151件）、湖南（135件）、海南（100件）等地区依次排列。由此可见，地域分布上主要集中在南方诸省市区，北方相对较少。这可能与南方宗族力量较强，村规民约体系相对发达有关。南方很多农村历史上都有较为成熟的村规民约治理系统，也有着悠久的村规民约治理传统，村规民约在村庄治理过程中发挥着巨大的作用。如笔者曾经调查过的贵州省锦屏县文斗村就是典型的例子。文斗苗寨地处黔东南地区锦屏县西部，在明清时期木业兴盛，以"契"管"业"渐成规俗[1]，勒石刊刻的公约颇多，自古即有"立规治村"的传统。文斗村保存比较完好的碑刻立于古寨门旁，记载的都是关于生态、环保以及日常生活方面的村规民约。文斗村这种"立规治村"传统在1998年以来

---

[1]　明永乐初年采集"皇木"活动频繁，以黔东南地区锦屏县为中心的清水江流域地区木材贸易兴起，形成了以"契约"为特点的"木商文化"，产生了大量的山林权属买卖转让和佃山造林及山林管理的契约文书。参见锦屏县地方志编纂委员会编：《锦屏县志（1991—2009）》（上册），方志出版社2011年版。

的四份村规民约中得以延续（1998 年《文斗寨村规民约》、2005 年《文斗村村规民约》、2012 年《文斗村村民自治合约》与 2015 年《文斗村村规民约》），通过制定村规民约进行村级治理已经成为文斗村的重要方式。

第三，从案件类型来看，主要涉及村民相关权益分配与保障（包括外嫁女土地权益）、自然资源权属确认、村集体履行户口迁移职责、拆迁安置补偿、违法建筑确认以及其他侵犯人身权利或财产权的案件（如依村规罚款等）。民事案件共计 1232 件，其中涉及物权纠纷计 1155 件，涉及合同、无因管理、不当得利纠纷计 45 件，涉及婚姻家庭、继承纠纷计 11 件，涉及人格权纠纷为 9 件，涉及与公司、证券、保险、票据等有关的民事纠纷为 3 件，侵权责任纠纷为 9 件。在 1155 件物权纠纷案件中，所有权纠纷为 842 件，用益物权纠纷为 280 件，物权保护纠纷为 32 件，其他类型的案件为 1 件。而在所有权纠纷中，基本上是侵害集体经济组织成员权益纠纷方面的案件，数量为 833 件；在用益物权纠纷中，以承包地征收补偿费用分配纠纷案件为主，共计 279 件（见表 6-1）。检索"中国裁判文书网"同样得出这样的结果，涉及村规民约的案件中很大一部分是村规民约侵犯集体经济组织成员权益纠纷案件（见表 6-2），基本上占到基层法院一审涉村规民约案件的一半左右，基本内容主要集中在合法财产、人身权利及土地征收等方面，而且以民事案由为主。

表 6-1　涉村规民约民事案件具体类型及其数量（件）

案件类型	数量	案件类型	数量	案件类型	数量
物权纠纷	1155	所有权纠纷	842	侵害集体经济组织成员权益纠纷	833
				相邻关系纠纷	4
				共有纠纷	1
				其他	4
		用益物权纠纷	280	承包地征收补偿费用分配纠纷案件	279
				其他	1
		物权保护纠纷	32	具体类型略	32
		其他类型的案件	1	具体类型略	1
合同、无因管理、不当得利纠纷	45	合同纠纷	33	具体类型略	33
		不当得利纠纷	5	具体类型略	5
婚姻家庭、继承纠纷	11	具体类型略			11
人格权纠纷	9	具体类型略			9
与公司、证券、保险、票据等有关的民事纠纷	3	具体类型略			3
侵权责任纠纷	9	具体类型略			9
合　计	1232				

表6-2　村规民约侵犯集体经济组织成员权益纠纷案件[1]

案件类型 检索类目		涉及村规民约纠纷案件数量（件）	侵害集体经济组织成员权益纠纷案件数量（件）	百分比
基本内容（关键词）	合法财产	8671	5856	67.5%
	人身权利	8102	5532	68.3%
	土地征收	4053	2868	70.8%
民事案由		32 728	21 803	66.6%
基层法院		28 411	15 574	54.8%

第四，从适用结果来看，既有裁判观点主要包括五种。其一，直接认定村规民约内容违法侵权，不予支持。例如，在"陈家组、胡某某农村土地承包合同纠纷"中，一审、二审法院认为，胡某某作为湍河办陈家组成员，其在结婚地未取得承包地的情况下，在湍河办陈家组仍享有承包土地的权利。虽然湍河办陈家组的村规民约中规定"出嫁女承包土地收回"，但《中华人民共和国妇女权益保障法》（以下简称《妇女权益保障法》[2]）中规定，农村土地承包，妇女与男子享有同等的权利，任何组织和个人不得剥夺侵害妇女应当享有的土地承包经营权。胡某某虽出嫁，但一直未迁出户口，仍是湍河办陈家组成员，在婆家并未分得承包

[1]　表中数据来自中国裁判文书网，笔者通过检索该数据库获得相关数据。首先进行第一次检索，条件设定如下：全文检索"村规民约"；法院层级"基层法院"；审判程序"一审"。检索类目"关键词"前三项为合法财产（8671）、人身权利（8102）、土地征收（4053）；"法院层级"为基层法院（24 162）。在第一次检索基础之上进行第二次检索，条件设定为全文检索"侵害集体经济组织成员权益纠纷"，最终检索类目"关键词"总计为15 556件，其中前三项为合法财产（5856）、人身权利（5532）、土地征收（2868）。

[2]　本书中所使用的《妇女权益保障法》是2005年修正的。

地，在无法定正当理由的情况下，湍河办陈家组以胡某某出嫁为由收回胡某某承包地的行为违反法律有关规定，对湍河办陈家组收回土地，依法不予支持。[1]换言之，法院认为湍河办陈家组依据村规民约将出嫁女承包地收回的决定是违反法律规定的，村规民约本身的内容违法，侵犯了"外嫁女"胡某某的合法权益，不予支持。

其二，只要村规民约制定程序合法，且不违反国家法律法规的强制性规定，其效力在本村范围内应予认可。例如，在"杨某某与西安市鄠邑区玉蝉镇陂头村第三村民小组及西安市鄠邑区玉蝉镇陂头村村民委员会侵害集体经济组织成员权益纠纷案"中，2016年陂头村第三村民小组土地被国家征用，2017年1月18日两被告（陂头村第三村民小组、陂头村村民委员会）将此征地款给第三村民小组每个村民进行分配，每人分得22 450元，原告杨某某没有得到分配。原告杨某某认为，自己是两被告集体经济组织成员，依法享有村民同等待遇，遂要求两被告给付其集体经济分配款22 450元。被告陂头村第三村民小组辩称，根据陂头村的村规民约，出嫁的女子一律不享受村民的征地款分配，组上是根据村规民约的规定进行分配的，因原告不符合分配条件，故不同意原告的诉讼请求。被告陂头村民委员会辩称，该村在2015年村委、支委、监委及党委干部开了三次会议，形成一个村规民约，且大家都同意并签字。根据村规民约的规定原告不符合分配条件，故不同意原告诉讼请求。经法院查明，2015年2月、3月陂头村老年协会、村三委会、村民代表及党员召开会议制定了村规民约，2015年7月1日正式挂牌

---

[1] 邓州市湍河街道办事处许庄社区居民委员会陈家组、胡某某农村土地承包合同纠纷二审民事判决书，河南省南阳市中级人民法院（2018）豫13民终6999号。

公布，其中载明："……5. 关于村民的户籍管理及享受村组待遇，按上级政策规定，根据我村实际规定以下几点：（1）凡是老人逝世、子女出嫁，不管户口未消还是未迁出者，均不能享受村民待遇。新媳妇或新生孩子自报户口之日起，可享受村及小组待遇。"原告杨某某系被告村组村民。2015 年 9 月 9 日，原告杨某某与鄠邑区余下镇东屯村陈某登记结婚，户口未迁出。法院认为，根据《最高人民法院关于审理涉及农村土地承包纠纷案件适用法律问题的解释》第 24 条规定，征地款分配属于村民自治事项，被告陂头村享有自治的权利；被告陂头村制定之村规民约是经过村三委会及村民代表一致研究决定，符合民主议定原则，其内容不违反法律、行政法规的禁止性规定，合法有效。原告杨某某系出嫁女，与他人结婚后，其户口是由于自身原因至今未从被告村组迁出，按照被告陂头村村民委员会所制定之村规民约中明确规定"凡是老人逝世、子女出嫁，不管户口未消还是未迁出者，均不能享受村民待遇"，依此为规定原告就不具备享受村及小组待遇的条件，故原告要求两被告分配征地款于法无据，不予支持。最后，法院判决驳回原告杨某某要求被告西安市鄠邑区玉蝉镇陂头村第三村民小组、被告西安市鄠邑区玉蝉镇陂头村村民委员会给付其征地款之诉讼请求。[1]

其三，侵犯集体经济组织成员权益属于人民法院受理民事案件的范围，人民法院可审查村规民约的效力问题。例如，在"唐某某与长沙市望城区大泽湖街道南塘村南西片十五村民小组侵害集体经济组织成员权益纠纷案"中，一审法院认为，南塘村南西片十五村民小组通过村民会议作出的关于唐某某不具有

---

[1] 杨某某与西安市鄠邑区玉蝉镇陂头村第三村民小组及西安市鄠邑区玉蝉镇陂头村村民委员会侵害集体经济组织成员权益纠纷案一审民事判决书，西安市鄠邑区人民法院（2017）陕 0125 民初 811 号。

集体经济组织成员资格的决定是不成立的，应该确认其成员资格。南塘村南西片十五村民小组不服一审法院的判决，认为本村组制定的一系列村规民约是经过村民会议决定的，如被上诉人认为上述村规民约侵害了其合法权益，应向有关行政机关反映并要求处理，该事项不属于人民法院受理民事案件的范围。二审法院认为，被告南塘村南西片十五村民小组未分配原告集体收益款的行为，损害了妇女在农村集体经济组织中的合法权益，而确认集体经济组织成员资格和分得土地补偿款，该案件属于民事案件，属于人民法院受理民事案件的范围。二审法院审理后认同一审法院对唐某某的集体经济组织成员的资格认定，认为唐某某已经具有上诉人南塘村南西片十五村民小组集体经济组织成员资格，理应参与组上集体收益的分配。〔1〕在这个案件中，一审法院、二审法院都认为确认集体经济组织成员资格案件属于人民法院受理民事案件的范围，予以受理，并且否定了南塘村南西片十五村民小组关于唐某某集体经济组织成员资格村民会议决议的效力。

其四，村规民约违法的，乡镇政府负有责令改正的法定职责，建议村民向乡镇政府申请处理。例如，小洲经济联合社的《小洲经济联合社股份章程》规定，截至 2002 年 7 月 31 日拥有小洲经济联合社合理在册农业户口人员才有权拥有责任地劳动股、人口股股份。简某某在 2001 年 9 月 3 日因读书将户口迁出，2002 年 7 月 31 日股份确定日其户口不在小洲村，按照章程规定不能享受配股。简某某的股权分配资格问题涉及村自治章程以及村规民约的理解和适用，简某某参照《村民委员会组织法》

---

〔1〕 上诉人长沙市望城区大泽湖街道南塘村南西片十五村民小组与被上诉人唐某某侵害集体经济组织成员权益纠纷一案二审民事判决书，湖南省长沙市中级人民法院（2017）湘 01 民终 3984 号。

第 27 条之规定，就股权分配及村民待遇问题向小洲经济联合社所在的华洲街道办事处申请行政处理以及进行了相应的行政诉讼。华洲街道办事处于 2017 年 11 月 29 日作出华洲街行处字〔2017〕1 号《行政处理决定书》，认为简某某上学迁户后仍然具有小洲经济联合社成员资格，有权与小洲经济联合社其他成员平等地享有分配待遇。二审法院广东省广州市中级人民法院对街道办事处的行政处理结果予以认可，认可简某某的小洲经济联合社成员资格。[1]街道办事处（有些案件中是乡镇政府）对违反村规民约行使责令改正权，人民法院对于未经行政仅责令改正的案件，一般也会建议当事人先向所在乡镇政府或街道办事处申请责令改正。如果当事人已经经过行政机关责令改正，那么人民法院就会直接认定行政决定的效力。在本案中，简某某已事先向街道办事处申请行政处理并进行了行政诉讼，街道办事处已经作出了确认其成员资格的行政决议，人民法院对此予以认可，支持了简某某的上诉请求。这实际上是将确认成员资格的权限转给了行政机关，人民法院并不直接进行确认，以否定村规民约的效力。

其五，村规民约涉及村民自治问题，不属于人民法院受理范围，持此观点的案件较多。在"汪某、王某 1 与被告遵义市红花岗区长征镇沙坝村向阳村民组侵害集体组织经济成员权益纠纷案"中，一审法院认为，沙坝村向阳村民组就本村民享受村民组资产收益分配条件召开村民会议并经村民进行表决通过是村民组自我管理、村民自治的体现。根据《村民委员会组织法》第 27 条的规定"村民会议可以制定和修改村民自治章程、村规民约，并报乡、民族乡、镇的人民政府备案。村民自治章

---

〔1〕 广州市海珠区华洲街小洲经济联合社、简某某侵害集体经济组织成员权益纠纷二审民事判决书，广东省广州市中级人民法院（2019）粤 01 民终 948 号。

程、村规民约以及村民会议或者村民代表会议的决定不得与宪法、法律、法规和国家的政策相抵触，不得有侵犯村民的人身权利、民主权利和合法财产权利的内容。村民自治章程、村规民约以及村民会议或者村民代表会议的决定违反前款规定的，由乡、民族乡、镇的人民政府责令改正"，被告沙坝村向阳村民组制定的村民享受资产收益分配条件中存在的问题，如果违反了宪法、法律、法规和国家政策的规定，存在侵犯村民的人身权利、民主权利和合法财产权利的，应当由乡、民族乡、镇的人民政府责令改正，而不应当属于人民法院的受案范围。[1]在此案件中，沙坝村向阳村民组就本村民享受村民组资产收益分配已召开村民会议并经村民代表大会表决通过，已经形成有效的村民会议决议，这是村民进行自我管理，行使村民自治权的体现。由于村民会议决议属于村民自治范畴，故一审法院认为确认村民自治决议之效力不属于人民法院受案范围，而建议由乡、民族乡、镇的人民政府责令改正。

总体而言，如果村规民约制定程序不合理，或者内容违法，抑或在实施过程中侵犯村民的合法权益，权益被侵害村民该如何寻求救济一直是村规民约实践中比较常见、比较棘手的问题。大多数村规民约对此均没有明确规定，以至于现实中村民的合法权益无法得到有效保障。[2]在村规民约内部救济缺乏的情况下，涉村规民约的纠纷会进入人民法院，正如我们前面所看到

---

〔1〕 汪某、王某1与被告遵义市红花岗区长征镇沙坝村向阳村民组侵害集体组织经济成员权益纠纷一审民事裁定书，贵州省遵义市红花岗区人民法院（2016）黔0302民初5679号。

〔2〕 相关研究可参见王晓莉、李慧英："城镇化进程中妇女土地权利的实践逻辑——南宁'出嫁女'案例研究"，载《妇女研究论丛》2013年第6期；张笑寒："村民自治背景下农村妇女土地权益流失问题研究"，载《中国土地科学》2012年第6期。

的，目前人民法院司法实践中关于村规民约的适用存在多种裁判结果。

三、村规民约司法适用存在的问题

（一）司法适用中"同案不同判"

尽管目前大多数村规民约对救济途径没有作出规定，但相关法律制度提供了救济方案。《村民委员会组织法》第 27 条第 2 款和第 3 款规定："村民自治章程、村规民约以及村民会议或者村民代表会议的决定不得与宪法、法律、法规和国家的政策相抵触，不得有侵犯村民的人身权利、民主权利和合法财产权利的内容。村民自治章程、村规民约以及村民会议或者村民代表会议的决定违反前款规定的，由乡、民族乡、镇的人民政府责令改正。"该规定表明，如果村民会议制定的村规民约内容违法且侵犯村民合法权益，村民可以向乡镇政府寻求救济，乡镇政府具有责令改正的权力。也就是说，如果村规民约违法且侵犯村民合法权益，村民仅有一条行政救济途径——乡镇政府责令改正，而无法通过诉讼方式直接向人民法院寻求救济。虽然《村民委员会组织法》第 36 条赋予人民法院"撤销权"，但是这项权利的行使仅适用于"村民委员会或者村民委员会成员作出的决定侵害村民合法权益"的情形，此时"受侵害的村民可以申请人民法院予以撤销，责任人依法承担法律责任"。由于村规民约的制定主体是"村民会议"，而不是"村民委员会或者村民委员会成员"，如果村规民约内容违法侵权则无法适用《村民委员会组织法》第 36 条请求人民法院行使撤销权，被侵害村民面临无法通过司法途径获取救济的尴尬境地（见表 6-3）。

表6-3　村规民约与村委决定侵权的救济方式比较

侵权原因	制定主体	救济主体	救济方式
村规民约	村民会议/村民代表大会	乡镇政府	责令改正
村委或其成员决定	村民委员会或者村民委员会成员	人民法院	予以撤销

　　然而，由于法律没有就村规民约侵权纠纷设计明确的司法救济途径，各地各案裁判结果并不统一。从前文总结的中国裁判文书网、把手案例网收录的案件可以看出，当前各地法院处理"村规民约侵害集体经济组织成员权益纠纷"的裁判结果主要有两类：一是人民法院基于《村民委员会组织法》第27条第2款，以及《妇女权益保障法》第30条、第32条、第33条等法律的规定，对村规民约中违法内容直接认定无效，这种处理方式在当前司法实践中较为常见；[1]二是人民法院认为村规民约是村民会议或村民代表大会决议（不是村民委员会或其成员决议，无法根据《村民委员会组织法》第36条行使撤销权），属于村民自治范畴，其是否违反民主议定程序、是否侵犯村民的合法利益，不属于人民法院民事受案范围，当事人可以向有关行政机关反映并要求处理，人民法院依法判决驳回诉讼请求。[2]对于第一类处理结果，即使人民法院判决被侵害村民胜诉，也会在执行过程中遇到强大阻力，面临"执行难"的问题。对于第二类处理结果，人民法院一般会建议被侵害村民向乡镇政府

---

　　〔1〕　代表性案件可参见李某某、何某某与长沙市望城区金山桥街道金山桥社区姚塘组侵害集体经济组织成员权益纠纷一审民事判决书，长沙市望城区人民法院（2014）望民初字第01003号。
　　〔2〕　代表性案件可参见梁某某、陈某某等与柳州市柳北区马厂村民委员会、柳州市柳北区马厂村民委员会第三村民小组侵害集体经济组织成员权益纠纷一审民事裁定书，柳州市柳北区人民法院，（2015）北民一初字第526号。

等有关行政机关反映并要求处理，如果乡镇政府对村规民约审查备案存在过错或没有对违法村规民约行使责令改正权，被侵害村民则可以针对乡镇政府作出的具体行政行为提起行政复议或行政诉讼；如果乡镇政府责令改正内容违法村规民约，被侵害村民则可据改正后的村规主张相应的权益。尽管法律设计了乡镇政府等行政机关的行政救济途径，但是这种行政救济途径至今缺乏完备的程序，实施效果较差。现实中采用此种救济途径的案件并不多见。文斗村自1998年到2015年并没有出现因村规违法并侵犯村民合法权益而向乡镇政府寻求行政救济的情况，即使是黔东南苗族侗族自治州下属各乡镇也很少有此类案件。

　　在行政救济难以实现的情况下，司法救济渠道又是否通畅呢？中国裁判文书网、把手案例网收录的案件表明，当前司法救济渠道同样也存在问题。其中，一个最大的障碍就是，人民法院行使的"撤销权"并不适用于由村民会议制定的村规民约，仅适用于村民委员会及其成员作出的违法决定。为什么司法救济渠道会如此"狭窄"？这可能涉及司法权与自治权之间的关系，抑或司法审查问题。无论涉及何种关系或问题，司法都应该成为村规民约侵权时的救济渠道，这也是司法的功能及特点决定的。[1]最高人民法院曾经试图为农村土地承包纠纷案件法律适用问题提供指导意见。根据《最高人民法院关于审理涉及农村土地承包纠纷案件适用法律问题的解释》第22条规定："农村集体经济组织或者村民委员会、村民小组，可以依照法律

〔1〕　事实上，司法实践中关于村规民约少分或不分出嫁女、招郎女或离婚、丧偶妇女土地征收补偿费等村民自治纠纷案件，全国各地已有不少法院开始尝试受理并且还作出有利判决来保护村民合法权益〔如前引（2014）望民初字第01003号案件〕。另可参见一些媒体报道的类似案件，如"'出嫁女'未迁户口可获土地补偿款——湖南长沙开福法院判决唐燕诉伍家岭村委会等侵害集体经济组织成员权益纠纷案"，载《人民法院报》2015年4月2日，第6版。

规定的民主议定程序，决定在本集体经济组织内部分配已经收到的土地补偿费。征地补偿安置方案确定时已经具有本集体经济组织成员资格的人，请求支付相应份额的，应予支持。但已报全国人大常委会、国务院备案的地方性法规、自治条例和单行条例、地方政府规章对土地补偿费在农村集体经济组织内部的分配办法另有规定的除外。"从该条可以看出，集体经济组织是可以根据法律规定的民主议定程序决定分配土地补偿费的，该条仅规定为"可以"，而非规定集体经济组织"应当"对土地补偿费进行分配，也就是说该集体经济组织有权决定该土地补偿费是否进行分配，该决定事项属于集体经济组织内部公共事务管理问题，属于村民自治之范畴，不属于人民法院受理范围。另据该解释第 1 条第 3 款规定："农村集体经济组织成员就用于分配的土地补偿费数额提起民事诉讼的，人民法院不予受理。"也就是说，对集体经济组织成员以其认为应分得的补偿费数额提起诉讼的，其实质上是对土地补偿费数额不满意，同样不属于人民法院受理范围。这两个条文实际上对因村规民约侵害集体经济组织成员权益纠纷"关上了司法救济的大门"，理由就是司法机关不能干涉自治权，无论是通过村规民约将具有该集体经济组织成员资格的村民排除在分配范围之外而产生的纠纷，还是因分配方案实行差别待遇产生的纠纷，都属于村民自治事项，不属于人民法院受案范围。职是之故，最高人民法院最终将这个"难题"抛给了全国人大常委会，认为农村集体经济组织成员资格问题事关广大农民的基本民事权利，属于《中华人民共和国立法法》第 42 条第 1 项规定的情形，不宜通过司法解释对此重大事项进行规定[1]，从而建议全国人大常委会作

---

[1] 辛正郁："关于审理涉及农村土地承包纠纷案件司法解释的理解与适用"，载《人民司法》2005 年第 9 期。

出立法解释或者相关规定。然而，十年过去了，全国人大常委会并未就此问题作出相应解释。如此一来，村规民约侵害集体经济组织成员权益纠纷无法通过司法渠道顺利地获得救济，成为横亘在村规民约司法适用道路上的一个巨大障碍。

除此之外，村规民约司法适用过程中还存在诸如：回避村规民约效力之审查，即法院适用村规民约大多存在于个案场合，多数法院不对村规民约的效力进行明确认定，只在个案中进行法律适用的取舍；限缩适用范围的妥协退让，如法院对《村民委员会组织法》第27条第2款中"国家法"范围进行限缩，对村规民约内容进行合法性审查，如果不违反国家法强制性规定则作为补充性法源适用，如果违反则选择"回避"，在说理和裁判中"直接适用上位法而不触及村规民约"，法院处理涉村规民约纠纷时存在选择性裁判问题；建议责令改正将矛盾转移，法院在处理涉村规民约纠纷时，较少依职权进行审查，而是基于《村民委员会组织法》第27条第3款建议当事人向乡镇政府申请责令改正，再针对乡镇政府履行责令改正权情况提起行政诉讼，这实际上是将矛盾转移至乡镇政府。这些问题实际上都指向"裁判结果多元化问题"，裁判结果多元化与这些问题生成的逻辑是一致的。

（二）裁判结果执行难

从现有的案件情况来看，凡是涉及村规民约适用的司法案件大多数发生于村庄内部熟人之间。如果法院直接适用村规民约，作出支持主张村规民约效力一方的决定，那么法院针对侵权村规民约的裁判结果还存在执行难问题，这是阻碍村规民约司法适用的现实障碍。一般而言，在执行方面，基层人民法院法官多数认为强制力（32.75%）和当事人自觉（38.18%）是执行的关键因素。尽管最近的几年，由于审判/执行的职权分立，人民法庭的法官已经不需要考虑太多执行问题，但其对于执行的认识立场很大程度上也在其审判和调解过程中体现出来。纠纷调解的最大化要求法官在执行中强调启发当事人的自觉性，而一旦进入诉讼程序，依靠的又是强制力，只有极少的情况下法官才会选择基层的权威（乡绅阶层或者政府干部等）或者其他力量来帮助完成执行工作。要做到"息事宁人"，靠当事人自觉执行是最理想的方式，但也离不开法院背后的国家强制力。[1]

南塘村南西片十五村民小组与唐某某侵害集体经济组织成员权益纠纷案于 2017 年 8 月 8 日二审终结，作出"驳回上诉，维持原判"的判决结果。一审的裁判结果是支持唐某某的诉讼请求，认定其具有集体经济组织成员资格，因而作出"冻结担保人胡兵在中国建设银行名下账户存款 17 000 元（账号为 62×××66）"和"冻结被申请人长沙市望城区大泽湖街道南塘村南西片十五村民小组银行存款或现金 17 000 元"两项民事裁定决议。[2]然而，在二审判决作出之后，被执行人长沙市望城区大泽湖街道南塘村南西片十五村民小组迟迟不履行生效法律文书确定的义务。因此，二审法院于 2018 年 1 月 30 日和 2018 年 7 月 26 日先后作出执行裁定书。2018 年 1 月 30 日作出的执行裁定书内容为"冻结、划拨被执行人长沙市望城区大泽湖街道南塘村南西片十五村民小组银行存款 20 000 元；或扣留、提取其数额相当的其他收入；或查封、扣押其价值相当的财产"[3]。在第一次执行裁定书送达

---

〔1〕 张永和、洪磊等：《小江县人民法庭观察报告》，未刊稿。

〔2〕 唐某某与长沙市望城区大泽湖街道南塘村南西片十五村民小组侵害集体经济组织成员权益纠纷一审民事裁定书，长沙市望城区人民法院（2017）湘 0112 民初 305 号。

〔3〕 唐某某与长沙市望城区大泽湖街道南塘村南西片十五村民小组侵害集体经济组织成员权益纠纷执行裁定书，长沙市望城区人民法院（2018）湘 0112 执 81 号。

后，被执行人与申请执行人和解，被执行人迫于压力支付了相应的土地分配利益，于是申请执行人向二审法院申请撤销执行申请。2018 年 7 月 26 日二审法院作出执行裁定书，终结本院（2018）湘0112 执 81 号案件的执行。[1]

从裁判文书记载情况来看，在一些"外嫁女"[2]的案件中，即使法院否认村规民约中内容违法相关条款的效力，但是执行时也颇费力气。原因在于，"外嫁女"并不在本村居住，而土地等收益分配决议作出时"外嫁女"一般都不会参与，同时受到传统农村继承顶业传统文化之影响，"外嫁女"在利益分配时被排斥在外。如果分配"外嫁女"相应的利益份额，那么其他村民的利益分配额度就会受到一定的影响，因此几乎受到全体村民的一致抵制。此种情况下尽管人民法院作出了有利于"外嫁女"的判决，但是在执行过程中遭受阻拦，执行难问题十分突出。不少地方法院都集中力量解决"外嫁女"执行难问题，并作为主要成绩进行宣传。[3]

四、合理构建村规民约司法适用机制

村规民约在推进村级治理法治化方面具有极其重要的作用，村规民约司法适用是通过村规民约实现村级治理法治化的重要途径。一方面，村规民约为村级治理提供了制度依据，这种制

[1] 唐某某与长沙市望城区大泽湖街道南塘村南西片十五村民小组侵害集体经济组织成员权益纠纷执行裁定书，长沙市望城区人民法院（2018）湘 0112 执 81号。

[2] 本书中"外嫁女"主要指，因婚姻关系变更而离村、离家的妇女因未参与承包地分配和无法参与宅基地指标分配而丧失成员资格的外嫁女，嫁给城镇居民但未改变户籍的妇女，以及长期外出打工的妇女等。

[3] 如陈卓斌、聂秀峰、姜慧娇："海南澄迈法院高效执行 保障外嫁女合法权益"，载《海南日报》2018 年 11 月 23 日，第 4 版；"'外嫁女'胜诉村委会却未履行判决"，载 http://www.hicourt.gov.cn，最后访问日期：2019 年 5 月 28 日。

度依据不仅最大程度地传承了乡村传统习惯，而且充分吸收国家法及现代法治价值与理念；另一方面，村规民约为村级治理提供了行动依据，村民委员会及其成员、村民以及乡镇政府在村规民约之下开展活动，村民自治在村规民约之下有序推进、有章可循。当前通过村规民约推进村级治理法治化是切实可行的，而且也是符合乡村法治建设实际情况的，因为这种方式能够有效调和自治与法治、习惯法与国家法之间的紧张对立。

当前村规民约司法适用问题产生的根本原因在于法律制度不健全，导致涉村规民约纠纷的司法救济渠道不畅通，具体表现在如下四个方面。①村规民约法源定位不明确。村规民约是宪法框架下基层群众自治制度运行之结果（宪法授予之自治权），尽管与习惯法存在交叉（习惯法"双重制度化"），但不同于习惯法。《民法典》第10条将"习惯"纳为正式法源，但是村规民约成为正式法源尚存疑问。②法院撤销权设计存在缺陷。《村民委员会组织法》第36条规定了人民法院撤销权，但此仅限于村民委员会及村民委员会成员作出的侵权决议，而村规民约由村民会议及村民代表大会制定通过（并非村民委员会及村民委员会成员制定），故人民法院无权撤销村规民约。③自治权、行政权及司法权之冲突。村规民约司法适用涉及自治权、行政权及司法权，这三项权力之间的关系并不清晰，实践中时常存在冲突。如法院对村规民约合法性进行司法审查仅限于个案，无法普遍性运用直接纠正村规民约。④村规民约司法适用程序不健全。涉及村民委员会性质认定与管辖（行庭、民庭）、抽象性规范之审查、审查范围（自治事项）、纠正方式等程序性事项并不明确。

村规民约由村民共同商议制定，在很大程度上反映地方习惯与村情民意，由于这种"自治性"的存在，村规民约内容违法并侵犯村民合法权益的现象较为常见。针对这一问题，按照当前制度设计，并没有较为切实可行的救济渠道，无论是乡镇政府行政救济渠道，还是人民法院司法救济渠道均需进一步设计完善。由于村规民约是当前农村地区最为主要的自治性规范，规定了农村日常生活的方方面面，涉及范围十分广泛，当前很多农村基层纠纷多属涉村规民约纠纷。如果村规侵权救济渠道不畅通就容易导致纠纷的扩大化，直接影响村级治理法治化进程，因此我们需要进一步畅通救济渠道，尤其是要合理构建村规民约司法适用机制。

当前村规侵权面临司法救济缺位问题，通过司法渠道获取救济缺乏相关法律依据，涉及司法权与自治权之间的关系。如果行政权能对自治权进行监督及纠正，那么同属于国家权力的司法权也应该可以对自治权行使过程进行监督，更何况司法权是保障社会正义实现的最后一道防线，对于村民自治权利的保障及实现具有极其重要的意义。从上文讨论可知，当前对于村规侵权的场合，司法救济渠道主要有两个处理结果：一是人民法院直接认定村规违法内容无效；二是以不属于人民法院民事受案范围为由判决驳回诉讼请求。尽管第一种处理方式在当前法律制度框架下可能涉嫌司法违宪审查问题（村民自治权是宪法赋予的政治权利，村规民约是基于村民自治权制定的规范），但这种处理方式在司法实践中较为常见，解决了村民因村规侵权寻求司法救济的现实需要问题。因此，从某种意义上来说，村规侵权的司法救济具有强烈的现实需求，构建村规民约司法适用机制迫在眉睫。

首先，村规民约司法适用需要解决村民自治权的性质问题。村民自治权既是一项宪法性权力，同时也是宪法性权利，具有权力与权利双重属性。从村庄共同体内部而言，村民自治权可以视为一种权力，即"村民自治体"[1]在行政村内部通过制定村规民约行使管理职能，村民自治"多数决"规则可能会侵犯其他村民合法权益，这也就要求司法权、行政权适度介入自治领域，防止自治权的滥用。从村庄共同体外部而言，村民自治权可以视为"村民自治体"的基本权利，村民自治权在行政村外部独立行使，不受行政权、司法权等国家权力的恣意干预，这也就要求行政权、司法权等国家权力在自治领域中保持一定的谦抑性。因此，在村规民约侵犯村民合法权益时，村民自治权是一种权力，为了防止权力滥用，司法权可以介入监督。

其次，村规民约司法适用需要解决诉讼主体问题。当前涉及村规民约侵犯村民合法权益的诉讼，原告一般是被侵权村民，被告则是村民委员会或村民小组等，究竟以谁为被告较为混乱。村规民约是由村民会议制定的，村民会议为非常设机构，实践中无法将其作为被告；村民委员会虽然主导推进村规民约的制定和实施，但并非村规民约的制定主体，同样无法作为被告；村民小组是在村民委员会下设立的行政编组，本身不具有独立的法人资格，也不是村规民约的制定主体。司法实践中村民委员会与村民小组作为被告出现往往发生在代行农村集体经济组织职能的情形下，此时两者才具有农村集体经济组织的法人资格。鉴于此，笔者认为当前涉及村规民约侵权纠纷需要厘清村民委员会、村民会议、村集体三者之间的关系，可考虑当村规民约侵犯集体经济组织成员权益时将村集体作为被告。村民自治体对内行使自治权（权力），村规民约的缔约双方为"全体村

---

[1] 有学者认为，村民自治既不是村民个人自治，也不是村民委员会自治，而是作为自治主体的全体村民的自治，村民自治体就是指一村全体村民的整体。参见崔智友："中国村民自治的法学思考"，载《中国社会科学》2001年第3期。

民"与"村民个人"[1]，此处"全体村民"并不是民事主体，也不是行政主体。然而，"全体村民"的构成基础和前提是村民身份，这种村民身份的获取与村集体成员资格的取得一致（以户籍所在地为判断标准），村集体经济组织成员也就是村民，村民基于出生自动成为村集体经济组织成员。实践中涉及村规民约侵权纠纷多数属于村集体经济组织与村民个体之间的纠纷，村集体作为一方诉讼主体也符合客观现实。村集体的产生并非基于契约，而是基于《宪法》《中华人民共和国农业法》等法律的规定，即村集体经济组织则是我国农村集体经济制度的主要组织形式，可以将其视为具有公法人性质的经济法主体，而非基于民事合同产生的民事主体。因为民事主体产生的前提需要有民事契约存在，而村规民约的制定只需要村民会议过半数通过即可，并不是每一个村民合意的结果，显然并不具备民事契约的意思自治本质，未表决同意的村民对已通过村规民约的服从是基于国家法的强制性规定。村民会议、村民委员会、村集体之间的关系就在于，村民会议是村集体内部的权力机关，村民委员会是村集体决策的执行机关，村集体对外则是独立法人，其有独立的财产，有完整的组织机构，能独立承担相应的法律责任。

最后，村规民约司法适用应该明确村规民约的渊源效力问题。从法的渊源角度进行考察，村规民约直接来源于《宪法》《村民委员会组织法》等法律法规的明文授权。村民会议根据宪

---

〔1〕　文斗村 2005 年村规民约讨论稿草案开头部分规定："甲方：河口乡文斗村全体村民；乙方：文斗村　　组　　户。为维护本村生产、生活秩序，实现村民安居乐业，根据《中华人民共和国村民委员组织法》《中华人民共和国民法通则》《中华人民共和国婚姻法》等有关法律规定和上级建设社会主义新农村有关方针政策，结合本村实际，经全体村民会议讨论，甲乙双方平等自愿协商，签订如下约定。"参见贵州锦屏县《文斗村村规民约（讨论稿）》（2005 年 12 月），资料编号 0100571。

法、法律的授权制定村规民约，只要制定过程遵循了法定程序且内容合法，就具有法律效力。村规民约法律渊源地位的确定与习惯法一致。习惯是指人们在长期的生产、生活中约定俗成的一种行为规范。[1]习惯法来自习惯，但与习惯有本质的不同，习惯法属于国家法的范畴，由国家特定机关将社会上已经存在的规范上升为法律规范，赋予其法律效力，从而使其得到国家强制力的保障；习惯则为一般的社会规范。我国宪法和法律法规规定习惯在特定情况下经国家认可成为习惯法而具有正式的法律渊源地位，《民法典》第10条概括式地承认了习惯的正式法源地位。村规民约基于村民自治而产生，因而在很大程度上对村庄固有习惯予以吸收，其内容的很大一部分是对传统习惯进行"双重制度化"[2]。村规民约中吸纳的固有习惯，很有可能经过国家法认可而成为正式法律渊源的习惯法。此外，更为重要的是，村规民约本身不仅由宪法明确授权制定，而且还经过国家法的认可成为正式的法律渊源。高其才教授对地方性法规、民族自治地方自治条例和单行条例、经济特区法规、地方政府规章等规范性法律文件中村规民约、乡规民约的规范情况进行系统考察后认为，地方性法规规章关于村规民约、乡规民约的规范涉及乡村治理的政治、经济、社会、文化诸领域，包括村民自治、农村治安、农村自然资源保护与利用、农村环境

---

〔1〕 高其才教授认为，习惯法区分为"国家法意义"与"非国家法意义"两种情形。国家法意义上的习惯法不同于习惯，仅指经国家法认可的习惯，具有正式法的渊源地位；非国家法意义上的习惯法与习惯并无二致，是指独立于国家制定法之外，依据某种社会权威和社会组织，具有一定的强制性的行为规范的总和，具有非正式法的渊源地位。参见高其才：《中国习惯法论》（修订版），中国法制出版社2008年版，第3页。

〔2〕 习惯转化为习惯法是第一次制度化，从习惯法上升为村规民约是第二次制度化，故为"双重制度化"。参见陈寒非："从一元到多元：乡土精英的身份变迁与习惯法的成长"，载《甘肃政法学院学报》2014年第3期。

保护、农村公共事务、农民权益保护、农村纠纷解决等方面，较为全面地调整乡村社会关系，维护乡村社会秩序，促进乡村经济社会发展和农民生活水平提高。[1]这些国家法规范对村规民约部分内容进行认可，使其作为乡村治理的重要依据，被国家法认可的村规民约应该可以成为正式的法律渊源。对于作为正式法律渊源的村规民约，司法机关可以直接适用；如果内容违法，司法机关则根据解决法的效力冲突的一般原则进行处理即可，村规民约不得与上位法相冲突，对于违法冲突部分司法机关可以不适用，并且可以提出司法建议，由乡镇政府责令村民会议修正。

总之，从国家法律法规层面解决村规民约司法适用的制度性障碍，借鉴规范性文件附带审查制度，建立对村民会议或村民代表会议制定的村规民约进行附带审查。进一步完善《村民委员会组织法》第36条人民法院撤销权内容，即对村民委员会依据村规民约作出侵权决定时，村民在提请撤销的同时可以一并提出审查村规民约的合法性。围绕村规民约的宪法基础以及村规民约与习惯法之间重叠交叉的情况，在现有制度框架下解决村规民约法源地位问题，这是解决村规民约司法适用难题的关键。从具体操作实践层面进一步完善村规民约司法适用相关程序细则，具体包括村规民约的管辖、被告确定、审查主体、审查内容、审查范围以及举证责任分配等方面。司法是最后一道防线，多个层面畅通村规民约司法适用的渠道。

五、本章小结

在全面推进依法治国背景下，基层社会治理法治化对于促

---

[1]　高其才："通过村规民约的乡村治理——从地方法规规章角度的观察"，载《政法论丛》2016年第2期。

进法治建设具有基础性的地位与作用。村规民约对加强和创新基层社会治理、提高基层社会治理法治化水平具有极为重要的意义。实证研究发现，当前村规民约司法适用总体上呈现出如下特点。其一，从案件数量来看，裁判文书反映出经济发达地区法院涉及村规民约的案件数量较多，总体案件数量逐年上升。其二，从案由来看，主要集中在民事领域，而行政领域、执行领域和刑事领域相对较少。其三，从审理法院层级来看，主要集中在基层法院，其次是中级人民法院，高级人民法院最少。其四，从案件发生地域来看，主要集中在南方如广东、广西、海南、湖南等省，北方相对较少。其五，从案件类型来看，基本上是侵害集体经济组织成员权益纠纷方面的案件，其次则是承包地征收补偿费用分配纠纷案件。其六，从适用结果来看，既有裁判观点主要包括五种：①直接认定村规民约内容违法侵权，不予支持；②只要村规民约制定程序合法，且不违反国家法律法规的强制性规定，其效力在本村范围内应予认可；③侵犯集体经济组织成员权益属于人民法院受理民事案件的范围，人民法院可审查村规民约的效力问题；④村规民约违法的，乡镇政府负有责令改正的法定职责，建议村民向乡镇政府申请处理；⑤村规民约涉及村民自治问题，不属于人民法院受理范围，持此观点的案件较多。

"同案不同判"是村规民约司法适用中存在的最大问题，尤其是在土地征收补偿费纠纷中关于"外嫁女"的集体成员身份认定上，各地法院做法并不一致。首先，村规民约司法适用需要解决村民自治权的性质问题。村民自治权既是一项宪法性权力，同时也是宪法性权利，具有权力与权利双重属性。从村庄共同体内部而言，村民自治权可以视为一种权力，即"村民自治体"在行政村内部通过制定村规民约行使管理职能，村民自治"多数决"规则可能会侵犯其他村民合法权益,这也就要求司法权、行政权适度介入自治领域,防止自治权的滥用。从村庄共同体外部而言,村民自治权可以视为"村民自治体"的基本权利,村民自治权在行政村外部独立行使,不受行政权、司法权等国家权力的恣意干预,这也就要求行政权、司法权等国家权力在自治领域中保持一定的谦抑性。

其次,村规民约司法适用需要解决诉讼主体问题。当前涉及村规民约侵权纠纷需要厘清村民委员会、村民会议、村集体经济组织三者之间的关系,当村规民约侵犯集体经济组织成员权益时,可考虑将村集体经济组织作为被告。理由在于,一方面,村规民约系"全体村民"基于民主决议机制制定,其制定主体为"村民会议",而"村民会议"并非民事主体,亦非其他公法意义上的主体。另一方面,村集体经济组织成员权一般基于村民身份获得(实践中多以户籍为判断标准),村集体经济组织的成员与村民基本一致,且属于《民法典》所规定的特别法人。再者,目前涉及村规民约的纠纷多与集体土地征收利益分配有关,而这些利益的实际权属主体又是村集体经济组织(村民委员会代行管理职能)。因此,当村规民约内容侵犯村民合法权益时,可明确将村集体经济组织作为被告。

最后,村规民约司法适用应该明确村规民约的渊源效力问题。《民法典》第 10 条概括式地承认了习惯的正式法源地位,而村规民约与习惯的性质相同,都属于自治规范范畴。两者在内容上也具有高度的重叠,村规民约是对地方习惯的制度化。此外,村规民约的法源地位也有《村民委员会组织法》等上位法依据,一些地方性法规中也对村规民约的法源地位予以承认。循此进路,在涉及村规民约纠纷场合,人民法院可考虑将村规民约纳入当前法源体系予以适用,但需从法律方法上予以合法性识别。如果村规民约内容合法，司法机关可以按照正式法源予以适用；如果内容违法，司法机关则根据解决法的效力冲突的一般原则进行处理，并提出司法建议，由乡镇政府责令村民会议修正。

乡村治理法治化的村规民约之路

在全面推进依法治国背景下，基层社会治理法治化对于促进法治建设具有基础性的地位与作用。十八届四中全会通过的《中共中央关于全面推进依法治国若干重大问题的决定》指出全面推进依法治国，基础在基层，工作重点在基层，明确要求推进多层次多领域依法治理，提高社会治理法治化水平。十八届五中全会公报明确指出，要加强和创新社会治理，推进社会治理精细化，构建全民共建共享的社会治理格局。基层社会治理需要多层级、多领域、多主体、多规则协同治理，通过村规民约治理是当前乡村治理最为常见的形式。在基层社会治理中，治理规则体系是由不同类别、不同层级、不同效力的社会规范构成的集合体，除国家法律法规之外，还有乡规民约、市民公约、行业规章等社会规范，这些非正式规则在特定条件下往往具有重要的规范、指引及约束作用。在当前协调推进"四个全面"战略布局的新形势下，村规民约对加强和创新基层社会治理、提高基层社会治理法治化水平具有极为重要的意义。

前文已述，村规民约是指村民依据党的方针政策和国家法律法规，结合本村实际，为维护本村的社会秩序、社会公共道德、村风民俗、精神文明建设等方面制定的约束、规范村民行为的一种规章制度。一直以来，村规民约都被视为农村自治的重要表现形式，也是基层民主政治发展的重要成果。根据《村民委员会组织法》的相关规定，村规民约不得违反国家法律，同时也应尊重当地的村风民俗，不能完全脱离既有的习惯。由于同属地方性知识且内生自发形成，村规民约与风俗习惯具有某种天然亲密关系，村民需要基于这种关系制定相关的规约。以往关于村规民约的研究主要从"国家—社会"理论框架入手，从"官治—民治""中心—边缘""传统—现代""规范—秩序"四个视角具体展开。[1]晚近一些学者通过实证方法对乡规民约的具体实施展开研究，分析乡规民约在维持社会秩序、实现社会整合以及传承习惯法方面发挥的"治理性"作用。值得注意的是，现有关于村规民约的研究并未充分注意到村规民约在推进基层社会治理法治化方面的积极作用，研究主题集中在村规民约的基础理论、演变历史、实施过程等方面。

曾经流行于社科领域至今仍然发挥重要影响的"国家—社会"二元理论认为，国家法与民间法之间存在冲突对立，两者之间应该不断缓解和调适。这种理论分析框架是"粗糙"的，因为民间法范围十分广泛，包括习惯法、宗族规约、行业规章、村规民约等一切国家法之外的非正式规则，这些非正式规则有些是完全自发形成的，有些则会受到国家法的指导与影响，从而统合国家法与习惯法之间的冲突，在官方与民间共同协商的基础上形成介于自治与他治之间的"第三种治理模式"。本章所讨论的村规民约治理模式就属于这种类型。根据宪法及相关法律的规定，村民通过共同协商并根据治村实际需要拟订村规民

----

〔1〕 参见本书第一章导论部分。

约，基层政府则通过指导、审查、备案等方式介入村规民约的拟订过程，官方与民间在此场域相互较量，最终形成介于法治与自治之间的村规民约治理路径，通过法治引导村民自治也就成为可能，这正是当下村级治理法治化的重要方式。鉴于此，本章以"村规民约"为研究对象，系统考察村规民约在推进村级治理法治化过程中的问题，为当前乡村社会治理法治化提出合理建议。

本章将主要采用实证研究方法，尤其是通过观察、访谈等方式进行定性研究。笔者曾于 2016 年 2 月—7 月先后三次前往贵州省黔东南苗族侗族自治州锦屏县文斗村展开实地调查，该村自 1988 年《村民委员会组织法》试行以来先后制定实施四份村规民约，分别是 1998 年《文斗寨村规民约》、2005 年《文斗村村规民约》、2012 年《文斗村村民自治合约》以及 2015 年《文斗村村规民约》。对这些村规民约进行延续性比较考察，能够从中探索出自 20 世纪 80 年代以来村规民约在推进村级治理法治化进程中的尝试与不足，对进一步发挥村规民约在社会治理中的法治作用具有十分重要的意义。

一、村规民约治村的传统赓续与法治再造

自明文记载的《吕氏乡约》以降，中国基层社会治理就以乡规民约为主要形式，由此积累了丰富的基层社会治理经验。传统乡约提倡的"德业相劝，过失相规，礼俗相交，患难相恤"等基本价值理念，以及"整体性乡治"或"系统性乡治"的基本架构，[1]对传统中国基层治理产生了深远的影响。当代村规

---

〔1〕 "整体性乡治"或"系统性乡治"，是指通过乡规民约全面整合乡村社会，囊括乡村的社仓（生产和救济）、保甲（组织和治安）、社学（童教）为一体，既有纲领性规定，又有具体条目的整体性的治理体系。

民约与传统乡约无论在功能上，还是制定程序上，抑或运行模式上，都具有高度的相似性。如两者都具有"广教化而厚风俗"、维持乡村秩序的功能，都是村民根据实际需要而共同议定的，惩戒机制都是基于传统型权威等。"立规治村"传统并未因晚近社会剧烈变革而中断，而是在中国共产党治理乡村实践中被传承延续。

20世纪80年代，党和国家在总结新中国成立以来农村治理经验与教训的基础上，创造性地将城市街道居民委员会制度推广到农村，建立村民委员会基层群众性自治组织，在农村实行基层群众自治，从而收缩国家行政权力，减轻了行政负担。彭真认为，乡村问题如果都"由派出所去管，靠法院、检察院去办，越搞负担会越重"，因此他在广泛调研和总结经验后强调人民群众要依靠村规民约自己管理自己的事情，充分发挥村民委员会的作用。[1]从乡村治理历史实践来看，通过村规民约进行乡村治理不仅是对乡治历史传统的延续，还是党和国家在治理农村问题方面经验教训的总结。新时期通过村规民约推进村级治理法治化正是在此背景下展开的，历史实践决定了村规民约是当前村级治理法治化的重要路径。

文斗苗寨地处黔东南地区锦屏县西部，在明清时期木业兴盛，以"契"管"业"渐成规俗[2]，勒石刊刻的公约颇多，自古即有"立规治村"的传统。文斗村保存比较完好的碑刻立于古寨门旁，记载的都是关于生态、环保以及日常生活方面的村规民约。如"名垂万古"碑（又名"六禁碑"）立于乾隆三十八年（1773年）仲冬月。碑文曰：

---

〔1〕 彭真：《论新中国的政法工作》，中央文献出版社1992年版，第335—337页。

〔2〕 参见锦屏县地方志编纂委员会编：《锦屏县志（1991—2009）》（上册），方志出版社2011年版。

众等公议条禁开列于左：

一禁不俱（拘）远近杉木，吾等（依）靠，不许大人小孩砍削，如违罚艮（银）十两。

一禁各甲之阶（街）分落，日后颓坏者自己修补，不遵禁者罚艮（银）五两，兴众修补，留传后世子孙遵照。

一禁四至油山，不许乱伐乱捡，如违罚艮（银）五两。

一禁后龙之阶（街），不许放六畜践踏，如违罚艮（银）三两补修。

一禁不许赶瘟猪牛进寨，恐有不法之徒宰杀，不遵禁者众送官治罪。

一禁逐年放鸭，不许众妇女挖前后左右锄（蚰）膳（蟮），如违罚艮（银）三两。

这块石碑共有六条禁规，内容都是关于保护山林及生态环境方面。六禁碑旁另立有"恩泽万古"和"千秋不朽"两块石碑，分别立于清乾隆五十六年（1791年）孟冬月谷旦、嘉庆十一年（1806年）三月十六日。这两块石碑是关于婚姻习俗的约定，通过订立村规民约促进移风易俗。如"恩泽万古"碑文所载禁令有"禁止姑舅强制婚姻""禁止通过婚姻勒索钱财""禁止退嫁妆""有媒有证，不准私奔"和"允许再婚，不得阻拦"等等。再如"千秋不朽"碑文所载禁令有："一勒接亲礼只许五钱，定亲酒礼，小则一两五钱，大则四两。如多，罚冲（充）公，勒凡拆毁、拐带、强夺、有妻子弃妻子再娶者，罚银三十两冲（充）公，照礼劝息。若不听罚，送官治罪。"[1]

文斗村这种"立规治村"传统在1998年以来的四份村规民

---

[1] 以上"名垂万古""恩泽万古"和"千秋不朽"三块碑文内容均由笔者实地考察记录。

约中得以延续，通过制定村规民约进行村级治理已经成为文斗村的重要方式。为了更好地分析说明四份村规民约在内容方面的延续变化，特进行如下比较（见表 7-1）。

表 7-1　文斗村四份村规民约比较

	1998 年《文斗寨村规民约》	2005 年《文斗村村规民约》	2012 年《文斗村村民自治合约》	2015 年《文斗村村规民约》
基本结构及内容	一、盗偷处理；二、文物古迹、村周树木及个体经营户财产保护；三、民事纠纷处理；四、后龙山维护制度；五、村寨山、火、火警的规章制度；六、尊老爱幼的规章制度	一、签约及违约责任；二、公共事业建设；三、精神文明；四、计划生育；五、社会治安；六、安全生产；七、生产生活；八、村风民俗；九、附则	一、村民义务及合约；二、村两委职责与义务；三、违反自治合约者的处置办法；四、附则（生效日期及实施主体）	一、约定的村民义务与责任；二、村两委职责与义务；三、违反自治合约的处理办法；四、附则（生效日期及实施主体）；五、村民委员会、户主及乡政府各持一份

从以上四份村规民约基本结构的比较可以看出，1998 年《文斗寨村规民约》围绕村民日常生活进行结构设计，内容涵括盗偷惩处、文物保护、纠纷处理、后龙山维护、火警防范以及尊老爱幼等方面，这些都是村民在日常生活中有可能面临的问题。2005 年《文斗村村规民约》的结构则相对较为系统化，结构安排基本上是按照国家对农村治理的基本工作领域或范围进行划分，内容包括公共事业建设、精神文明建设、计划生育、社会治安、安全生产、生产生活以及村风民俗等方面，涵盖面比较广。2012 年《文斗村村民自治合约》与 2015 年《文斗村

村规民约》结构相差不大，包括村民义务及合约（责任）、村两委职责与义务、违反自治合约者的处置办法以及附则（生效日期及实施主体）等内容。从结构上来看，2012年、2015年两份村规民约反映出的共同特点就是"乡村生活法律化"，即通过村规民约的方式，引入现代法治宣扬的权利义务等法律概念术语，从而对乡村生活加以法律化改造，使乡村生活尽可能符合现代法治的基本构造。2012年、2015年两份村规民约均明确规定了村民的权利及义务、村两委的职责及义务、违约处置办法等，相较于1998年及2005年村规民约的结构，这种试图通过现代法律概念重组乡村生活的意图是十分明显的。

比较四份村规民约的具体内容，同样能够得出这一认识。尽管随着社会经济的发展，村规民约会修订增添一些新的内容，但是总体而言这四份村规民约之间的延续性是显而易见的。以偷盗财物条款为例。1998年《文斗寨村规民约》第一章专门规定偷盗财物的处理条款，包括盗偷牲畜林木（7条）、盗偷物资农具（9条）以及盗偷集体物资（8条）三部分，共计24条。限于篇幅（但在考虑比较的连续性同时），此处兹录第一部分"盗偷牲畜林木"及第二部分"盗偷物资农具"个别条款如下：

一、盗偷牲畜林木

①凡偷鸡鸭，无论大小，每只罚40元。

②凡偷鱼，无论大小，每尾罚5元。

③凡偷狗、羊，无论大小，每只罚60元。

④凡偷猪30斤以下，每头罚80元；30斤以上，每头罚150元。

⑤凡偷牛、马，每头（匹）罚600元，还要追究法律责任。

⑥凡偷白菜、青菜、红苕、苕藤、洋芋、苞谷、辣子、水果等，一次罚50元。

⑦凡偷林木，12公分以下每株罚30元，14至16公分每株罚100元，18至22公分每株罚200元，24公分以上每株罚300元，情节严重的还要追究法律责任。

二、盗偷物资农具

①衣服每件：小的罚款20元，大的（毛料、大棉衣）罚款80元（除赔偿失主外）。

②被条每床罚款120元（被面40元，被里子30元，棉被30元）。

③收音机每台罚款80元，收录机每台罚款600元，电视机每台罚款800元，手表每只罚款100元，时钟每台罚款50元。

……

⑥人民币每元罚款壹倍（偷壹元惩罚壹元）。

……

说明：以上的罚款是除赔偿失物主外，另罚的数额。[1]

以上条款在2005年《文斗村村规民约》中得到延续。在这份村规民约中，偷盗条款不再是以专门的章节予以规定，而是将其放入"社会治安"部分，在第36条以10项内容规定"偷盗财物问题"。相较于1998年《文斗寨村规民约》，2005年《文斗村村规民约》关于偷盗的内容有所缩减，仅保留一些关键性的内容，具体如下：

第三十六条 保护村民私有合法财产，严禁盗窃财物，除赔偿经济损失外，还另缴纳违约金，具体如下：

1. 凡偷鸡、鸭等，另缴纳违约金20元。

2. 凡偷鱼，另缴纳违约金20元。

---

〔1〕 贵州锦屏县《文斗寨村规民约》（1998年12月），资料编号010056。

3. 凡偷狗、羊等，另缴纳违约金50元。

4. 凡偷猪，另缴纳违约金100元。

5. 凡偷牛、马等，另缴纳违约金100元，并追究法律责任。

6. 凡偷白菜、青菜、红薯、茄藤、洋芋、玉米、辣椒、水果、稻谷、大米等，另缴纳违约金20元。

7. 凡偷林木，另缴纳违约金100元，情节严重者追究法律责任。

8. 凡偷衣服、被套、床单、枕套等，另缴纳违约金50元。

9. 凡偷电视机、摄像机、照相机、收音机、手表、时钟等，另缴纳违约金100元。

10. 凡偷他人人民币的，另缴纳所偷钱财的双倍违约金。[1]

2012年《文斗村村民自治合约》则呈现出简化主义趋向，由2005年的83条简化为28条，关于偷盗的条款则直接省略，未加规定。直到2015年《文斗村村规民约》才重新概括性地规定偷盗情形，在"约定的村民义务与责任"部分作出如下规定：

30. 严禁偷摸扒窃。凡偷摩托车、自行车、偷牛盗马、家畜家禽等，除移交上级按相关法律处罚外和赔偿失主损失外，同时应向村委会交违约金1000—3000元。[2]

从以上四份村规民约关于偷盗财物规定的变化，我们可以得出如下认识。其一，偷盗条款数量逐渐简化。1998年村规民约中的偷盗条款数量较多，基本上包括了村民日常生活中一切

---

〔1〕　贵州锦屏县《文斗村村规民约》(2005年12月村民会议讨论通过)，资料编号010057。

〔2〕　贵州锦屏县《文斗村村规民约》(2015年9月10日村民代表会议表决通过)，资料编号010059。

可能被偷的财物，如牲畜林木、物资农具等，相应的处罚方式也十分详细具体。2005 年村规民约虽然延续了 1998 年的部分规定，但同时也摒弃了一些内容。2012 年、2015 年两份村规民约则将偷盗方面的内容简化为一个概括性条文。其二，偷盗条款内容逐渐抽象化，规范性增强。1998 年、2005 年村规民约关于偷盗的规定十分详细具体，每一项被偷之物都有相应的处置办法及惩处数额，如 1998 年《文斗寨村规民约》规定"凡偷鸡鸭，无论大小，每只罚 40 元"；2005 年《文斗村村规民约》规定"凡偷鸡、鸭等，另缴纳违约金 20 元"；等等。2012 年、2015 年村规民约则不具体到每一项财物，而是概括地规定处理方式及幅度（如交违约金 1000—3000 元）。抽象化的条款具备法的特征，是对客观现象的一般抽象，在实践中能够反复适用，而且适用范围也相对较广。其三，合法性逐渐增强。在 1998 年村规民约中，关于偷盗的处理采取的是"罚款"方式，2005 年以后采取的则是"支付违约金"方式。由于村民委员会及执约小组没有执法权，罚款显然是违法的，而一般认为村规民约属于"社会契约"，采取支付违约金的方式相对更符合法律规定。2015 年村规民约在处理方式中更是明确确定国家法律的上位法地位，规定偷盗财物应"移交上级按相关法律处罚和赔偿失主损失"，而不能擅自执行处置。

上述讨论表明，村规民约在推进村级治理方面大致经历了从"弱法治"到"强法治"的过程。随着改革开放四十余年来乡村法治建设的不断推进（尤其是乡村普法运动的开展），国家法律对村规民约的引导及作用十分明显，通过村规民约推动实现"乡村生活法律化"成为当前官方主导下的村规民约实践的主要目标，这一点可从村规民约日渐简约化、规范化及合法化的趋势中得以窥见。实践证明，当下村规民约建设逐渐摒弃传统乡约的随意性、粗糙性及模糊性[1]，条款内容更加规范明确，操作性也相对较强，与国家法律结合得十分紧密。

文斗村村规民约的"强法治"取向并不意味着其完全奉国家法为圭臬，而是充分尊重或适当照顾村寨固有习惯传统及村寨实际情况。在文斗村四份村规民约中，均保留有传统习惯法内容。如1998年《文斗寨村规民约》第三章民事纠纷处理办法第一部分"拐骗妇女、破坏他人家庭和睦的处理条例"中规定"（1）女方：有意喜新厌旧抛弃自己的亲丈夫和他人鬼混，被发现后，报到我村处理的：①令其本人喊寨示众；②并罚款300元。（2）男方：同上述处理办法"。又在该章第五部分"闲话引起纠纷"中规定"造谣引起他人家庭分裂的，经查处后，又（要）造谣者登门认错，并游寨喊其自己的过错10晚，为受害者洗清名誉"。在第五章"村寨山、火、火警的规章制度"中规定了因用火、用电不慎发生寨火、山火、火警的责令其鼓锣喊寨一个月到三个月不等的制度。[2]"鸣锣喊寨"是黔东南地区苗寨的传统习惯，其主要功能是警示村民防火[3]，但在村规民约中也引申为恢复名誉的处理方式（如喊寨示众、游寨喊错、喊寨悔过等）。2005年《文斗村村规民约》也保留了"鸣锣喊寨"制度，如第50条规定"谨慎用火、用电、用气，发生一次火警，责任人或监护人自愿承担违约金100元，并接受村内通报批评，必要时

---

[1]　如前引文斗村"名垂万古""恩泽万古"及"丁秋不朽"二块古碑碑文，多属禁止性规定，一些条款用语较为模糊、粗糙，容易出现实践中操作性不强的问题。

[2]　贵州锦屏县《文斗寨村规民约》（1998年12月），资料编号010056。

[3]　如贵州雷山县西江苗寨也有"鸣锣喊寨"习惯。西江苗寨制定村规民约，规定如发生火灾，村委会与寨佬、村民代表商议后对火灾责任人按"四个一百二"处罚，即火灾责任人要出一百二十斤米酒、一百二十斤糯米、一百二十斤猪肉、一百二十斤蔬菜，请全寨人吃饭，并罚鸣锣喊寨一个月。

可责令责任人鸣锣喊寨"。〔1〕2012年、2015年村规民约中均规定有"安排鸣锣喊寨人员，每晚8点左右要鸣锣喊寨，巡视全寨。"〔2〕除此之外，四份村规民约保留的习惯法还有诸如田坎、地坎之间的林木纠纷，以田坎占有；田外坎管两丈，田里管三丈，顺坡度丈量；田与田的纠纷，上田管五分之二，下管五分之三；各姓氏坟地按老祖周围管三丈（阴地风水）；不准进入后龙山砍伐干枯树木、树枝；等等。

在当下村级治理实践以及学术界相关讨论中，国家法与习惯法之间的关系似乎主要表现为冲突与调适两个方面，由此产生出法治与自治两种相互对立的村治模式，前者可将其归属"法治论"路径，后者属于"治理论"路径。〔3〕"法治论"路径注重国家法在乡村治理中的主导性作用，依据"形式主义"的法律规则进行治理；"治理论"路径注重习惯法等"地方性知识"在乡村治理中的核心作用，依据"事实主义"的自治性规则进行治理。调查结果证明，村规民约能够有效弥合国家法与习惯法、法治与自治之间的裂隙，形成一种介乎官方与民间的"第三种治理模式"。首先，前文比较文斗村四份村规民约发现，村规民约制定程序、基本内容、表现形式等呈现出明显的法治化倾向，受到国家法的指导较为明显，能够承载表达国家法的价值、理念等。其次，村规民约能够在法治框架内最大限度地

---

〔1〕 贵州锦屏县《文斗村村规民约》（2005年12月村民会议讨论通过），资料编号010057。

〔2〕 贵州锦屏县《文斗村村民自治合约》（2012年12月25日村民代表会议表决通过），资料编号010058；贵州锦屏县《文斗村村规民约》（2015年9月10日村民代表会议表决通过），资料编号010059。

〔3〕 有学者用"法治论"及"治理论"概括描述当前乡村司法的基本模式。陈柏峰、董磊明："治理论还是法治论——当代中国乡村司法的理论建构"，载《法学研究》2010年第5期。

发挥自治权，传承习惯法等传统法资源，甚至结合村庄实际将国家法变通适用。最后，正因为如此，村规民约能够整合国家法与习惯法，以此为载体顺利推进村级治理法治化成为可能，村规民约如果只是侧重其中任一方面，都难以实现法治化目标。2010 年 10 月 28 日修订通过的《村民委员会组织法》强调"法治与自治相结合"的治理方式，自治是法治下的自治，法治是自治上的法治。[1]

二、村规民约推进村级治理法治化存在的问题

农村是当前基层社会治理的重要区域，法治化是基层社会治理的重要内容，村规民约通过自治的方式吸纳国家法的核心价值及内容，使得农村治理法治化成为可能，也是当前推进乡村治理法治化的重要方式及路径。文斗村村治实践证明了这一点。从文斗村四份村规民约来看，村规民约（至少从文本上来说）呈现出明显的法治化倾向，在一定程度上推进了村级治理的法治化水平。如果结合实践进行考察，文斗村通过村规民约推进村级治理过程中存在的一些问题，阻碍了村级治理法治化进程。这也是大多数农村在村治过程中共同面临的问题，当前农村地区推进村级治理法治化务必审慎地对待这些问题。

（一）村规民约制定主体虚化

村规民约的制定问题主要表现在制定主体方面。从实证材料来看，文斗村四份村规民约的制定主体不统一，既有村民会议，又有村民代表大会。1998 年、2005 年村规民约的制定主体

---

〔1〕《村民委员会组织法》第 27 条规定，村规民约应由乡镇政府备案，且其内容不得与国家法律相抵触，如果内容违法则由乡镇政府责令改正；第 36 条对乡镇政府的干预权进行限制，如果乡镇政府干预依法属于村民自治范围事项的，则由上一级人民政府责令改正。

均为村民会议。2005 年《文斗村村规民约》第 81 条规定："本《村规民约》自村民会议通过、村民签字之日起生效，外村人在本村内违反本村规民约的，依属地管理原则参照执行"；第 82 条规定："本约定未尽事宜和需修改事项，须经村民会议讨论通过，签约人签字"。[1] 但在 2012 年和 2015 年两份村规民约中，制定主体变成了"村民代表大会"。如 2012 年《文斗村村民自治合约》第 4 条规定："本《村民自治合约》于 2012 年 12 月 25 日村民代表会议表决通过，由户主签字认可，自 2012 年 12 月 30 日村两委、执约小组组织实施。"2015 年《文斗村村规民约》中也作出与 2012 年该条内容一致的规定。从以上可以看出，自 1998 年以来，文斗村村规民约的制定主体逐渐由村民会议转换为村民代表大会。不仅文斗村如此，其他地方村治实践中由村民代表大会制定修改村规民约的现象同样存在。[2]

为什么会如此？一种可能的解释是，随着城镇化建设的不断推进，农村人口出现"空心化"，农村劳动力大规模向城市转移，外出务工经商的村民日益增多，难以参加村民会议。在一些农村，参加村民会议的应到村民甚至不到半数，村中事务难以及时决策，影响工作开展及村民利益。设立村民代表大会就是为了妥善解决这一现实问题。尽管村民代表大会在一定程度上能替代村民会议行使相关职能，但是这并不意味着村民代表

---

〔1〕 贵州锦屏县《文斗村村规民约》（2005 年 12 月村民会议讨论通过），资料编号 010057。

〔2〕 2013 年 7 月—2016 年 7 月，笔者所在团队先后 6 次调查北京、浙江、广西、贵州、甘肃、湖南、湖北、山东等省市区，入驻调研的行政村共计 45 个。这 45 个行政村中至少有一半是由村民代表大会制定村规民约。参见浙江慈溪附海镇《海晏庙村村规民约》（2015 年 7 月 30 日经海晏庙村村民代表大会表决通过），资料编号 01001；浙江庆元黄田镇《黄源底村村规民约》（2015 年 8 月 6 日经 2/3 以上户代表会议表决通过），资料编号 01034；等等。限于篇幅，在此不一一列举。

大会就能真正解决"空心化"造成的困境。通过采访文斗村村民易遵发，我们能够得出这一认识。[1]

问：文斗村村规民约是怎么制定的？

答：一般是由村民委员会议定出一个草稿，然后发给各户，让他们提出意见，我们再组织各户村民代表进行讨论、修改和补充。形成的讨论稿由村民代表大会表决通过。

问：为什么不是村民会议表决？

答：我们村 1998 年和 2005 年两部村规都是由村民会议表决的，后来就改由村民代表大会来表决了。这几年村里人外出打工的多，村民会议召集不起来，慢慢就由各户派出代表来村里讨论一些事情。

问：村民代表大会召集情况怎么样？

答：村民代表大会的人员其实也不固定，有些户主出去务工也不能赶回来参加，这个时候我们只好通过电话问他，很麻烦。

问：你认为通过村民代表大会表决通过村规民约行不行？

答：我觉得村规民约由村里人一起来制定表决比较好，因为这个会涉及村里每个人的利益，村民代表有时候会忽视一些人的意见，这样容易出现扯皮，影响村规的执行。[2]

上述访谈表明，设立村民代表大会是当前农村地区应对人口"空心化"导致村务瘫痪之举，但即便设立村民代表人会也不能从根本上解决这一问题，村民代表也会外出流动，从而导

---

〔1〕　易遵发在文斗村担任村干部 18 年，曾参与起草制定 3 部村规民约，对该村村规民约问题有着深刻的认识和理解。笔者于 2016 年 7 月 21 日至 26 日对他进行了为期 5 天的田野访谈，本章所引访谈材料主要来自易遵发访谈录。

〔2〕　贵州锦屏文斗村易遵发访谈录，资料编号 2016072103。

致村民代表大会组成人员不固定。现实中村规民约制定主体的不适当，可能会给村级治理法治化带来一些问题。首先，村规民约不宜由村民代表大会表决。村规民约是治村的基本规范，规定村民的基本权利和义务，关系到村民的根本利益，应由村民会议共同议定表决。其次，涉及村民利益的重大事项不宜由村民代表大会表决。村民代表大会的设立条件、代表产生、表决事项、范围、程序等都缺乏相关细则，各地做法并不统一，实践中容易出现损害村民利益的现象。最后，村民代表大会并不能作为责任承担主体。即便村民代表大会作出的决议损害了村民利益，也无法承担相应的法律责任，乡镇政府只能责令其改正，无法在司法救济中成为适格主体。

（二）村规民约内容涉嫌违法

尽管文斗村四份村规民约呈现出"强法治"倾向，但是仍然存在一些违法内容，这也是当前村规民约在推进乡村治理法治化过程中比较突出的问题。从实证材料来看，文斗村1998年村规民约主要采取"罚款"方式对违反村规的行为进行处理，处罚性条款占全部条款数量的90%以上。例如，该村规第七章补充条款第1条规定"不许设赌场，若设赌场或为赌博行为提供条件的缴收一切赌具，当众销毁并罚款100元"；第2条规定"发现我村范围有赌博或变相赌博的罚款100元，并没收赌场内现金"。[1]法律规定，村集体及村民委员会并没有处罚权，诸如赌博等违法事项应由公安机关进行处罚，但是1998年《文斗寨村规民约》直接赋予村委会及其执约小组行政处罚以及没收违法所得的权力。2005年以后，村规民约不再采用"罚款""没

---

〔1〕 贵州锦屏县《文斗寨村规民约》（1998年12月），资料编号010056。

收违法所得"方式，而是改为"违约金"[1]，但这可能更多的只是名称上的变化，村规中规定的违约金数额较大，具有明显的惩罚性质。

与此同时，2005 年以后的村规民约中还存在其他一些违法内容。如 2005 年《文斗村村规民约》第 8 条规定，"本协议经村民会议讨论，符合本村实际，不违反法律法规和政策规定，全体村民应当积极签约。凡不愿签约的，视为不关心村内教育、交通等公益事业，不支持生产发展，不尊重本村良好风俗。凡今后涉及本人在本村内的红白大事等重大事项需要全体村民帮忙或村民委员会帮助支持的，签约村民或村民委员会可不帮助支持"。村民如果积极签约并且"模范执行村规民约，积极支持公益事业，配合执约小组工作的，全体村民应支持村委会优先安排申报上级支持的扶贫、救济、低保、就业培训、教育补助。"[2]这实际上是通过限制或剥夺村民正当性权益的方式强制村民签约，不论其是否同意文本中的相关条款。2012 年、2015年村规民约同样通过限制村民合法权益或不予办理相关手续的方式强迫村民遵守村规，强制性地要求村民承担某种义务。

2012 年《文斗村村民自治合约》规定：

---

[1] 从"罚款""没收违法所得"到"违约金"，这不能不说是一种法治化转变。如 2005 年《文斗村村规民约》第 3 条规定"签约人违反约定事项视为对所有签约人违约，应承担约定的违约责任。签约人积极履行协议的，全体村民应当给予表扬和奖励"；第 4 条规定"违约责任包括自愿承担违约金、接受在村内公示通报批评（在村务公开栏中书面通报批评期限为 10 天）、向相应人赔礼道歉、赔偿经济损失四种方式"。将村规民约的责任界定为"违约责任"，至少从形式上来说更符合法治化要求。参见贵州锦屏县《文斗村村规民约》（2005 年 12 月村民会议讨论通过），资料编号 010057。

[2] 贵州锦屏县《文斗村村规民约》（2005 年 12 月村民会议讨论通过），资料编号 010057。

19. 凡不支持本村公益事业建设和妨碍《村民自治合约》执行的人，当年或次年暂不作为民政救助对象。

20. 违约村民未按时交纳违约金及对村在公益事业上故意刁难的，村民委给予本户办理相关手续（续）。[1]

2015年《文斗村村规民约》规定：

三、对违反上述自治合约者，由村委会批评教育，责令改正；对其作出相应的处罚。不签订村规民约和拒交违约金的村民，村两委不为其办事，签订村规民约、交清违约金的，村两委方能与其办理相关手续。对没有具体交纳违约金的由"执行小组"根据具体情况研究决定。[2]

不仅文斗村村规民约存在这种情况，在笔者调查的其他地区农村中同样也存在违反国家法律以及侵犯村民财产权、人身权等合法权益的村规民约。如在土地征用补偿费分配的时候，一些村寨的村规民约限制外嫁女、入赘婿、离婚户的土地权益，对其少补或不补相应的土地补偿费用。在宅基地分配或翻建的时候，限制村民的翻建权利。例如，北京房山长沟镇《坟庄村村规民约》第61条规定："具有下列条件之一的不批翻建手续：（1）男到女家落户，或女到男家落户一方有房的户；（2）出卖或出租住房的户；（3）子女未满18周岁的户；（4）违反计划生育的户；（5）应征青年拒服兵役的户。"[3]贵州锦屏县《瑶白

---

〔1〕 贵州锦屏县《文斗村村民自治合约》（2012年12月25日村民代表会议表决通过），资料编号010058。

〔2〕 贵州锦屏县《文斗村村规民约》（2015年9月10日村民代表会议表决通过），资料编号010059。

〔3〕 北京房山长沟镇《坟庄村村规民约》（2013年6月通过），资料编号01005。

村卫生公约》第6条规定："各村民喂养的狗，必须圈养；如发现浪放的情况，监督小组实行毒打。"[1]

根据《村民委员会组织法》的制度设计，村规民约的内容不得与现行法律相悖，这也是国家法授权之下村民自治所应遵守的"底线"。那么，在实践中为何村规民约仍然存在诸多违法现象？也许，一个至关重要的原因就在于，村规民约介于法治与自治之间，两者之间的张力导致自治性强于法治性，尤其当国家法等正式制度在乡村陷入"边缘化"境地时更是如此。[2]村规民约的自治性要求村规民约在制定过程中应充分体现村民自治，表达出村民"自我管理、自我服务"的基本诉求。为了更好地体现村情民意，在推行自治的过程中容易背离国家法的相关规定，尤其当村规民约在处理传统乡土秩序时更容易出现这一问题。因此，当自治性与法治性相冲突的时候，也就会导致村规民约的内容游走于合法与违法之间，成为阻碍村级治理法治化的一个重要因素。

（三）村规民约实施中缺乏强有力的执行主体

村规民约的实施问题主要集中在实施主体及其实施方式方面。文斗村四份村规民约及其实践表明，村规民约的实施主体并不统一，主要有村民委员会和执约小组两类。1998年村规民约没有专门规定实施主体，而是在具体条款中体现。例如，1998年《文斗寨村规民约》第三章民事纠纷处理办法第一部分

---

[1]　贵州锦屏县《瑶白村卫生公约》（2013年3月20日），资料编号010133。

[2]　随着20世纪80年代以后国家权力对乡村控制的逐步减弱，国家法在农村可能会面临民间规范的挑战，国家法与民间规范之间存在秩序冲突与融合问题，这一点已经引起法学和社会学学者们的重视与讨论。相关讨论可参见高其才：《习惯法的当代传承与弘扬——来自广西金秀的田野考察报告》，中国人民大学出版社2015年版，"吸纳篇"第二十四章、二十五章、二十六章、二十七章；苏力：《送法下乡——中国基层司法制度研究》，中国政法大学出版社2000年版；等等。

"拐骗妇女、破坏他人家庭和睦的处理条例"中规定："（3）男女双方合引：引起家庭破裂和整天闹事，被发现后，报我村民委处理的，双方各交款金 500 元并加以警告。若再发生引起恶果，同上（1）条处理……（5）女方发现自己的丈夫与他人妻子鬼混，若女方要求我村民委处理：①实事求是，有证据、证人；②先交押金 500 元；③待处理后，是的退回款金，非的作抵。"[1]此条村规表明，村民委员会是村规民约的实施主体，家庭纠纷男女双方均可申请由村民委员会依照村规解决。

自 2005 年开始，文斗村村规民约中责任承担不再采取"罚款"等方式，而是采取违约责任方式。随之，村规民约的实施主体即从村民委员会改为"执约小组"。关于执约小组的人员构成、执行方式、具体职责等方面的详细规定可见于 2005 年《文斗村村规民约》的第 5 条、第 6 条、第 7 条。

第五条　凡出现违反村规民约者，违约人应当按约定主动向甲方缴纳违约金（此费委托村委会保管）。若有拖欠或无现金缴纳的，乙方自愿用物资抵缴并同意由执约小组直接执行，执行时本人无异议，不阻拦。

第六条　村规民约执约小组由全体签约人投票选举产生，执约小组人员应当是公道正派、敢作敢为、家庭和睦、模范带头执行村规民约的本村村民。

第七条　村规民约执约小组受全体签约人的委托，在村两委的工作安排下，具体行使收缴违约金、执行违约金物资抵偿、书写公示批评公告、监督赔礼道歉职责，并受全体签约人委托，对违约人员的违约事项追究违约责任，必要时可代表全体签约

---

[1]　贵州锦屏县《文斗寨村规民约》（1998 年 12 月），资料编号 010056。

人参与诉讼。[1]

文斗村 2012 年和 2015 年的两部村规在实施主体方面与 2005 年村规基本一致，由"村两委组织成立'合约执行小组'维护和完善本合约"（2012 年《文斗村村民自治合约》），或者由"村委会负责组织推荐由寨老和有代表性人员组成村规民约执行小组，村规民约执约小组负责对村规民约的执行"（2015 年《文斗村村规民约》）。从文斗村的村规可以看出，村民委员会与执约小组都能够成为村规民约的实施主体，而且执约小组并不独立于村民委员会，而是接受村两委的领导和监督，在村委会的领导下行使相应职权。这表明，村民委员会在村规民约实施过程中占据着主导性地位，笔者在其他地区的田野调查也同样证明了这一点。[2]《村民委员会组织法》第 10 条规定村民委员会及其成员遵守并组织实施村民自治章程、村规民约，执行村民会议、村民代表会议的决定、决议，可见法律也赋予村民委员会在村规民约实施中的主导性地位。然而，《村民委员会组织法》并没有规定村民委员会在村规民约实施过程中的具体操作规程，而是比较笼统地规定其"组织实施"地位。这样的制

[1] 贵州锦屏县《文斗村村规民约》（2005 年 12 月村民会议讨论通过），资料编号 010057。

[2] 浙江丽水黄田镇 27 个行政村村规民约都规定由村民委员会负责对违反村规的行为作出"予以批评教育""写出悔过书，并在村务公开栏处张贴""责令其恢复原状或作价赔偿"以及"暂缓享受村里的优惠待遇、福利和相关政策"的处理。（参见《浙江丽水黄田镇村规民约汇编》，资料编号 010040。）广西金秀瑶族自治县《新安屯村规民约》第 10 条规定："为维护本村村规民约的严肃性，村委会组织设立村规民约监督小组，成员由村民推选，负责对村民遵守村规民约进行监督，并将村民违反事项提交村民大会或户主会议讨论处罚决定。"广西金秀瑶族自治县《新安屯村规民约》（2013 年 5 月 10 日），资料编号 010079。笔者在北京、湖南、广东、山东等地的调查资料同样表明村民委员会是村规民约的主要实施主体，在此不再一一列举。

度设计带来的一个后果就是，村规民约在实施过程中容易演变成村委会领导及其成员的独断专行，执约小组形同虚设，实施过程缺乏有效的民主监督。现实中文斗村村民委员会与执约小组之间的关系就能很好地说明这一点。

问：这几份村规民约具体由谁来执行实施的？

答：我们村 2005 年就成立了执约小组，专门负责村规的实施。

问：执约小组里面都有哪些人？

答：一般有村委会里面的人，还有一些寨老，一些村民代表，这些人在村委会提名后，由大家选举产生。

问：执约小组和村委会的关系是怎样的？

答：执约小组实际上是由村委会领导的，村里群众如果违反村规了，村委会会事先根据村规作出处理意见，然后组织执约小组前去执行。

问：这个处理意见是怎么作出来的？

答：这个意见大多是村委会里面几个干部作出的，他们也是执约小组里面的。

问：现实中有没有执约小组意见与村委会意见不一致的情况？

答：这种情况现实中也遇到过，有时候村委会干部在处理违反村规事情时会从政府大的层面考虑，而执约小组成员在处理问题时会考虑村里一些实际情况，有时候看问题的角度会有一些不同，处理意见会与村委会的意见不一致。

问：遇到这种情况是怎么处理的？

答：两个意见相互"打架"的话，那最后基本上都是执约小组服从村委会处理决定。

问：这方面能不能举个实际例子？

答：有啊。记得大概是 2010 年，村民姜达标（男，52 岁）外出找工作一年，家里的 5 分责任田没有人种，荒在那里了。

后来腊月底要过年的时候村里干部通知执约小组按村规来处理[1]，要他承担违约金 25 元。执约小组里面就有人不同意，因为姜达标身体长期有病，即使不外出找工作也没办法耕种，而且当时村里也没有人愿意替他耕种地才荒的。

问：最后这个是怎么处理的？

答：最后执约小组服从村委会的处理意见，找姜达标要了 25 元。[2]

从这段采访材料中，我们不难看出，执约小组基本上是在村民委员会及其干部的领导下实施执行村规民约的，执约小组并不能有效地发挥民主监督作用，即便与村民委员会处理意见不一致也无法坚持己见，最终以服从村民委员会处理意见而结束。村规民约的法治性要求村民委员会在实施过程中占有主导性地位，确保能够将村规民约中的国家法意图顺利贯彻实施；而村规民约的自治性则要求村民委员会应该给基于民主形成的执约小组以适当的空间，在执行的过程中充分体现基层民主，防止在村规实施过程中个别村委干部意见独断。因此，当前村民委员会与执约小组之间的混乱关系并不利于村级治理法治化的推进，极容易出现村民委员会及其成员过度干预村规实施的情况。正因为缺乏有效的监督，村规民约在执行的过程中经常会出现实施方式简单、粗暴等违法问题。如前文已提到的诸如限制违反村规的村民其他正当权益（不给办理盖章手续、取消民政救助等）、没收违法所得、支付违约金数额较大等处理方式

---

〔1〕 2005 年《文斗村村规民约》第 65 条规定："凡在外务工或外生活的人户，其责任田应托付给他人耕种，不允许丢荒。如发现每亩一年按 50 元缴纳违约金。"参见贵州锦屏县《文斗村村规民约》（2005 年 12 月村民会议讨论通过），资料编号010057。

〔2〕 贵州锦屏文斗村易遵发访谈录，资料编号 2016072101。

违反国家法规定的情况。

(四) 村规民约侵权后救济渠道不畅通

如果村规民约制定程序不合理，或者内容违法，抑或在实施过程中侵犯村民的合法权益，权益被侵害的村民该如何寻求救济一直是村规民约实践中比较常见也比较棘手的问题。文斗村四份村规民约均没有明确规定救济途径，以至于现实中村民的合法权益无法得到有效保障。

尽管目前大多数村规民约对救济途径没有作出规定，但相关法律制度提供了救济方案。《村民委员会组织法》第 27 条第 2 款和第 3 款规定："村民自治章程、村规民约以及村民会议或者村民代表会议的决定不得与宪法、法律、法规和国家的政策相抵触，不得有侵犯村民的人身权利、民主权利和合法财产权利的内容。村民自治章程、村规民约以及村民会议或者村民代表会议的决定违反前款规定的，由乡、民族乡、镇的人民政府责令改正。"该条规定表明，如果村民会议制定的村规民约内容违法且侵犯村民合法权益，村民可以向乡镇政府寻求救济，乡镇政府具有责令改正的权利和义务。也就是说，如果村规民约违法且侵犯村民合法权益，村民仅有一条行政救济途径——乡镇政府责令改正，而无法通过诉讼方式直接向人民法院寻求救济。虽然《村民委员会组织法》第 36 条赋予人民法院"撤销权"，但是这项权利的行使仅适用于"村民委员会或者村民委员会成员作出的决定侵害村民合法权益"的情形，此时"受侵害的村民可以申请人民法院予以撤销，责任人依法承担法律责任"。由于村规民约的制定主体是"村民会议"，而不是"村民委员会或者村民委员会成员"，如果村规民约的内容违法侵权而无法适用《村民委员会组织法》第 36 条请求人民法院行使撤销权，被侵害村民则面临无法通过司法途径获取救济的尴尬境地。

此外，村规民约的司法救济途径也存在不通畅的问题，司法实践中法院一般会以涉村规民约事项属于村民自治范畴而予以驳回。这造成了村规民约司法救济的困难，不利于通过村规民约法治化治理。

三、村规民约推进村级治理法治化的对策

村规民约在推进村级治理法治化方面具有极其重要的作用。一方面，村规民约为村级治理提供了制度依据，这种制度依据不仅最大程度地传承了乡村传统习惯，而且充分吸收国家法及现代法治价值与理念；另一方面，村规民约为村级治理提供了行动依据，村民委员会及其成员、村民以及乡镇政府在村规民约之下开展活动，村民自治在村规民约下有序推进、有章可循。文斗村的村治实践表明，当前通过村规民约推进村级治理法治化是切实可行的，而且也是符合乡村法治建设实际情况的，因为这种方式能够有效调和自治与法治、习惯法与国家法之间的紧张对立。文斗村的村治实践同时也表明，当下通过村规民约推进村级治理法治化存在一些问题，这些问题来自制定、内容、实施及救济等多个方面。为了进一步通过村规民约推进村级治理法治化，本章结合村治实际与问题进行对策分析，试图提出切实可行的解决方案。

（一）明确村规民约制定主体

《村民委员会组织法》第 27 条第 1 款规定：“村民会议可以制定和修改村民自治章程、村规民约，并报乡、民族乡、镇的人民政府备案。”法律明确授权村民会议制定或修改村规民约，也就是说村民会议是制定修改村规民约的唯一主体。虽然《村民委员会组织法》第 25 条规定人数较多或者居住分散的村，可以设立村民代表会议，讨论决定村民会议授权的事项，但是这

并不意味着村民代表会议就可以替代村民会议成为村规民约的合法制定主体。由于村民代表大会的产生、性质、地位及职责等问题法律并没有明确规定，其在实践中难以操作。[1]

从文斗村实践来看，当前村民代表会议讨论的问题大体包括两大类：一是政务类，指各级政府下达的法律法规规定的村民应当履行的各项义务；二是村务类，指村民代表会议在村民会议闭会期间，经村民会议授权后行使一些职能，如听取、审议村民委员会年度工作报告；审议通过本村社会发展、村庄建设规划和年度工作计划；批准较大公共事务和公益事业项目建设方案；改变撤销村民委员会不适当决定；村建规划的实施和宅基地安排使用；本年度发展规划和财务计划执行情况；等等。上述两类内容属于村治过程中面临的具体事项，而诸如罢免、补选村民委员会成员和制定村民自治章程、村规民约事项则属重大事项，不宜由村民代表大会决定，而应提交村民会议进行表决。这种解释也符合《村民委员会组织法》第 23 条、24 条、25 条的立法精神，第 23 条列举的"村民会议可以授权村民代表会议审议、评议及撤销变更的事项"以及第 24 条列举的"村民会议可以授权村民代表会议讨论决定的事项"显然属于一般性的具体事项，而不包括制定村规民约等重大事项。

由村民代表会议表决通过的村规民约还存在村民代表的"代表性"问题。村规民约不同于普通合同或民事契约，而是较为特殊的"社会契约"，它基于村民集体让渡部分权利而形成，其内容涉及每个村民在村庄共同体内的基本权利和义务，是村

---

〔1〕 村民代表会议在实践中面临的最大问题就是操作困难，如村民代表会议召开不规范（召开会议较为随意），村民代表人员不固定（多以户为单位，户数及户主的变化会导致人员的变化），村民会议授权村民代表会议事项不易掌握（授权事项及其标准不统一）等问题。

庄共同体的"小宪法"。如果村民代表来表决是否通过村规民约，而未经过全体村民共同讨论，势必很难获得其他村民的认可，其执行性也存在问题，极有可能出现"少数人决定多数人权益"的现象。更何况村民代表的流动性较大，难以充分体现基层民主。因此，在村级治理法治化过程中，应该严格遵守《村民委员会组织法》的规定，限制扩大村规民约制定主体范围，严格由村民会议制定。当然，在农村"空心化"背景下，村民会议召开可以选择在春节返乡期间或者通过信息化方式进行讨论表决。

（二）完善村规民约备案审查程序

从前文的讨论可知，尽管文斗村四份村规民约表现出从"弱法治"到"强法治"的转变，但是其中仍然存在违法内容。笔者在东中西部一些农村进行田野调查时也发现，当前各地村规民约内容违法现象相对较为普遍。笔者认为，当前要妥善解决这一问题，应该进一步完善村规民约备案审查机制。《村民委员会组织法》第27条第1款仅规定村规民约应报乡镇人民政府备案，而未规定审查权限。这也就导致乡镇政府在实践中大多只是在"事后"（村规民约制定后）消极地备案存档，而不进行"事前"（村规民约制定前）积极地审查。除此之外，"乡政村治"模式下乡镇政府与村民委员会之间的"暧昧关系"也使得乡镇政府对村民委员会主导制定的村规民约并不进行真正的审查，甚至以政府法制部门事先制定的村规民约范本指导辖区内行政村村规民约的制定〔1〕，以至于审查流于形式，无法真正

---

〔1〕　笔者在调查浙江丽水黄田镇27个村时发现，这些村的村规民约内容基本上是一致的，很明显是根据政府提供的村规民约范本稍加修改而制定的。这种情况在许多乡村较为普遍，一般是县乡政府为了应对上一级行政机关检查而制定范本，提供给辖区内行政村。参见《浙江丽水黄田镇村规民约汇编》，资料编号010040。

实现村民自治。正因为如此，进一步完善备案审查机制首先应该明确乡镇政府的备案审查权限及程序。乡镇政府不应该只是事后备案，更重要的是事前审查，因此需要在《村民委员会组织法》中明确事前审查权限，防止"只备案不审查"的现象出现。

此外，应规范备案审查的程序。从文斗村村规民约备案审查实践来看，1998年村规民约没有审查，"制定出来后交给乡镇政府一份就行了"（易遵发语）；2012年、2015年村规民约制定出来后则进行了备案审查。2015年村规民约修订程序大体经历了四个阶段：组织准备—宣传发动—讨论修订—报备归档（见图7-1）。其中，在组织准备阶段，组织成立由村两委、村民代表、寨老等共同组成的村规民约修订领导小组。在宣传发动阶段，利用村务公开栏、网络媒体及入户发动等方式向村民宣传村规民约拟修订的主要内容、基本程序及重大意义等，发动村民积极参与讨论。在讨论修订阶段，第一步，由村两委商议组成村规民约起草小组；第二步，由起草小组组织座谈会，深入农户征求意见，并对各类意见整理归类，提交村两委会议讨论审查，形成村规民约初稿；第三步，则对村两委会议通过的初稿进行张榜公示，对公示过程中村民提出的意见进行整理归纳，提交村两委会议讨论后形成村规民约草案；第四步，村两委组织召开村民会议，对村规民约草案表决通过，表决后及时全村公告。在报备归档阶段，由村民委员会将表决通过的村规民约报送至"河口乡村规民约备案小组"，该小组由乡镇政府、乡人大领导，司法所、民政办、妇联等部门共同组成。村规民约审查备案小组对报送备案的村规民约进行审查，经审查发现问题则向村民委员会提出整改意见，村民委员会收到整改意见后重新组织修订村规民约；如经审查没有问题的村规民约及相关修订资料，则由领导小组整理归档保存。

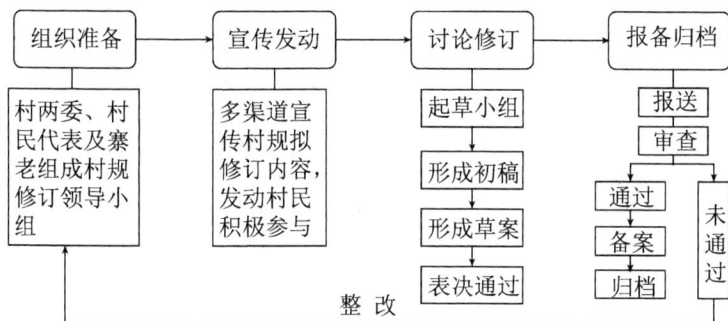

图 7-1　文斗村 2015 年村规民约修订程序

文斗村 2015 年村规民约制定程序显示，备案审查工作主要安排在第四阶段（报备归档阶段），即由村委会将经村民会议讨论修订且表决通过之后的村规民约报送"河口乡村规民约备案小组"，小组审查后有"通过"与"不通过"两个结果。如果"通过"则由小组备案归档，如果"不通过"则发回村民委员会整改后重新报备。这种程序设计在当前其他农村地区较为常见，其缺陷也是十分明显的，此处审查是对已由村民会议表决通过的村规民约的审查，属于典型的"事后审查"，难以发挥审查备案程序应有的监督功能。因此，笔者认为应在第三阶段（讨论修订阶段）设计审查程序，即由乡镇政府牵头组成的村规民约备案审查小组对村规民约草案进行审查，审查通过后再由村民会议表决通过。与此同时，保留第四阶段对村规民约的审查，作为备案再审程序。当前备案审查的主体应进一步扩充，吸纳司法行政人员、基层法官、律师、法学专家等法律工作者为备案审查小组成员，严格审查违法内容。

（三）发挥执约小组主导作用

从文斗村的实践可以看出，在当前村规民约实施过程中，执约小组与村民委员会之间关系较为混乱，执约小组在执行过程中难以保持独立性，极易受到村民委员会的影响与干预。尽管执约小组由村民委员会负责组织成立，但这并不意味着村民委员会与执约小组之间是领导与被领导的关系，更不意味着村民委员会可以直接干预执约小组的执约决定与执约行为。事实上，为了更好地促进村规民约的实施，需要在村民委员会之外另行成立执约小组，执约小组在执行村规民约的过程中应该保持独立性。

村规民约由村民会议讨论后表决通过，其制定过程本身就是贯彻落实基层民主的过程，因此其实施过程也应充分体现出基层民主。执约小组组成人员主要包括村民委员会成员、村民代表及寨老，其中村民委员会成员经过民主选举产生，村民代表以户为单位挑选公道正派的"户主"担任，寨老则是村寨每个房族中德高望重的男性。执约小组综合了法理型权威、传统型权威等多种权威类型，调动了村寨中一切治理力量，各种主体之间能够相互监督，可以取得较好的执约效果。如果只由村民委员会执约，则容易造成个别村委干部的意见独断，执约效果也可能会不太理想。因此，在村规民约执行过程中应充分发挥执约小组的主导性作用，以执约小组为执约主体。与此同时，村民委员会与执约小组之间的关系应界定为监督与被监督的关系，即村民委员会对执约小组的执约决定可以进行监督，如果发现错误执约决定或者执约行为可以责令执约小组及时纠正，如果发现执约小组成员有违法行为可以提起相关程序请求更换执约小组成员。除此之外，村民委员会应该充分尊重执约小组的执约决定和执约行为，不得强行干预或恣意违反。

（四）畅通村规侵权救济渠道

文斗村四份村规民约及其他地方的村规共同表明，村规民约由村民共同商议制定，在很大程度上反映了地方习惯与村情民意，由于这种"自治性"的存在，村规民约内容违法并侵犯村民合法权益的现象较为常见。针对这一问题，按照当前制度设计，并没有较为切实可行的救济渠道，无论是乡镇政府行政救济渠道还是人民法院司法救济渠道均需进一步设计完善。村规民约是当前农村地区最为主要的自治性规范，规定了农村日常生活的方方面面，涉及面十分广泛，当前很多农村基层纠纷多属涉村规民约纠纷。如果村规侵权救济渠道不畅通就容易导致纠纷的扩大化，直接影响村级治理法治化进程，因此我们需要进一步畅通救济渠道。

规范村规民约侵权的乡镇政府行政救济渠道。《村民自治委员会组织法》第 27 条明确规定了乡镇人民政府的"责令改正权"，但是这项权力的行使缺乏具体细则，在实践中行使方式极不规范，从而导致行政救济大多流于形式。因此，需要进一步规范乡镇人民政府责令改正权行使方式。责令改正，是指行政主体责令违法行为人停止和纠正违法行为，以恢复原状，维持法定的秩序或者状态，具有事后救济性。《村民委员会组织法》援引此项权力作为村规民约侵权救济方式，其背后的逻辑是，一方面将乡镇人民政府视为行政村的上一级行政管理机关，另一方面试图通过行政权防范、监督、纠正自治权的滥用行为。然而，行政村并非乡镇政府的下一级行政机关，也不是行政相对人，而是基层群众自治性单位，其在法理上与乡镇政府之间并不存在上下级隶属关系，在后农业税时代其与乡镇政府之间的关系实际上更为松散。责令改正权所隐含的上下级关系及其逻辑遭遇到极大的挑战，如果责令改正权行使过当，则会造成行政权过度干预自治权的结果，在一定程度上限制自治权行使；如果责令改正权怠于行使，又会导致自治权滥用的现象。正因为如此，对责令改正权进行准确定位并规范其行使范围与方式至关重要。当前乡镇政府责令改正权不同于一般行政权中的责令改正权，而应该界定为"自治监督权"，其行使主体为乡镇人民政府，程序启动可由村民申请也可由乡镇政府依职权行使，责令对象应为村民会议，行使范围主要是村规民约违法内容的监督与纠正，行使方式以建议劝导为主且不宜具有强制性，明确应责令改正的村规具体内容，同时提出改正措施及建议。

此外，还需要探索构建村规民约侵权的司法救济途径。司法救济问题涉及村规民约的司法适用问题，目前各地司法实践处理并不一致。关于村规民约司法适用及司法救济问题，本书第六章已作专门讨论，此处不再重复论述。

四、本章小结

全面推进依法治国要求提高基层治理法治化水平，因为基层的依法治理是法治中国建设的重要组成部分，对于推进国家治理体系和治理能力现代化、维护改革发展稳定大局、全面建设社会主义现代化国家具有基础性的地位和作用。全面推进依法治国不仅要依靠国家法律，还要依靠村规民约等其他社会规范，基层社会治理是多类规范的系统综合治理。大量的田野经验证明，在某些地区村规民约甚至比国家法律更加有效。

通过村规民约整合国家法律与民间规约进行综合治理，不仅符合当前乡村法治建设的基本规律，而且也是推进村级治理法治化的重要路径。文斗村自1998年以来形成的四份村规民约及其治理实践表明，通过村规民约的村级治理大体经历了从"弱法治"到"强法治"的过程，村规民约也呈现出明显的"法治化"取向。这种"法治化"取向不仅是改革开放四十余年以来法治在乡村输入的结果，而且也是城乡之间法治建设鸿沟逐渐缩小的客观反映。村规民约的制定一般以国家法律为指导，同时最大程度吸纳传统习惯法的内容，也会制定一些新的规约改变传统习惯，从而形成新的习惯。村规民约对国家法的实施具有极其重要的意义，通过村规民约"改造"之后的国家法在乡村能够得到很好的实施；传统习惯法通过村规民约的甄别传承之后以新的形态再次呈现，固有习惯中不合时宜的内容会被摒弃，新的符合乡村发展需要的习惯会重新议定，村规民约能够推进习惯法成长。[1]

尽管村规民约在当前村级治理法治化过程中能够接续传统，而且在国家乡村治理及法治现代性的裹挟下对传统进行深入的法治化改造，但这并不意味着村规民约推进乡村治理法治化没有任何障碍或问题。从文斗村的治理实践可以看出，当前村规民约推进乡村治理法治化中存在的问题主要表现在制定、内容、实施及救济四个方面。在制定层面上，村规民约的制定主体不统一，既有村民会议，又有村民代表会议。虽然村民代表会议对于解决当前农村地区人口流动及空心化问题具有一定的意义，但是鉴于村规民约的地位及性质，再加上村民代表会议的代表存在"不固定性"及"代表性"等问题，当前不宜由村民代表会议表决通过村规民约，而应由村民会议表决通过。

村规民约内容的"违法"问题一直是较为突出的问题，直接影响到村级治理法治化进程的推进。村规民约内容违法会侵犯村集体经济组织成员的权益，当前实践中最多的纠纷就是限制村民合法权益类纠纷。村规民约内容违法问题的实质是乡村自治理秩序与国家法秩序之间的冲突，乡村自治理的特质要求

---

〔1〕　笔者在黔东南地区瑶白、华寨及黄门三村的田野调查证明，当前通过村规民约促进移风易俗是较为有效的做法，在村规民约的强制推动下新的风俗习惯不断形成，村规民约对于促进习惯法的赓续生长具有较大的作用。参见本书第四章。

乡村自组织运行时应根据实际需要制定自治理规范，自治理规范贴近乡村生活实际，无法时时刻刻照顾并满足国家法秩序在乡村的构建要求。正因为如此，当前通过村规民约推进村级治理法治化应注意在自治与法治之间寻找平衡，通过进一步完善备案审查机制解决村规民约内容违法问题。

村规民约推进村级治理法治化需要有强有力的实施执行主体，文斗村综合村民委员会成员、村民代表及寨老等多方力量成立专门的"执约小组"取得了较好的治理效果，但是应注意处理好村民委员会与执约小组之间的关系，执约小组要独立于村民委员会，村民委员会可以对执约小组进行监督。执约小组能够最大程度调动村庄中的治理力量，执约决定和行为能够获得较好的认可，是基层民主在村治层面的真实体现，可以有效防止村民委员会在执约过程中的独断专行。文斗村村规民约的"执约小组"实施模式在当前村规民约治理过程中值得推广。

村规民约侵犯村集体成员合法权益如果无法得到有效救济，村级治理法治化目标同样无法实现，这也是当前村级治理法治化面临的最大问题。乡镇政府的行政救济需要进一步规范，责令改正权应界定为"自治监督权"。拓宽司法救济渠道更是重中之重，应从村民自治权的性质、诉讼主体确定、村规民约渊源地位等方面进行探讨。

村规民约推进村级治理法治化是当前乡村治理领域面临的综合性问题，涉及传统与现代、自治与法治、国家法与民间法、行政权、司法权及自治权等多重关系范畴。在当前农村全面深化改革的背景下我们需要认真对待村规民约，通过村规民约推进村级治理法治化虽然高效可行，但也充满挑战，对文斗村四份村规民约及其治理实践的考察充分证明了这一点，今后我们还需要进一步深入推进关于这一问题的研究。

结 论

　　农村问题仍然是当代中国面临的核心问题。乡村社会治理规范不仅包括国家法律，而且包括村规民约等其他社会规范，村规民约既能够较好地实现国家法对乡村的治理，满足村民的法律需求，教育和推动村民履行法律规定的义务，又能吸收保留传统习惯法中的有益内容，实现村治在传统与现实之间的赓续。村规民约是乡村民众为了办理公共事务和公益事业、维护社会治安、调解民间纠纷、保障村民利益、实现村民自治，民主议定和修改并共同遵守的社会规范。在乡村社会治理过程中，如何充分发挥村规民约的积极作用，推进乡村治理法治化是乡村社会重建的关键所在。作为乡村社会重要的秩序规范，村规民约承载着当下乃至今后乡村社会建设的重要使命。通过对北京、浙江、广西、贵州、甘肃、湖南、湖北、山东等8个省市区45个行政村展开实证研究，本书分别考察了村规民约与乡村治理、移风易俗、乡村精英、司法适用以及村级治理法治化路径等方面的问题，试图得出如下五个方面的结论。

　　第一，村规民约对乡村社会治理具有积极作用。当前村规民约在乡村治理中的积极作用集中表现在发扬基层民主、管理公共事务、分配保护资产、保护利用资源、保护环境卫生、促进团结互助、推进移风易俗、传承良善文化、维护乡村治安、解决民间纠纷、促进国家法实施等方面。与此同时，一些地区的村规民约也反映出一定的消极作用，如侵犯村民财产权、人身权等合法性权益等。通过调查发现，村规民约在乡村治理中积极作用产生的原因包括国家法律的确认、社会环境的支持、自治传统的发扬、集体认同心理的支撑、治村强人的推动、村规民约的变革调适等六个方面。村规民约在乡村治理中积极作用的发挥面临三个方面的影响。第一种属于结构性影响，即因乡村社会结构转型而导致村治模式的转变，可能会在一定程度上影响其作用的发挥；第二种影响来自基层政府，表现为行政权对村民自治和村规民约的过渡性指导；第三种影响来自村规民约本身，当前村规民约在制定程序、具体内容及实施过程等方面存在一些问题，直接影响了村规民约作用的发挥。如何最大程度消除影响因素，是当前村规民约作用发挥的关键。因此，当下应该分别从主客观两个层面构建村规民约作用发挥机制。主观层面应该统一思想、提高认识，各级党委政府和村级组织应该充分认识到村规民约在乡村治理中的积极作用。客观层面应该提供制度保障，从宏观、中观和微观三个制度层面合理构建村规民约作用发挥机制。

第二，村规民约能有效促进乡村社会风俗治理。移风易俗是一项十分重要且复杂的工作，不仅关系到社会风气的健康发展，还关涉国家对乡村的教化治理，历来"风俗之治"就是国家的一项重要任务。通过村规民约推行"风俗之治"可以有效调整乡村社会关系，导向整合乡村社会秩序。瑶白、华寨、黄门三村通过村规民约促进移风易俗，是黔东南地区移风易俗的主要方式，这与当地历史上通过"榔规""侗款"治村传统是一致的。瑶白、华寨、黄门三村村规民约对风俗的规定十分具体细微，而且极具针对性，符合乡村发展和村民基本需求。这表明，以村规民约促进移风易俗的方式是可行的，"风俗之治"以这种形式推进比较符合农村实际情况，国家法不能也不可能采取这种方式促进风俗易变。在农村社会文化日渐凋零的今天，通过村规民约引导善良风俗之治，可以有效弥补国家法在乡村社会治理的场域不足问题。

第三，乡村精英是村规民约生长与实施的重要力量。乡村精英身份处于变迁之中，不同于传统单一化的以乡绅为代表的乡村精英模型。在重点考察"乡土法人"这一转型时期的乡村精英类型时发现，其身份具有从一元走向多元的特质。"乡土法人"是村规习惯的现实执行者。"乡土法人"通过适用村规习惯，或者传承或者产生，有效解决纠纷，为区域成员所信服，每一次实施实际上加强了区域成员对习惯法的集体记忆，进而增强了习惯法的权威性。村规习惯的具体适用过程正是村规民约的生长过程。乡村精英在具体实践村规民约时，一般应重点注意三个方面的问题。首先，乡村精英应该重点注意村规民约的制定问题，不可使其流于具文，在制定村规民约时应该充分尊重并吸收习惯法。其次，应积极适用村规民约，解决实践中存在的问题。乡村精英在推动实施村规民约时应尽可能确保其操作性，注重解决实践中可能面临的执行不力问题。最后，村规民约的实践应该充分尊重"乡土法人"的意见，认真听取乡土法人关于村规民约制定和实施方面的建议，通过乡村精英推动村规民约的实施，重树民间力量在乡村治理方面的权威性，缓解国家权力在乡村社会治理方面的资源紧张问题。

第四，合理构建村规民约司法适用机制是解决当前村规民约救济难题的关键。当前村规民约司法适用的裁判观点主要包括五种：①直接认定村规民约内容违法侵权，不予支持；②只要村规民约制定程序合法，且不违反国家法律法规的强制性规定，其效力在本村范围内应予认可；③侵犯集体经济组织成员权益属于人民法院受理民事案件的范围，人民法院可审查村规民约的效力问题；④村规民约违法的，乡镇政府负有责令改正的法定职责，建议村民向乡镇政府申请处理；⑤村规民约涉及村民自治问题，不属于人民法院受理范围，持此观点的案件较多。"同案不同判"是村规民约司法适用中存在的最大问题。村规民约司法适用首先需要解决村民自治权的性质问题，村民自治权既是一项宪法性权力，同时也是宪法性权利，具有权力与权利的双重属性；村规民约司法适用需要解决诉讼主体问题，当前涉及村规民约侵权纠纷需要厘清村民委员会、村民会议、村集体三者之间的关系，可考虑当村规民约侵犯集体经济组织成员权益时将村集体作为被告；村规民约司法适用应该明确村规民约的渊源效力问题，从我国《民法典》第10条出发，被国家法认可的村规民约应该可以成为正式法律渊源。

第五，村规民约是当下推进乡村治理法治化的重要路径。通过考察文斗村四份村规民约发现，通过村规民约整合国家法律与民间规约进行综合治理，不仅符合当前乡村法治建设的基本规律，而且也是推进村级治理法治化的重要路径。尽管村规民约在当前村级治理法治化过程中能够接续传统，而且在国家乡村治理及法治现代性的裹挟下对传统进行深入的法治化改造，但这并不意味着村规民约推进乡村治理法治化没有任何障碍或问题。研究发现，当前村规民约推进乡村治理法治化中存在的问题主要表现在制定、内容、实施及救济四个方面。当前村规民约不宜由村民代表大会制定并表决通过，而应由村民会议制定并表决通过。关于村规民约内容"违法"问题，需要在自治与法治之间寻找平衡,通过进一步完善备案审查机制加以解决。村规民约治理法治化离不开强有力的实施主体,文斗村村规民约的"执约小组"实施模式在当前村规民约治理过程中值得推广。村规民约侵犯村集体成员合法权益如何有效救济,这是当前村级治理法治化面临的最大问题。乡镇政府的行政救济需要进一步规范,责令改正权应界定为"自治监督权"。拓宽司法救济渠道更是重中之重,应从村民自治权的性质、诉讼主体确定、村规民约渊源地位等方面进行建构完善。

综上所述,本书通过实证研究系统考察了村规民约在乡村社会治理面临的重要问题,尽管这种讨论可能只是局部性的,但无一不触及当前乡村社会治理的根本。法治与人治、自治与他治、国家法与习惯法、国家权力与乡村权力、官方裁断与民间调解等近代以来乡村治理中的一系列问题都在村规民约中交织、冲突、融合,乡村发展无法摆脱或扼杀村规民约及其中所蕴含的习惯法这一客观事实。乡村法治建设只有正视并妥善解决这些问题,才能切实可行地实现农村社会文化及秩序重建目标。

参考文献

一、中文专著

1. （明）陈邦瞻撰：《宋史纪事本末》（第一册），中华书局 2015 年版。

2. 杨一凡点校：《皇明制书》（第二册），社会科学文献出版社 2013 年版。

3. 费孝通：《乡土中国 生育制度》，北京大学出版社 1998 年版。

4. 费孝通：《乡土重建》，岳麓书社 2012 年版。

5. 高其才：《法理学》（第三版），清华大学出版社 2015 年版。

6. 高其才：《桂瑶头人盘振武》，中国政法大学出版社 2013 年版。

7. 高其才：《习惯法的当代传承与弘扬——来自广西金秀的田野考察报告》，中国人民大学出版社 2015 年版。

8. 高其才：《瑶族习惯法》，清华大学出版社 2008 年版。

9. 高其才：《中国习惯法论》（修订版），中国法制出版社 2008 年版。

10. 高其才、马敬：《陇原乡老马伊德勒斯》，中国政法大学出版社 2014 年版。

11. 高其才、王凯：《浙中村夫王玉龙》，中国政法大学出版社 2013 年版。

12. 胡恒：《皇权不下县？——清代县辖政区与基层社会治理》，北京师范大学出版社 2015 年版。

13. 锦屏县地方志编纂委员会编：《锦屏县志（1991—2009）》（上册），方志出版社 2011 年版。

14. 梁治平：《清代习惯法：社会与国家》，中国政法大学出版社 1996 年版。

15. 林端：《韦伯论中国传统法律：韦伯比较社会学的批判》，中国政法大学出版社 2014 年版。

16. 林耀华主编：《民族学通论》，中央民族学院出版社 1990 年版。

17. 卢燕：《滇东好人张荣德》，中国政法大学出版社 2014 年版。

18. 毛泽东：《毛泽东选集》（第一卷），人民出版社 1991 年版。

19. 牛铭实编著：《中国历代乡规民约》，中国社会出版社 2014 年版。

20. 彭真：《论新中国的政法工作》，中央文献出版社 1992 年版。

21. 强世功：《法制与治理——国家转型中的法律》，中国政法大学出版社 2003 年版。

22. 苏力：《送法下乡——中国基层司法制度研究》，中国政法大学出版社 2000 年版。

23. 王凤刚：《苗族贾理》（上、下），贵州人民出版社 2009 年版。

24. 王铭铭、［英］王斯福主编：《乡土社会的秩序、公正与权威》，中国政法大学出版社 1997 年版。

25. 王禹：《我国村民自治研究》，北京大学出版社 2004 年版。

26. 萧公权：《中国乡村——论十九世纪的帝国控制》（英文版），中国人民大学出版社 2014 年版。

27. 萧公权：《中国政治思想史》，中国人民大学出版社 2014 年版。

28. 杨伯峻译注：《论语译注》，中华书局 1980 年版。

29. 杨开道：《农村领袖》，上海世界书局 1930 年版。

30. 张广修等：《村规民约论》，武汉大学出版社 2002 年版。

31. 赵秀玲：《中国乡里制度》，社会科学文献出版社 1998 年版。

32. 郑永流等：《农民法律意识与农村法律发展——来自湖北农村的实证研究》，中国政法大学出版社 2004 年版。

33. 杨开道：《中国乡约制度》，商务印书馆 2015 年版。

34. 黄宗智：《法典、习俗与司法实践：清代与民国的比较》，上海书店出版社 2007 年版。

35. 黄宗智：《过去和现在：中国民事法律实践的探索》，法律出版社 2009

年版。

36. 黄宗智：《清代的法律、社会与文化：民法的表达与实践》，上海书店出版社 2007 年版。

二、译著

1. ［德］马克斯·韦伯：《经济与社会》（第一卷），阎克文译，上海人民出版社 2010 年版。

2. ［法］埃米尔·涂尔干：《社会分工论》，渠东译，生活·读书·新知三联书店 2000 年版。

3. ［法］米歇尔·福柯：《规训与惩罚：监狱的诞生》，刘北成、杨远婴译，生活·读书·新知三联书店 2007 年版。

4. ［美］本杰明·内森·卡多佐：《法律的生长》，刘培峰、刘骁军译，贵州人民出版社 2003 年版。

5. ［美］杜赞奇：《文化、权力与国家：1900—1942 年的华北农村》，王福明译，江苏人民出版社 2010 年版。

6. ［美］阎云翔：《礼物的流动：一个中国村庄中的互惠原则与社会网络》，李春放、刘瑜译，上海人民出版社 2000 年版。

7. ［日］寺田浩明：《权利与冤抑：寺田浩明中国法史论集》，王亚新等译，清华大学出版社 2012 年版。

8. ［日］滋贺秀三："清代诉讼制度之民事法源的考察——作为法源的习惯"，载王亚新·梁治平编：《明清时期的民事审判与民间契约》，王亚新、范愉、陈少峰译，法律出版社 1998 年版。

9. ［英］马林诺夫斯基：《原始社会的犯罪与习俗》，原江译，云南人民出版社 2002 年版。

三、论文

1. ［美］欧博文："中国村民委员会组织法的贯彻执行情况探讨"，载《社会主义研究》1994 年第 5 期。

2. 艾萍："国民政府时期移风易俗特点探析——以上海为个案"，载《郑州大学学报（哲学社会科学版）》2014 年第 3 期。

3. 卞利："明清徽州村规民约和国家法之间的冲突与整合"，载《华中师范大学学报（人文社会科学版）》2006 年第 1 期。

4. 陈柏峰、董磊明："治理论还是法治论——当代中国乡村司法的理论建构"，载《法学研究》2010 年第 5 期。

5. 陈寒非："从一元到多元：乡土精英的身份变迁与习惯法的成长"，载《甘肃政法学院学报》2014 年第 3 期。

6. 陈寒非："法权身体：1950 年婚姻法的表达与实践"，载《妇女研究论丛》2014 年第 5 期。

7. 陈寒非："乡土法杰与村规民约的'生长'"，载《学术交流》2015 年第 11 期。

8. 崔智友："中国村民自治的法学思考"，载《中国社会科学》2001 年第 3 期。

9. 党晓虹、樊志民："传统乡规民约的历史反思及其当代启示——乡村精英、国家政权和农民互动的视角"，载《中国农史》2010 年第 4 期。

10. 董磊明、陈柏峰、聂良波："结构混乱与迎法下乡——河南宋村法律实践的解读"，载《中国社会科学》2008 年第 5 期。

11. 段自成："论清代的乡村儒学教化——以清代乡约为中心"，载《孔子研究》2009 年第 2 期。

12. 段自成："明清乡约的司法职能及其产生原因"，载《史学集刊》1999 年第 2 期。

13. 高其才、罗昶："尊重与吸纳：民族自治地方立法中的固有习惯法——以《大瑶山团结公约》订立为考察对象"，载《清华法学》2012 年第 2 期。

14. 高其才："全面推进依法治国中的乡土法杰"，载《学术交流》2015 年第 11 期。

15. 高其才："通过村规民约的乡村治理——从地方法规规章角度的观察"，载《政法论丛》2016 年第 2 期。

16. 高其才："义务夜防队规约与社会治安维护——以浙江省慈溪市平林镇蒋村为考察对象"，载《湘潭大学学报（哲学社会科学版）》2017 年第 1 期。

17. 高其才："作为当代中国正式法律渊源的习惯法"，载《华东政法大学学报》2013 年第 2 期。

18. 郭云："中国共产党推动革命根据地移风易俗的历史经验和启示"，载《毛泽东邓小平理论研究》2015 年第 1 期。

19. 韩玉胜："中国古代乡约道德教化精神的理性审视及现代性重塑"，载《云南社会科学》2014 年第 3 期。

20. 贺雪峰："论半熟人社会——理解村委会选举的一个视角"，载《政治学研究》2000 年第 3 期。

21. 侯猛："村规民约的司法适用"，载《法律适用》2010 年第 6 期。

22. 胡庆钧："从蓝田乡约到呈贡乡约"，载《云南社会科学》2001 年第 3 期。

23. 黄杰："'双轨政治'：对当代中国政治形态的一种尝试性解释"，载《太平洋学报》2011 年第 5 期。

24. 金太军："'乡政村治'格局下的村民自治——乡镇政府与村委会之间的制约关系分析"，载《社会主义研究》2000 年第 4 期。

25. 李菊："乡约民俗在司法调解中的应用"，载《山西师大学报（社会科学版）》2012 年第 S1 期。

26. 柳海松："乡土法杰在国家法律实施中的作用"，载《学术交流》2015 年第 11 期。

27. 罗昶："村规民约的实施与固有习惯法——以广西壮族自治区金秀县六巷乡为考察对象"，载《现代法学》2008 年第 6 期。

28. 吕著清："中国乡约概要"，载《河北学刊》1936 年第 4 期。

29. 马敬："村规民约在西北民族地区社会治理中的积极作用"，载《学术交流》2017 年第 5 期。

30. 孟刚、阮啸："村规民约的司法审查研究"，载《国家行政学院学报》2011 年第 3 期。

31. 钱海梅："村规民约与制度性社会资本——以一个城郊村村级治理的个案研究为例"，载《中国农村观察》2009 年第 2 期。

32. 孙立平："'关系'、社会关系与社会结构"，载《社会学研究》1996 年第 5 期。

33. 王丽惠："作为乡村领袖的'乡土法杰'"，载《学术交流》2015 年第 11 期。

34. 王日根："论明清乡约属性与职能的变迁"，载《厦门大学学报（哲学社会科学版）》2003 年第 2 期。

35. 王瑞山："中国传统社会治安思想研究——以'盗贼'治理为考察对象"，华东政法大学 2012 年博士学位论文。

36. 王晓莉、李慧英："城镇化进程中妇女土地权利的实践逻辑——南宁'出嫁女'案例研究"，载《妇女研究论丛》2013 年第 6 期。

37. 魏彩苹："延安时期中国共产党开展移风易俗运动的史实考察"，载《延安大学学报（社会科学版）》2014 年第 6 期。

38. 魏小强："通过乡土法杰的乡村纠纷解决"，载《学术交流》2015 年第 11 期。

39. 萧放："中国传统风俗观的历史研究与当代思考"，载《北京师范大学学报（社会科学版）》2004 年第 6 期。

40. 谢长法："乡约及其社会教化"，载《史学集刊》1996 年第 3 期。

41. 辛正郁："关于审理涉及农村土地承包纠纷案件司法解释的理解与适用"，载《人民司法》2005 年第 9 期。

42. 徐勇："论中国农村'乡政村治'治理格局的稳定与完善"，载《社会科学研究》1997 年第 5 期。

43. 杨军："浅议清代新疆乡约制度创设及司法职能"，载《思想战线》2008 年第 6 期。

44. 尹钧科："明代的宣谕和清代的讲约"，载《北京社会科学》1999 年第 4 期。

45. 于大水："村规民约之研究"，载《社会主义研究》2001 年第 2 期。

46. 于语和、安宁："民间法视野中的村规民约——以河北省某村的民间调查为个案"，载《甘肃政法学院学报》2005 年第 5 期。

47. 张广修："村规民约的历史演变"，载《洛阳工学院学报（社会科学版）》2000 年第 2 期。

48. 张厚安："乡政村治——中国特色的农村政治模式"，载《政策》1996 年第 8 期。

49. 张静："乡规民约体现的村庄治权"，载《北大法律评论》1999 年第 1 期。

50. 张笑寒："村民自治背景下农村妇女土地权益流失问题研究"，载《中国土地科学》2012 年第 6 期。

51. 张中秋："乡约的诸属性及其文化原理认识"，载《南京大学学报（哲学·人文科学·社会科学版）》2004 年第 5 期。

52. 赵正斌："村民自治权利司法救济的现状与完善"，载《中国检察官》2016 年第 4 期。

53. 郑卫东："'双轨政治'转型与村治结构创新"，载《复旦学报（社会科学版）》2013 年第 1 期。

54. 朱晓阳："'语言混乱'与法律人类学的整体论进路"，载《中国社会科学》2007 年第 2 期。

四、外文文献及著作

1. 岸本美緒『明清交替と江南社会 17 世紀中国の秩序問題』，東京大学出版会，1999 年；仁井田陞『中国の農村家族』，東京大学出版会，1952 年。

2. Erik Mueggler, *The Age of Wild Ghosts：Memory，Violence，and Place in Southwest China*，Berkeley：California University Press，2001.

3. Louisa Schein, *Minority Rules：The Miao and the Feminine in China's Cultural Politics*，Durham：Duke University Press，2000.

4. M. B. Hooker, *Legal Pluralism：An Introduction to Colonial and Neo-Colonial Laws*，Oxford：Clarendon Press，1975.

5. Masaji Chiba, *Legal Pluralism：Toward a General Theory Through Japanese Legal Culture*，Tokyo：Tokai University Press，1989.

6. Prasenjit Duara, *Culture，Power，and the State：Rural North China，1900-1942*，Stanford：Stanford University Press，1988.

7. Ralph A. Litzinger, *Other Chinas：The Yao and the Politics of National Belonging*，Durham：Duke University Press，2000.

8. Roberto Mangabeira Unger, *Law in Modern Society*，New York：Free Press,

1976.

9. Stephan Feuchtwang and Wang Mingming, *Grassroots Charisma*：*Four Local Leaders in China*，New York：Routledge，2001.

10. Lawrence M. Friedman，*The Legal System*：*A Social Science Perspective*，New York：Russell Sage Foundation，1975.

11. G. William Skinner，"Chinese Peasants and the Closed Community：An Open and Shut Case"，*Comparative Studies in Society and History*，Vol. 13，3（1971）.

12. Susan D. Blum，"Margins and Centers：A Decade of publishing on China's Ethnic Minorities"，*The Journal of Asian Studies*，Vol. 61，4（2002）.

五、田野资料

1. 《福建龙岩市长汀县河田镇、策武镇村规民约汇编》，资料编号 010032。

2. 《福建泉州黄田村土地管理村规民约》（2010 年 3 月 2 日经村民大会表决通过），资料编号 010033。

3. 《福建省泉州市南安市翔云镇梅庄村村规民约》，资料编号 01009。

4. 《福建省泉州市涂岭镇黄田村土地管理村规民约》（2012 年 2 月 20 日），资料编号 010033。

5. 《广西武鸣县府城镇环境保护村规民约》（2012 年 12 月 18 日），资料编号 010031。

6. 《浙江丽水黄田镇村规民约汇编》，资料编号 010040。

7. 甘肃临夏县《达沙村村规民约》，资料编号 010042。

8. 北京房山长沟镇《坟庄村村规民约》（2013 年 6 月通过），资料编号 01005。

9. 广东佛山市《三水白坭镇岗头村村规民约》，资料编号 01010。

10. 广西金秀瑶族自治县《大瑶山团结公约》（1951 年 8 月 28 日），资料编号 010201。

11. 广西金秀瑶族自治县《大瑶山团结公约补充规定》（1952 年 2 月），资料编号 010202。

12. 广西金秀瑶族自治县《大岭村村规民约》（无具体时间，应在 1982 年前后），资料编号 01039。

13. 广西金秀瑶族自治县《公朗屯村规民约》（2013 年 5 月 10 日），资料编号 01015。

14. 广西金秀瑶族自治县《六巷村石牌公约》（1991 年 2 月 1 日），资料编号 01037。

15. 广西金秀瑶族自治县《上石井村规民约》（1982 年 12 月 17 日），资料编号 01038。

16. 广西金秀瑶族自治县《下古陈村村规民约》（1982 年 10 月 31 日），资料编号 01007。

17. 广西金秀瑶族自治县《新安屯村规民约》（2013 年 5 月 10 日），资料编号 010079。

18. 广西金秀金秀镇《林香屯村民公约》（2013 年 5 月 10 日起实施），资料编号 01040。

19. 广西金秀长垌乡《三角屯村民公约》（1992 年 1 月 10 日），资料编号 01036。

20. 贵州锦屏县《华寨村办酒宴风俗整改》（2016 年 2 月 12 日），资料编号 010121。

21. 贵州锦屏县《华寨村村规民约》（经 2007 年 7 月 11 日村民代表会议通过），资料编号 010181。

22. 贵州锦屏县《华寨村村民自治合约》（2010 年 5 月 6 日由村民代表会议表决通过），资料编号 010182。

23. 贵州锦屏县《华寨调查资料汇编——风俗类》，资料编号 20160202。

24. 贵州锦屏县《黄门村风俗习俗礼节礼尚往来处置制度》，资料编号 010122。

25. 贵州锦屏县《黄门村移风易俗关于红白喜事禁止大量燃放烟花爆竹规定》（2016 年 3 月 13 日），资料编号 010123。

26. 贵州锦屏县《黄门调查资料汇编——风俗类》，资料编号 20160203。

27. 贵州锦屏县《文斗村村规民约（讨论稿）》（2005 年 12 月），资料编号 0100571。

28. 贵州锦屏县《文斗村村规民约》（2005 年 12 月村民会议讨论通过），资料编号 010057。

29. 贵州锦屏县《文斗村村规民约》(2015 年 9 月 10 日村民代表会议表决通过),资料编号 010059。

30. 贵州锦屏县《文斗村村民自治合约》(2012 年 12 月 25 日村民代表会议表决通过),资料编号 010058。

31. 贵州锦屏县《文斗寨村规民约》(1998 年 12 月),资料编号 010056。

32. 贵州锦屏县《瑶白村防火公约》(2011 年 3 月 20 日),资料编号 010125。

33. 贵州锦屏县《瑶白村关于改革陈规陋习的规定》(2012 年正月初一),资料编号 010132。

34. 贵州锦屏县《瑶白村村规民约》(2011 年 3 月 20 日),资料编号 010131。

35. 贵州锦屏县《瑶白村卫生公约》(2013 年 3 月 20 日),资料编号 010133。

36. 贵州锦屏县《瑶白义务教育村规民约》(2013 年 1 月),资料编号 010125。

37. 贵州锦屏县《瑶白调查资料汇编—风俗类》,资料编号 20160201。

38. 湖南临湘市《水畈村国土资源管理村规民约》(2014 年 5 月 20 日),资料编号 010034。

39. 浙江慈溪附海镇《海晏庙村村规民约》(2015 年 7 月 30 日经海晏庙村村民代表大会表决通过),资料编号 01001。

40. 浙江庆元黄田镇《黄源底村村规民约》(2015 年 8 月 6 日经 2/3 以上户代表会议表决通过),资料编号 01034。

41. 浙江庆元黄田镇《台湖村村规民约》(2015 年 8 月 4 日经 2/3 以上户代表会议表决通过),资料编号 01035。

42. 贵州锦屏华寨村龙运朝访谈录,2016 年 2 月 21 日。

43. 贵州锦屏华寨村王明发访谈录,2016 年 2 月 22 日。

44. 贵州锦屏黄门村龙大军访谈录,2016 年 2 月 21 日。

45. 贵州锦屏瑶白村滚明焰访谈录,2016 年 2 月 20 日。

46. 贵州省锦屏文斗村姜更生访谈录,2015 年 10 月 1 日。

47. 李建国访谈录,2016 年 1 月 10 日。

48. 贵州锦屏文斗村易遵发访谈录,资料编号 2016072103。

六、裁判文书

1. 邓州市湍河街道办事处许庄社区居民委员会陈家组、胡某某农村土地承包合同纠纷二审民事判决书，河南省南阳市中级人民法院（2018）豫13民终6999号。

2. 广州市海珠区华洲街小洲经济联合社、简某某侵害集体经济组织成员权益纠纷二审民事判决书，广东省广州市中级人民法院（2019）粤01民终948号。

3. 李某某、何某某与长沙市望城区金山桥街道金山桥社区姚塘组侵害集体经济组织成员权益纠纷一审民事判决书，湖南省长沙市望城区人民法院（2014）望民初字第01003号。

4. 梁某某、陈某某等与柳州市柳北区马厂村民委员会、柳州市柳北区马厂村民委员会第三村民小组侵害集体经济组织成员权益纠纷一审民事裁定书，柳州市柳北区人民法院（2015）北民一初字第526号。

5. 上诉人长沙市望城区大泽湖街道南塘村南西片十五村民小组与被上诉人唐某某侵害集体经济组织成员权益纠纷一案二审民事判决书，湖南省长沙市中级人民法院（2017）湘01民终3984号。

6. 唐某某与长沙市望城区大泽湖街道南塘村南西片十五村民小组侵害集体经济组织成员权益纠纷一审民事裁定书，长沙市望城区人民法院（2017）湘0112民初305号。

7. 唐某某与长沙市望城区大泽湖街道南塘村南西片十五村民小组侵害集体经济组织成员权益纠纷执行裁定书，长沙市望城区人民法院（2018）湘0112执81号。

8. 汪某、王某1与被告遵义市红花岗区长征镇沙坝村向阳村民组侵害集体组织经济成员权益纠纷一审民事裁定书，贵州省遵义市红花岗区人民法院（2016）黔0302民初5679号。

附　录

（一）文斗村四份村规民约（1998—2015 年）

文斗寨村规民约（1998 年）（010056）

为了实现锦屏县政府提出的创建文斗文明村寨的要求，本规定以展现以人为本、和谐相处、讲理讲法、生活有序为目的，调整生产、生活中的各种关系，治理我村各种歪风邪气，延续和发扬我村前辈的优良传统，特定村规民约供大家遵守。

第一章

一、盗偷牲畜林木

①凡偷鸡鸭，无论大小，每只罚 40 元。

②凡偷鱼，无论大小，每尾罚 5 元。

③凡偷狗、羊，无论大小，每只罚 60 元。

④凡偷猪 30 斤以下，每头罚 80 元；30 斤以上，每头罚 150 元。

⑤凡偷牛、马，每头（匹）罚600元，还要追究法律责任。

⑥凡偷白菜、青菜、红苕、苕藤、洋芋、苞谷、辣子、水果等，一次罚50元。

⑦凡偷林木，12公分以下每株罚30元，14至16公分每株罚100元，18至22公分每株罚200元，24公分以上每株罚300元，情节严重的还要追究法律责任。

说明：狗：（无论大小除补偿外）另罚款60元。

二、盗偷物资农具

进屋撬门盗窃衣物、被条、收录机、手表、钟、箱、谷子、大米、人民币、犁耙、家用具等。

①衣服每件：小的罚款20元，大的（毛料、大棉衣）罚款80元（除赔偿失主外）。

②被条每床罚款120元（被面40元，被里子30元，棉被30元）。

③收音机每台罚款80元，收录机每台罚款600元，电视机每台罚款800元，手表每只罚款100元，时钟每台罚款50元。

④箱子每只罚款50元。

⑤谷子每斤罚款1.20元，大米每斤2.00元。

⑥人民币每元罚款壹倍（偷壹元惩罚壹元）。

⑦犁每架罚款30元，耙罚款40元。

⑧打谷桶每架罚款100元。

⑨农用具（柴刀、斧子等）每件罚款10元。

说明：以上的罚款是除赔偿失物主外，另罚的数额。

三、盗偷集体物资

1. 我村水电物资属我村全民所有，任何人不得以任何借口破坏公共财物，为了保护我村电站物资，我村作出了以下条例：

①盗偷高压铝线每米罚款10元，路灯每只罚款5元（凡属

我村指定处安装的）。

②破坏机房内的一切装备（钢管、坝堤、水渠、电杆机房等），无论大人小害（孩）一律按以下条款处理：

直接影响我村不能正常照明的，一切用费，由破坏者自负（小孩不足 16 岁以上的由家长负责）；

按我村管电人员报案的情节轻重，严重的由水电局处理（不足 16 岁由家长负责）。

③盗偷机房方板一块，罚款 10 元。

④破坏：有意拆毁机房的，被抓后令其装好，另外罚款100 元。

⑤管电人员要履行自己的职责，不得以其借口随意用电，或拉往不属村用电范围，引起民事纠纷和收不上电费，我村民委不负责任。

⑥电房的管理：发现有人破坏，及时报村民委，到现场查看，若不及时报案后果自负。

2. 为了保护我村办公室，特作出以下条例：

①盗偷我村办公室方板一张，罚款 20 元。

②有意破坏我村办公室的，视情节轻重进行惩处，坦白交待，主动承认错误，从轻处理罚款 10 元；纠集团伙，明目张胆公开破坏的各罚款 20 元，为头目的加倍罚款 40 元。

第二章

1. 为了保护我村的文物占迹，凡属我村周围的风影（风景）木，任何人不得以其借口随意砍伐和破坏，为了加强保护，我村特作出以下条例：

①凡属村上过逝老人，从制定之日起，不得批砍风影（风景）木，胸径 12 分以下罚款 60 元，胸径 16 分以下罚款 100 元，

胸径 22 分以下罚款 200 元，胸径 24 分以下罚款 500 元，胸径 24 分以上罚款 1000 元。无论大小罚栽 10 株，保证全部成活，且高到 2 米以上。

2. 我村个体户（打米机、经商户）被盗和破坏的处理办法，为了方便群众，维护我村个体户的安全经营，我村作出以下条例：

①经商户：经商户被盗及时报工商部门及村领导查看现场，若抓获偷盗者罚款 500 元。

②打米机：被盗及时报村级领导查看现场，若常（抓）获偷盗者罚款 100 元。

③有意破坏打米人员的正常操作，被抓获后罚款 50 元。

说明：以上第一、二章，惩款报案者享受 20%，抓人报案 50%，村保护报案人的人身安全。

第三章

凡属民事纠纷的处理办法。

一、拐骗妇女、破坏他人家庭和睦的处理条例

（1）女方：有意喜新厌旧抛弃自己的亲丈夫和他人鬼混，被发现后，报到我村处理的：①令其本人喊寨示众；②并罚款 300 元。

（2）男方：同上述处理办法。

（3）男女双方合引：引起家庭破裂和整天闹事，被发现后，报我村民委处理的，双方各交款金 500 元并加以警告。若再发生引起恶果，同上（1）条处理。

（4）男方发现自己的妻子与他人勾引鬼混，发现人命案我村支委、民委一律不负责任。

（5）女方发现自己的丈夫与他人妻子鬼混，若女方要求我

村民委处理：①实事求是，有证据、证人；②先交押金 500 元；③待处理后，是的退回款金，非的作抵。

二、酒后无理闹事

（1）直接引起拉家族或团伙打群架：①除负受伤者的药费、务工费、营养费外；②另罚款 200 元。其刑事责任自负。

（2）无酒意的听其醉酒者的号令，参与打群架负责上述（1）条①款金额一半的负理，另罚 100 元之款。（此项是根据农村法律常识（31 页）我国《刑法》第 15 条第 3 款之规定醉酒的人犯罪，应负刑事责任而制定的。

三、田水源头纠纷

（1）以集体来使用的水头为准，不得无理取闹，更不得强行。

（2）以小组制定按钟头分水的方案实行，不得途中随意更换；若谁先更换引起纠纷后果自负，其中双方要到我村上解决的，双方各交押金 20 元；处理后无理的不退回款金，有理方退回原款。

四、自留地的争执

以丈量自地册为准，不得以任何权利与借口强占他人的部分。

（1）若有不清者请到村办公处查看。

（2）查看后，硬要强占他人的，后果自负。

五、闲话引起纠纷

（1）造谣污蔑他人身份名誉的，看受害者的要求，一律由造谣者自负。

（2）造谣引起他人家庭分裂的，经查处后，又（要）造谣者登门认错，并游寨喊其自己的过错 10 晚，为受害者洗清名誉。

六、牲畜毁坏他人桩（庄）稼引起的纠纷

（1）有意者：按被毁坏者的要求予以补偿外，另罚款20元至40元（轻重为定）；态度轻和的自行处理，若发生争执加倍处理。

（2）无意者：①双方调和。②若有一方不服者，要求村民委解决，先交押金80元（各交40元）；有理方退回原款，无理方不退原款。

七、自留山界引起的纠纷

按村分山部（簿）界线为准，不得用其他借口强占他（人）的界线。

（1）在本组内由组长和原分山人员调解处理［仍与（以）村分山部界线为准］。

（2）两组分叉界线由村调解，由原来分山人员及组长拿分山部（簿）到现场查对调解；若双方不服，各押金80元，有理方退回原款，无理方不退回原款。

以上两款若有硬强占者后果自负，并罚款200元（村级所）开资（支）误工费。

第四章

关于我村后龙山两个大脑（左右）维护的规章制度。

为了我村759人利益，为了我村后代的成长问题，为了保持我村老一辈的遗产古迹，确保全村人民的康宁，我村党支部民委曾多次讲过，万望大家自觉执行，特别是党员同志、组长家里有在此处种地的已封过，我村特作出以下条例。

1. 从正月起，一律停止在两山的种植，若有强行者：

①属党员，村干组长一级领导的栽种，罚款40元，另在此地栽上（风）景木，还要写悔过书，张贴示众，向党组织作口

头检讨。

②属社员农户再（栽）种的，罚款 30 元，另在此地栽上（风）景木，喊寨悔过自己的错误（10 天）。

2. 号召全体村民、共青团员，植树造林。

第五章

关于我村寨山、火、火警的规章制度。

为了保护我村 795 人的安宁，各家各户都要照有关规定做好防火工作，户户要做水满抽屉，室内外的清洁卫生，用火设备安全，切实搞好我村防火工作，杜绝寨火、山火的发生，我村作出以下条例。

1. 发生寨火、火警的处理办法：

①经查：发现不符合防火安全的重大火灾隐患的灶、火炉、木棚及易燃物品，要迅速拆除改正重新安装，经两次查仍旧不改正的罚款 30 元至 60 元。

②由家长或年满 18 周岁的成人指派未满 12 周岁的小孩子用火、用电造成火警的，罚指派者 30 元至 40 元，造成火灾的罚款 100 元至 300 元，并责令其鸣锣喊寨一个月。

③对由于用火、用电不慎发生寨火、山火火警的，罚款 20 元至 30 元，第二次火警罚款 40 元至 50 元，第三次发生火警罚款 100 元至 800 元，并责令其喊寨三个月，第三次火警后，仍然发生火警的加倍处罚或责令出村寨。

④对因用火、用电不当发生寨火、山火的，造成损失的罚款。

⑤各村组要根据本村组的规划每季度进行防火卫生检查。

第六章

关于我村尊老爱幼的规章制度。

尊老爱幼是每个人应尽的礼节，也是我村历来的传统，为保存我村老一辈留下的好风气、好风格，我村特作出以下条例。

1. 虐待或殴打老人：

①对自家老人虐待（凡报到我村处理的）先当面认错，并喊寨 10 天；喊的内容，错什么喊什么。

②对待人家老人（凡报我村处理的）先罚款 20 元，并令其喊寨悔过（10 晚）。

第七章　补充条款

第一条　不许设赌场，若设赌场或为赌博行为提供条件的缴收一切赌具，当众销毁并罚款 100 元。

第二条　发现我村范围有赌博或变相赌博的罚款 100 元，并没收赌场内现金。

第三条　禁止收生木头，所发现收购生木头，从条约宣布之日起收购的一律没收，罚款 500 元以上。

疑 1998 年 12 月

文斗村村规民约（2005 年）（010057）

为推进我村"十好村"创建和加强平安村寨创建工作，维护社会安定，树立良好的民风、村风，创造安乐业的社会环境，促进经济发展，加快社会主义新农村建设步伐，建设文明卫生新农村，结合我村实际，通过收集群众意见，拟订我村村规民约，希望大家讨论通过。

甲方：河口乡文斗村全体村民

乙方：文斗村　组　户

为维护本村生产、生活秩序，实现村民安居乐业，根据

《中华人民共和国村民委员会组织法》《中华人民共和国民法通则》《中华人民共和国婚姻法》等有关法律规定和上级建设社会主义新农村的有关方针政策，结合本村实际，经全体村民会议讨论，甲乙双方平等自愿协商，签订如下约定。

第一条　本约定是指村民之间相互约定的协议，通过村民之间以契约（合同）方式对村民的人身、财产安全，生产生活管理良好的社会风俗习惯及维护社会治安秩序进行的约定，以达到相互约束、自我管理、共同促进发展进步的目的。

第二条　签约甲方是本村全体村民，年满 18 周岁的村民应当直接签约，也可委托家庭户主代表本家庭全体成年成员签约；外出打工不能直接签订村规民约的，可委托本村其他信任村民代签。

第三条　签约人违反约定事项视为对所有签约人违约，应承担约定的违约责任。签约人积极履行协议的，全体村民应当给予表扬和奖励。

第四条　违约责任包括自愿承担违约金、接受在村内公示通报批评（在村务公开栏中书面通报批评期限为 10 天）、向相应人赔礼道歉、赔偿经济损失四种方式。

第五条　凡出现违反村规民约者，违约人应当按约定主动向甲方缴纳违约金（此费委托村委会保管）。若有拖欠或无现金缴纳的，乙方自愿用物资抵缴并同意由执约小组直接执行，执行时本人无异议，不阻拦。

第六条　村规民约执约小组由全体签约人投票选举产生，执约小组人员应当是公道正派、敢作敢为、家庭和睦、模范带头执行村规民约的本村村民。

第七条　村规民约执约小组受全体签约人的委托，在村两委的工作安排下，具体行使收缴违约金、执行违约金物资抵偿、书写公示批评公告、监督赔礼道歉职责，并受全体签约人委托，对违约人员的违约事项追究违约责任，必要时可代表全体签约人参与诉讼。

第八条　本协议经村民会议讨论，符合本村实际，不违反法律法规和政策规定，全体村民应当积极签约。凡不愿签约的，视为不关心村内教育、交通等公益事业，不支持生产发展，不尊重本村良好风俗。凡今后涉及本人在本村内的红白大事等重大事项需要全体村民帮忙或村民委员会帮助支持的，签约村民或村民委员会可不帮助支持。

第九条　签约人模范执行村规民约，积极支持公益事业，配合执约小组工作的，全体村民应支持村委会优先安排申报上级支持的扶贫、救济、低保、就业培训、教育补助。

第十条　违约金主要用于执约人员误工费（每人每天 10 元），在本村见义勇为行为奖励和村委年终慰问、看望本村 80 岁以上老人和残疾人，村民委员会应当在公用经费中安排一定资金用于本协议的组织实施。

二、公共事业建设

第十一条　本村村民应积极支持参与村内道路、灌溉沟渠、学校、球场、凉亭、文艺宣传、人畜饮水、消防等公益事业建设。凡经过村民代表大会"一事一议"议定的公益事业，签约人应积极完成集资和投工任务，未能按时参加投工的，须承担他人代完成的投工费。

第十二条　本村内的道路、灌溉沟渠、学校、球场、凉亭、人畜饮水、消防等公益设施和碑文、路桥、寨门等标志历史文物被损坏的，本村村民有义务投工、投劳参与修复和保护。

第十三条　因村民个人行为损害交通、电力、通信、消防等公共设施和文物、文化遗产，违者除赔偿或修复外，自愿承担违约金 100 元。

三、精神文明

第十四条 讲文明、讲礼貌，尊老爱幼，邻里和睦相处。家庭内和公共场所不说脏话，户与户之间不东家长西家短传小说，违者自愿交纳违约金每次 10 元。

第十五条 家庭不能打骂老人、妇女、儿童，每发生一起，自愿交纳 50 元，夫妻吵架，每次交违约金 50 元，并自愿承担参与劝和人员的当餐伙食，需交村级调解的，预交交调处误工费 50—200 元。

第十六条 孝敬老人、与老人同吃同住，照顾好老人日常生活；老人自己要求独住，子女应给予其日常生活所需粮食和衣物，并每月看望一次以上。遗弃生活不能自理老人的，违约者承担违约金每年 5000 元（该违约金用于赡养老人费用支出，专户存储）。

第十七条 父母要关心子女教育，凡到入学年龄子女，必须保证其上学，直至初中毕业。不送子女入学或未读完初中辍学的，父母双方每人承担违约金 500 元。

第十八条 监护好家庭精神病人，精神病人私自外出造成他人伤害或财产损失的，除赔礼道歉、赔偿损失外，另自愿承担违约金每次 100 元。

第十九条 讲究卫生，家庭清洁卫生，房屋周围整洁，不乱贴乱挂、乱堆乱放。积极开展文明卫生村寨建设，搞好公共卫生，加强村容村貌整治，严禁随地乱倒乱堆垃圾、秽物，修房盖屋余下的垃圾碎片和白色垃圾应及时清理，柴草、粪土应定点堆放，各户实行三包（包卫生、包绿化、包秩序）政策。有脏、乱、差现象经检查后未整改的，违者每次自愿承担违约金 20 元，并在公开栏内通报批评。

第二十条 村民养狗要进行狂犬防疫，发生狂犬病症，村内任何人有权就地处死，养狗主人还要承担违约金 50 元。狂犬伤害人畜的，养狗主人要承担赔偿责任，并上门赔礼道歉。

第二十一条 不准在村内放浪猪、牛，影响村内卫生，养马户必须到村民小组组长登记并在《环保卫生协议书》上签字，如发现一次在村内要道排粪的，除责令养牛马主人清扫粪便外，另承担违约金 10 元。

第二十二条 讲究公共卫生。不得在学校操场、公路、街道、消防池等公共场所倾倒垃圾。随意倾倒垃圾、废弃物的，除责令其打扫清理外，每次自愿承担违约金 50 元，并给予村内通报批评。

第二十三条 不得在村内主要通道、学校球场、村头街尾、凉亭等公共场所私自搭建和堆放建筑材料。因建房起屋须临时借用公地存放砂石、木料等建筑材料的，应事先告知村民委员会。经村委会批准同意后方可使用，建房人应在规定的限期内撤出，并清扫干净，违者每次自愿承担违约金 100 元，并在村务公开栏内给予通报批评。长期占用不撤的，由执约小组清除并予以没收。

第二十四条 村内土地属集体所有，建房应服从村庄建设规划，经村委会和上级有关部门批准，统一安排，不得擅自开工；在建筑装饰方面要体现苗族民族特色，有少数民族居住风格。不得违反规划或损害四邻利益。违者自愿缴纳违约金 20 元。

第二十五条 严禁撕毁和涂改在有效期内的各级党委、政府和本村发布的公告、通告、通知、宣传标语，违者每次自愿缴纳违约金 10 元。

第二十六条 严禁在村内张贴、悬挂有伤风化的广告图片，出租、传播淫秽音像，违者除受公安机关查处外，另每次承担违约金 100 元。未被公安机关查处，但群众举报属实，每次承担违约金 50 元。

四、计划生育

第二十七条　婚姻大事由本人做主，反对包办干涉。男女青年结婚必须符合法定结婚年龄要求，提倡晚婚晚育，达不到结婚年龄的任何一方自行承担违约金 50 元。

第二十八条　自觉遵守计划生育法律、法规、政策，实行计划生育政策，提倡优生优育，如有计划外生育或超生的，超生户除按规定承担责任外，父母双方各自承担违约金 50 元。

第二十九条　本村内妇检对象不按规定进行妇检的，每发生一次，承担违约金 50 元，并在村内通报批评。

第三十条　在外打工异地生育，未及时向村委会报告的，每发生一起承担违约金 50 元。

五、社会治安

第三十一条　遵纪守法，为人公道正派，争做守法模范公民，敢于与歪风邪气作斗争，积极配合、协助村组织和司法部门调查处理各类案件，发生民事、权属纠纷，应本着实事求是、互敬互让的原则和平解决，不得无理取闹。

第三十二条　严禁打架斗殴，村内打架斗殴被公安机关治安处罚的，每次自愿承担违约金 100 元；不构成治安处罚的或公安机关没有处罚的，每次承担违约金 30 元，并在村内通报批评。家庭成员违法犯罪的，除接受国家法律处罚外，行为人或家庭户主要主动上受害者家赔礼道歉。

第三十三条　热爱劳动，崇尚科学，反对迷信，反对邪教，不得参加邪教组织和危害国家安全的非法组织活动，参与邪教组织的村民，除承担国家法律政策责任外，另承担违约金

100 元。

第三十四条 严禁家庭成员吸毒，被公安机关查处的，每人每次承担违约金 100 元。未被公安机关查处，但被群众举报的，每人每次承担违约金 50 元。

第三十五条 村内发生山林、田土承包地、婚姻、宅基地、邻里纠纷等民间纠纷，应先向村、组申请调解，双方本着实事求是、互敬互让的原则和平解决。未向村、组申请调解，而直接越级向上级申请调解，由上级部门退回由村委会先行调解的，越级申请人应向村委会书面申请，除承担调处误工费外，另每次承担违约金 50 元。

第三十六条 保护村民私有合法财产，严禁盗窃财物，除赔偿经济损失外，还另缴纳违约金，具体如下：

1、凡偷鸡、鸭等，另缴纳违约金 20 元。

2、凡偷鱼，另缴纳违约金 20 元。

3、凡偷狗、羊等，另缴纳违约金 50 元。

4、凡偷猪，另缴纳违约金 100 元。

5、凡偷牛、马等，另缴纳违约金 100 元，并追究法律责任。

6、凡偷白菜、青菜、红薯、茄藤、洋芋、玉米、辣椒、水果、稻谷、大米等，另缴纳违约金 20 元。

7、凡偷林木，另缴纳违约金 100 元，情节严重者追究法律责任。

8、凡偷衣服、被套、床单、枕套等，另缴纳违约金 50 元。

9、凡偷电视机、摄像机、照相机、收音机、手表、时钟等，另缴纳违约金 100 元。

10、凡偷他人人民币的，另缴纳所偷钱财的双倍违约金。

第三十七条 自觉维护社会秩序和公共安全，不扰乱公共秩序，不阻碍公务人员执行公务，违者承担违约金 100 元。

第三十八条 凡破坏高压线电杆、变压器造成断电，除由国家法律相关部门制裁外，并承担违约金 500 元，未到法定年龄的由其监护人承担。

第三十九条 严禁非法生产、运输、储存和买卖爆炸物品，经销烟火、爆竹等易燃易爆物品须经公安机关等有关部门批准，不得私藏枪支弹药，拾得枪支弹药、爆炸物品，并承担违约金 500 元，上缴公安机关部门处理。

第四十条 爱护公共财产，不得损坏水利、道路交通、供电、通讯、生产等公共设施，发现每次承担违约金 200 元。

第四十一条 严禁非法限制他人人身自由或非法侵犯他人住宅，不准隐匿、毁弃，私拆他人邮件，发现一次承担违约金 100 元。

第四十二条 严禁私自砍伐国家、集体或他人的林木，严禁损害他人庄稼、瓜果及其他农作物，违者缴纳违约金 50 元。

第四十三条 严禁损害、砍伐集体风景木、风景林和村寨绿化树，违者必须补种同类树种，并自愿承担违约金 100 元，接受村内通报批评。

第四十四条 集体树木因自然或其他原因被损坏需处理的，须经村民代表大会议价，任何人不得私自占为己有，违者自愿承担违约金 50 元。

第四十五条 严禁赌博，参与赌博被公安机关查处的，除接受公安机关查处外，违者每次另行承担违约金 100 元。未被公安机关查处，但家庭成员和群众举报属实的，可免交违约金。

六、安全生产

第四十六条 为了用电、用火的安全，经村防火安全领导小组检查认为进户线陈旧或安装不合格的，有权责令更换新线和构建的重新发装，不听责令者，有权命令下线，导致后果由本人自行承担。

第四十七条 消防安全，人人有责。猪、牛圈垫草随用随拿，稻草进寨不能存放过夜，违者除按要求及时整改外，另每次自愿承担违约金20元，并接受村内通报批评。

第四十八条 村民用电接线须经电管员同意，乱搭乱接电力线路，造成安全隐患应立即整改经检查未按时整改的，每次自愿承担违约金20—50元，并在村内通报批评。

第四十九条 加强儿童教育，严禁小孩玩火。因小孩玩火发生一次险情的，其监护人自愿承担违约金50元，并接受村内通报批评。

第五十条 谨慎用火、用电、用气，发生一次火警，责任人或监护人自愿承担违约金100元，并接受村内通报批评，必要时可责令责任人鸣锣喊寨。

第五十一条 做好山林火灾的预防工作，不得随意炼山、烧田坎。凡引起山林火警的，自愿承担违约金100元；引起山林火灾的，除承担民事、刑事责任外，另自愿承担违约金200元，接受村内通报批评。除赔偿全部经济损失外，并由其检讨，情节严重的由相关部门处理。

第五十二条 发生火警、火灾时，村民除老、弱、病、残外，要积极参加扑救。违者自愿缴纳违约金30元，接受村内通报批评。

第五十三条 各户要做到随时水满缸，家庭用火做到人离火灭，严禁将易燃易爆物品堆放在户内、寨内。定期检查，排除各种火灾隐患，室内外都保持清洁卫生。杜绝室内外堆放易燃易爆等物品，对不符合防火安全的火灶、火棚、易燃易爆物品应当迅速拆除。村委在每月两次消防检查中如发现有安全隐患的，下发整改通知书后，在限期内没有整改的，一次性缴纳违约金 200 元。

第五十四条　加强野外用火管理，严防山火发生。若发生山火，实行以地还林、以林还林的办法处理，并缴纳违约金 800 元。

七、生产生活

第五十五条　猪、牛、羊等牲畜实行圈养，确需放养时必须有专人看管，若无人看管造成其他财产损失的，除承担赔偿责任外，违者每次自愿缴纳违约金 50 元。

第五十六条　基本农田和其他公共土地属集体（国家）所有，未经村级承包或村民承包，不得占为己有，违者除恢复原状外，自愿缴纳违约金 50 元，并接受村内通报批评。

第五十七条　严禁在村饮用水源地放养鸡、鸭、鹅、洗涮有毒物品、脏物等，违者除清洗、消毒干净外，另每次承担违约金 50 元，并接受村内通报批评。

第五十八条　各家各户的自来水，必须注意排放，修通下水道，以免影响环境卫生。违者自愿缴纳违约金 50 元，并接受村内通报批评。

第五十九条　保证饮用水安全，不得私放自来水养田，不得自行在村内公共饮水源接管进户，违者自愿承担违约金 50 元，接受村内通报批评，并撤除接水管。

第六十条　禁止电鱼、毒鱼、炸鱼，发现在辖区内电鱼的，立即没收电鱼机，出现毒鱼、炸鱼的当事人每次自愿承担违约金 100 元，并接受村内通报批评。

第六十一条　放浪牛、浪马、浪猪损害他人稻田、菜园、幼林，造成损失的，浪牛、浪马、浪猪主人除按损坏程度赔偿受害者损失外，每次另自愿承担违约金 50 元。

八、村风民俗

第六十二条 红白喜事由红白喜事理事会管理，喜事新办，丧事从俭，破除陈规旧俗，反对铺张浪费，反对大操大办。

第六十三条 为发扬和继承我村老一辈优良传统，娶一个新娘修一段路，生一个小孩栽一棵树，并经人验收，管理成活，并记上留存，方可办理上户手续。

第六十四条 凡村内的石碑、古石街、古战壕、古营垒、土地祠、古标记必须保护。如发现有人故意损坏的，除赔偿相关损失外自愿承担违约金 500 元。

九、山田管理

第六十五条 凡在外务工或外生活的人户，其责任田应托付给他人耕种，不允许丢荒。如发现每亩一年按 50 元缴纳违约金。

第六十六条 田水源头以集体使用为准，不得强行增加引水渠道。若源头水源丰富，确实需要增加引水渠道的，须协商后方可实行。

第六十七条 多户共同使用水源头的，须按投劳修沟天数或按时钟分水灌田。如因为争夺水源而发生纠纷的，双方自行承担违约金 20 元。

第六十八条 打老田时用水，探寻老规矩，先水头后尾水。因其他原因，经协商后位于中水、尾水田户也可以先进行打水，须本着互相互让、互相体谅原则用水。

第六十九条 责任田属集体所有，未经集体同意，凡跨组（队）、村换田地耕种的视为无效。

第七十条 山林土地属集体所有，山林划分到户以林改界定为准，各户应充分利用管理仅有的林地，以杉木和其他经济木并重，多种品种发展经济林木。

第七十一条 山林纠纷属于小组内的，由小组调解，如有不服的由村民委调解。组与组的调解由村调解，凡村调解须作调解意见书；如有不服的，报乡政府或乡林业站；如仍不服的向法院提起行政诉讼。

第七十二条 山林纠纷调处费按每亩 50 元双方押交，不足一亩的按 3 元押交。

第七十三条 田坎、地坎之间的林木纠纷，以田坎占有；田外坎管两丈，田里管三丈，顺坡度丈量。

第七十四条 田与田的纠纷，按规定（下寨片按原下寨村田坎下 1.5 米，田坎上两丈；上寨片按上田管 2/5，下管 3/5，以下相同）进行调处，前述不能确定的以纠纷林木影响作采光调处。

第七十五条 熟地内外五尺的林大归熟地主所有。

第七十六条 凡偷砍他人杉木、竹子、茶树、桐油树等林木的，除退还原物外，处罚款 250 元至 500 元，情节严重的还需报上级林业部门处理。

十、奖惩规定

第七十七条 任何农户都要遵守国家林业方面的法律法规，全力推进天然林保护工程项目实施，建房、起圈等需要砍伐自己林木或购买他人林木的，需经上级林业部门批准方能砍伐，并按每根 10 元的价格缴纳费用给村民委。

第七十八条 其他村寨的人员在我村村内发生的有违背本村村规民约的行为，按本村村规民约处理。本村村规民约一经本村年满 18 周岁以上的在村 2/3 以上村民同意，就长期有效。

第七十九条 村内每年开展一次"遵纪守法户"和"遵纪守法模范户"评选活动，对家庭和睦、团结村民、积极发展生产和维护《村规民约》表现突出的家庭给予表彰和奖励，奖金为 50 元至 300 元，对表现特别突出的家庭，将向上级政府申报表彰。

第八十条 若有检举揭发经查属实的，奖励检举揭发者当次违约金的 50%。若违约者对举报人员、执约人员进行打击报复、有意辱骂的，除责令赔理（礼）道歉外，自愿交纳违约金 200 元；对打击报复造成严重后果的送交司法机关严惩。

十一、附则

第八十一条 本《村规民约》自村民会议通过、村民签字之日起生效，外村人在本村内违反本村规民约的，依属地管理原则参照执行。

第八十二条 本约定未尽事宜和需修改事项，须经村民会议讨论通过，签约人签字。

第八十三条 本《村规民约》由村民会议委托村民委员会负责解释，全体村民相互监督，执约小组具体实施。

甲方（签章）： 乙方（村民签名）：

执约小组（签名）： 监督方：文斗村民委员会（公章）

鉴证方：河口乡人民政府

年　　月　　日

通过以上《文斗村村规民约》的人员请在后页框内签字。

文斗村村民自治合约（2012 年）（010058）

文斗村全村有 10 个村民小组，土地总面积 12 508 亩，虽居高寒，地处边远，但是村民淳朴，勤劳善良，文化源远流长，赢得四方赞誉。近年来，我村得到上级政府、社会各界的大力支持，以及群众的配合，使全村各项基础设施登上了新的台阶，但地方上仍然存在一些不良风俗与习惯，村"两委"、各组长地方知名人士建议矫正，建立良好风俗，维护地方秩序。为打造我村特色民族村寨，今重新修订村规，提交村民代表会议讨论签名通过，并征求意见发各户签字认可，以确保各户能按合约自愿遵守执行，以保我村地方稳定，永世繁荣昌盛。

一、村民义务及合约

1. 认真选好村两委成员，无能、无谋、无德、怕事、酗酒闹事者不能进入村委班子，村民应尊重村支部和村民委的权威，村"两委"成员有责任把地方事情办好，禁止拉帮结派，一切以"团结"为目的，共同创建美好家园。

2. 加强团结，和谐共处，以歌劝和。凡家庭内部及邻里之间因生产生活产生矛盾处理不当，引发谩骂、争吵、打架行为的，由全村推选"劝和"小组上门劝和，同时由引发矛盾纠纷的家庭承担吃"劝和饭"的费用。

3. 全村推行人民调解、治保处理纠纷制度，由村民委推选主任委员，负责组织协调处理村内纠纷，协助村、组治理地方。

4. 提倡从简节约，反对浪费，提倡厚养薄葬；树立尊敬长者，孝顺老人之风，有不赡养老人、虐待老人者作公开批评，责令改正。

5. 严禁砍伐村寨两边不论大小的风景木，不许大人、小孩砍削，违者自愿承担违约金 50—100 元。

6. 提倡文明进步，反对迷信，不准装神弄鬼，信邪入邪。

7. 各姓氏阴地（风水）按历来地方习俗进行管理使用。

8. 凡交村级调解的民事、山林权属等纠纷，双方分别收取调处费 50—200 元，调解后退回有理方的调处费。

9. 未经村民委同意，随意烧山、烧田埂等野外用火的违反者自愿承担违约金 50—100 元；引起山林火警、火灾的，除接受国家规定的民事赔偿与法律制裁外，还得自愿接受安排参加扑救火人员的当天伙食费用。

10. 凡有易燃物（稻草等）进村、进家存放和乱搭乱接电线、灶边、烟囱周边有易燃物存在消防隐患的住户，经 2 次书面检查仍未整改者，除及时整改外，自愿承担违约金 50 元，村寨发生火警者自愿承担违约金 200—500 元，成灾的还得写书面检查；森林发生火灾的，荒山 50 元/亩，林地 100 元/亩；林经济 200 元/亩（除国家追究除外），到现场抢救火灾的人员由肇事者补助 20 元/人误工费。

11. 保护消防基础设施，不准挤占、圈占、盖压、遮掩消防设备，不准随意借拿消防器材，影响村寨人饮消防用水安全，违者除恢复原状外，还需自愿承担违约金 100—200 元。

12. 实行人用饮水让路消防用水调节管理制度，确保消防池每日满池，不准开点滴水，不准私自开消防栓取水，违者每次自愿承担违约金 100—500 元。

13. 提高水陆交通安全意识，不驾驶也不乘坐"三无"船舶、"三无"车辆，不在夜间、雨冻、大风大浪等恶劣天气强行出车出船，违者除触犯法律由有关部门依法处理外，村民委员会可作出如下处理。

（1）予以批评教育；

（2）写出悔过书，在村各公开栏上进行通报；

（3）视情况给予经济处罚。

14. 凡浪放家禽、家畜造成他人损失的，除赔偿他人损失外，自愿承担违约金 50 元。

15. 加强对村寨古物的保护，凡损坏古井、古树、古碑、寨门、亭阁等公共财产，除承担修复费用外，自愿承担违约金100—300元。

16. 凡随意在操场、公路、街道、凉亭、码头、消防池等公共场所倾倒垃圾、私自占用、存放杂物的，除及时打扫清理外，自愿承担违约金30元。

17. 村民建房及猪牛圈不得有损相邻关系，不能侵占街道或公地，临街新建房屋外露构件（阳台、檐口、及雨棚等）不能延伸至道路边缘，村民不得临主街搭建有损村容寨貌的猪牛圈及厕所，放杂物，除及时打扫清理外，自愿承担违约金30元。

18. 遵守计生双诚信双承诺。

19. 凡不支持本村公益事业建设和妨碍《村民自治合约》执行的人，当年或次年暂不作为民政救助对象。

20. 违约村民未按时交纳违约金及对村在公益事业上故意刁难的，村民委给予本户办理相关手术（续）。

二、村两委职责与义务

1. 村两委组织成立"合约执行小组"维护和完善本合约。

2. 加强村落防火设施建设，定期检查消防池、消防水管和消防栓，保证消防用水正常使用，农忙季节要解决好农田用水与消防用水的矛盾。

3. 认真落实一月两查制度，对村内、户内电线要定期检查，损坏的要监督家户请电工及时修理、更新，严禁乱拉乱接电线，要明确消防专门管理人员，开展有效的消防宣传。要组成"义务消防队"，每月至少组织一次消防演练，加强"十户"联防联保的管理，发现隐患限期整改，加强村民对"老弱病残幼""精神病人""智障人员"的监管教育。

4. 村委义务在重点路段、码头安插安全警示标牌，加强陆路水路教育。

5. 村两委人员无"违章指挥，违法违纪，违反劳动纪律"现象。

6. 安排鸣锣喊寨人员，每晚 8 点左右要鸣锣喊寨，巡视全寨。

7. 尊重知识分子，关爱村里的未来，凡到入学年龄的子女，必须保证其上学，最少至初中毕业，考上大学要进行恭贺鼓励。

三、对违反上述自治合约者，由村委会批评教育，责令改正，对其作出相应的处罚，对没有具体处罚金额的由"执行小组"研究决定。

四、本《村民自治合约》于 2012 年 12 月 25 日村民代表会议表决通过，由户主签字认可，自 2012 年 12 月 30 日村两委、执约小组组织实施。

文斗村民委员会（章）

文斗村村规民约（2015 年）（010059）

文斗史溯元末，寨辟明初，清代顺治前尚处化外"生苗"之地，康熙年间"输粮入籍"归附清廷，上、下两寨分属黎平府和镇远府天柱县管辖，民国三年复置锦屏县时两寨划属同一县。新中国成立后设文斗乡，辖文斗上寨、下寨和河边村，1992 年文斗乡并入河口乡。2008 年实行并村，上、下寨合并为一个行政村。2014 年推行中心村建设，加池村并入文斗村。现辖 15 个村民小组、527 户 2369 人，99% 为苗族。文斗在明清时期木业兴盛，以"契"管"业"渐成规俗，勒石刊刻的公约颇多，素有立规治村的传统，地方由此民风淳朴，社会绥靖，礼法文明，文教昌盛。改革开放以来，文斗地覆天翻，文化经济跃上新台阶，先后入选中国传统村落和世界文化遗产预备名单，乡村旅游有所发展。但地方尚存一些不良莠俗，村"两委"及有识之士认为亟须矫治，遂重修村规民约，广征灼见，提交村民代表会议讨论并签字通过，名曰《文斗村村规民约》，今立碑实刻于大塘埂处，望各户依约遵守执行。

一、约定的村民义务与责任

1. 每位村民必须遵纪守法，对违法行为要挺身而出，及时制止，积极协助执法机关，对违法行为检举揭发，不得纵容包庇。

2. 以礼相待、和谐共处。村民之间及村民与来客之间以礼相待，与人为善，与人为伴。凡家庭内部及邻里之间因生产生活产生矛盾处理不当，引发谩骂、争吵、打架的，由此引发矛盾纠纷的家庭承担相关的费用，并写悔过书 10 份张贴。

3、全村推行人民调解、治保处理纠纷制度，由村民委推选调解主任，负责组织协调处理村内纠纷，协助村、组治理地方。

4. 坚持节约，反对浪费。提倡婚丧嫁娶一切从简，反对浪费，提倡厚养薄葬；树立尊敬长者、孝顺老人之风。有不赡养老人、虐待老人者作公开批评，责令改正，并交违约金 50—200 元。

5. 要保护生态，保护家园。严禁砍伐村寨两边大小风景树木，不准进入后龙山砍伐干枯树木、树枝；不准进山烧炭、烧煤；不许大人、小孩在树上刻画、皮削。违者罚违约金 50—10 000 元。不得无证砍伐林木，盗伐他人林木，违者除交有关部门处理外，每起交违约金 50—500 元。

6. 提倡文明进步，反对封建迷信，不准装神弄鬼、信邪入邪。

7. 继续按原乡村民约，各姓氏坟地按老祖周围管三丈（阴地风水），田上坎管三丈、下坎管二丈（从田水口丈量起），地边管五尺（原丈量登记在册）进行管理使用。

8. 凡交村级调解的民事、山林权属等纠纷，村民写申请交村调解主任（口讲，交申请和押金村调解委不受理），并交押金50—500元，调解后退回有理方的押金，无理方押金不退转违约金。

9. 严禁野外用火。未经村民委同意，随意烧山、烧田埂等野外用火的违反者交违约金 50—100 元；引起山林火警、火灾的，除接受国家规定的民事赔偿与法律制裁外，还得自愿支付参加扑救火人员当天的务工费 50 元。

10. 严禁易燃易爆物品进寨、进家。村民不得将汽油、柴油、稻草、木皮、锯木灰、鞭炮等易燃易爆物品进村、进家存放。

11. 严禁乱搭、乱建、乱接、乱停、乱放。村民建房、建猪牛马圈、厕所等要按村委会的规划进行，不得占用集体用地，不得占用防火通道，未经允许，不得乱拉乱接电线，房前屋后要堆放整齐，不得乱停乱放。违者交违约金 100—1000 元。

12. 灶边、烟囱周边有易燃物存在消防隐患的住户，经 2 次书面检查仍未整改者，除及时整改外，罚违约金 50 元。村寨发生火警者罚违约金 50 元，喊寨一个月；造成受灾，承担受灾户接水拉电费用，还得写书面检查。发生森林火灾赔偿受灾户，荒山 50 元/亩，林地 100 元/亩，林经济 200 元/亩（除国家追究除外）。到现场抢救火灾的人员由肇事者补助 50 元/人误工费。

13. 保护消防基础设施，不准挤占、圈占、盖压、遮掩消防设备，不准随意借拿消防器材，影响村寨人饮消防用水安全，违者除恢复原状外，罚违约金 100—200 元。

14. 实行人用饮水让路于消防用水调节管理制度，确保消防池每日满池。不准开点滴水，不准私自开消防栓取水，违者每次罚违约金 100—500 元。

15. 提高水陆交通安全意识，不驾驶也不乘坐"三无"船舶、"三无"车辆，不在夜间、雨冻、大风大浪等恶劣天气强行出车出船，违者除触犯法律由有关部门依法处理外，村民委员会可作出如下处理。

（1）予以批评教育；

（2）写悔过书，在村各公开栏上进行通报；

（3）视情况给予经济处罚。

16. 家畜、家禽实行圈养。严禁家禽、家畜在寨子乱串，凡浪放家禽、家畜造成村寨卫生的，除主人家自己负责打扫卫生外，另交违约金 50 元；造成他人庄稼、财产损失，除赔偿他人损失外，罚违约金 50 元。

17. 加强对村寨古物的保护，凡损坏古井、古树、古碑、寨门、亭阁等公共财产，除承担修复费用外，罚违约金 500—1000 元。

18. 村民应自觉爱护村寨环境卫生，垃圾要统一放到公共垃圾池内，不得乱扔乱丢。凡随意在操场、公路、街道、凉亭、码头、消防池等公共场所倾倒垃圾、私自占用、存放杂物，除及时打扫清理外，罚违约金 50 元。

19. 村民建房及猪牛圈不得有损相邻关系，不能侵占街道或公地，临街新建房屋外露构件（阳台、檐口及雨棚等）不能延伸至道路边缘，村民不得临主街搭建有损村容寨貌的猪牛圈及厕所、放杂物，除及时打扫清理外，罚违约金 30 元。

20. 村民要自觉遵守计划生育政策，提倡晚婚晚育，一对夫妇只生一个孩子，要先办证再生育，遵守"双诚信双承诺"，做到"一处守信，一处受益；一处失信，一处受制"。

21. 凡不支持本村公益事业建设和妨碍本《村规民约》执

行的人，村两委当年或次年暂不给该户办理相关手续。

22. 村民新建改建房屋应向村委会写书面申请，经村委会审批后按审批意见实施。原则上只许建木质结构房屋，建石砖混房屋，房屋外立面应作木质包装。单栋房屋一般为三间加一厦，最大五间，最高为三层，必须统一盖小青瓦。

23. 临时搭建建筑物的应到村委会登记，并写好承诺书，承诺拆除时限，在规定限期内无条件拆除，到期不拆除的由村委会组织人员强制拆除，并交违约金500—1000元。

24. 村民修建厕所，应修在背街的地方，各家各户屋脚修好排水沟，不能让污水横流到街面上。

25. 村民未经村委会许可，不得随意破坏石板、水泥等道路，违者除自行恢复原状外，视其破坏程度和情节，每次交违约金500—10 000元。

26. 各家房前屋后和清洁区应保持整洁，有红白喜事放炮后当天要打扫干净；柴草堆放整齐。

27. 各家各户屋前屋后须栽花种树进行绿化，各家菜园地必须设置篱笆。

28. 村民被狗咬后，养狗人应承担被咬伤人员发生的所有医疗费用，同时补助被狗咬人务工、精神损失费每天10元。

29. 各户田水按原各生产小组承包到户水头讨田水，不按原水头讨田水、偷田水的，违者每次交违约金100元。

30. 严禁偷摸扒窃。凡偷摩托车、自行车、偷牛盗马、家畜家禽等，除移交上级按相关法律处罚外和赔偿失主损失外，同时应向村委会交违约金1000—3000元；

31. 村民应加强本户老弱病残、儿童、精神病人的管理。因无人管理，导致火警、火灾发生的，对该户进行重罚，交违约金3000—5000元。

32. 村民要自觉交纳水费，做到以水养水；对拒不交纳水费的户，村委会有权停止向其供水，并交违约金 50—100 元。

33. 村民要严格按法律办事，要通过正常渠道反映问题，不得影响我村名誉；对我村造成名誉损失的交违约金 1000—3000 元。

34. 严格实行动物检疫。凡从外村买入的家畜、家禽必须进行检疫，未经检疫带病入村造成损失的，交违约金 5000 元。

35. 村民应当关心村集体土地、山林和集体水域，对破坏集体土地、水域的行为要敢于检举揭发。破坏集体土地、山林、水域的交违约金 500—5000 元。

36. 村民要树立勤劳致富的观念，积极种好管好本户责任田和责任山，不能让其丢芜，对撂芜的每年每亩交违约金 500 元。

37. 要积极交纳农村合作医疗、养老保险统筹金，要主动交纳房屋保险，做到老有所养、减少灾害损失，不交的给予批评教育。

二、村两委职责与义务

1. 村委会负责修改和完善本合约，合约通过村民大会或村民代表会议或每户签字认可后实施。

2. 村委会负责组织推荐由寨老和有代表性人员组成的村规民约执行小组，村规民约执行小组负责对村规民约的执行。

3. 村委会负责加大对防火等基础设施建设的投入，定期检查消防池、消防水管和消防栓，保证消防用水正常使用，农忙季节要解决好农田用水与消防用水的矛盾。

4. 认真落实农村消防一月两查制度。对村内、户内电线要定期检查，损坏的要监督户主请电工及时修理、更新，严禁乱拉乱接电线。要明确消防专门管理人员，开展有效的消防宣传，要组成"义务消防队"、每月至少组织一次消防演练。加强"十户"联防联保的管理，发现隐患限期整改。加强村民对"老弱病残幼""精神病人""智障人员"的监管教育。

5. 村委会义务在重点路段、码头安插安全警示标牌，加强陆路、水路教育。

6. 安排鸣锣喊寨人员，每晚 8 点左右要鸣锣喊寨，巡视全寨。

7. 尊重知识分子，关爱村里的未来。凡到入学年龄的子女，必须保证其上学，最少至初中毕业。考上大学要进行恭贺鼓励。

8. 组织兑现计划生育"双诚信双承诺"的有关事项。

9. 村委会负责组织村民进行法律法规、政策和科技知识的培训学习，提高村民的法律意识和致富能力。

三、对违反上述自治合约者，由村委会批评教育，责令改正，对其作出相应的处罚。不签订村规民约和拒交违约金的村民，村两委不为其办事，签订村规民约、交清违约金的，村两委方能与其办理相关手续。对没有具体交纳违约金的由"执行小组"根据具体情况研究决定。

四、本《村规民约》于 2015 年 9 月 10 日村民代表会议表决通过，由户主签字认可，自 2015 年 9 月 11 日村两委、执约小组组织实施。

五、本合约一式三份，村委会、户主及乡政府各一份。

（二）黄门、华寨、瑶白移风易俗村规

黄门村移风易谷关于红白喜事禁止大量燃放烟花爆竹规定（010101）

1、利于创建环卫，促使环境宜居和谐。

2、利于安全稳定，避免事故发生。

3、利于避免噪声污染，促进身心健康（人类）。

4、利于经济发展，减少不必要的浪费。

一、红喜指婚嫁、立柱上梁（乔迁新居）、升学、参军等，允许当事家庭燃放二箱花炬、1000响小炮，迎客和送客由当事主人安排人礼貌迎送。

二、白喜在本家主持法事，整个过程仅允许燃放10 000响小炮、二箱花炮，抬官（棺）材在街道上主持生平大会或法事悼念等不许放炮，若违规每例罚款300元。允许房族和亲戚在禁止处外燃放烟竹，规定超越范围，即东书平岭岔（高健屋），西过闷得协，南超盘太丫（明昌屋），北越平马岔路（孝光屋）。自然村寨也要距寨居集中点200米后，才能燃放一些鞭炮。大寨内的墓地处只许放4000响小炮和二箱花炮，越过燃放数量，一起则罚款主人300元。

三、禁止在街道、公益性活动场所（营利性食堂、餐厅等）燃放烟花爆竹。若违规，每例罚款出租主人及当事家属各300元。

四、每家的红白喜事完毕后，次日即完成清理垃圾卫生，否则每例罚款200元。

五、文明主持节日节庆（除春节外）。尝新节、重阳节等由集体主持单位安排，农户或个人不允许燃放烟花爆竹，违者每人每例罚款 300 元。春节各农户燃放烟花爆竹后须于初五日前清除爆花污垢，初六日后禁止燃放爆竹，否则每例罚款 200 元。

六、文明祭祖、禁止燃放烟花爆竹，违者每例罚款 300 元。

七、本移风易俗规定为村规民约条款施行，各农户自觉遵守，由村委会和村治安联防队监督实施工作。

黄门村民委会

黄门村治安联防队

二〇一六年三月十三日

黄门村风俗习俗礼节礼尚往来处置制度（010122）

为尊重历史礼节，树立社会主义道德新风尚，革除陋习，倡导勤俭节约，不搞铺张浪费，弘扬科学精神，创建文明村寨，加快脱贫致富步伐，实现 2020 年同步小康目标，特将我村乡风礼俗事务处置制定成章，执行管理。

A. 礼类

一、大礼类

1. 老人归世（或成家有妻儿年轻人归世）。

2. 男婚女嫁。

3. 起新屋立柱上梁（包括商品房）。

4. 考上二本（贵大、贵师大）以上大学或参军。

二、中礼类

1. 二本以下的大学。

2. 汤饼（满月酒）或周岁。

3. 古稀以上的高寿。

4. 民转公高升。

三、小礼类

1. 造方板。

2. 安墓碑。

四、面子礼类

干部离退休、门面开张恭贺、养殖场挂牌、斗牛高价卖、安神、节日活动吃修、上下走客（朋友）等。

B. 礼类处置规定

一、大、中礼类红白喜事写请帖或讣文邀约亲戚朋友。

二、小礼类或面礼类安排人通知亲戚，不能写请帖。

三、面礼：亲戚只放炮或送小礼品，不能送礼。

四、凡一人一事只能举行一次收礼（大、中礼类）。

五、送礼以记 10 分制送：大礼送 10 分，中礼送 6 分，小礼送 2 分，礼尚往来。

六、村领导鼓励大学考生，二本以上（贵大、贵师大）送250 元（含鞭炮），二本以上 180 元（含放鞭炮），参军 250 元（含放鞭炮）。

七、宴席：大中礼类三餐（当日中午、下午，第二天中午）。

小礼类（当日两餐），面礼一餐。

八、白喜孝帕：亲房子女及三代内直系亲属，白布挂孝，其他老亲戚朋友毛帕。

白喜孝家出行：八人之内，邀最亲近房族代表。

九、红喜夜宵宴酒，由最亲一代母舅或姑丈、内兄弟征求东主同意方可，客家自配歌舞一人以上、小歌手三名（女生）以上，然后召集三代亲戚朋友响应，自觉围坐堂屋边。转饭贺礼每人不超越 20 元（除女婿之外）。

十、节日活动放牛：由主持单位放炮开幕开场和放炮闭幕圆场，中途场内不准放鞭炮，亲戚朋友给亲戚或朋友的牛放炮一定要在远离场外 100 米处放。

十一、以上十条条规经村民大会通过，若有故意违反，视其情节轻重分别处罚 100—500 元，由村民自治委员会主持执行。

解释：1、处置规定第四项：一人一事，指对重婚、重嫁的男女婚礼，亲戚不送礼。对造一屋两次请帖（上梁和进新屋各办一次）不送礼，对工作后两次高升请酒不送礼，对一人考学校、换学校办两次酒第二次不送礼，对子女将父母每一人办两次高寿酒不送礼，对一孩子庆汤饼满月酒后又庆周岁月率盘酒不送礼，对买商品房买了又卖、卖了又买的，第二次不送礼。

2、处置规定第五项：送礼以 10 分制送，若内兄的儿子考重点大学或内兄建新屋平常送礼 1000 元（10 分制）；若内兄的儿子办汤饼酒，则以 6 分制送礼，送 600 元；内兄的父亲建方板则以 2 分制送礼，送 200 元。

黄门村党支部
2013 年 5 月 9 日

华寨村办酒宴风俗整改（010121）

为节约各位父老乡亲办酒成本以及减少街坊邻居帮忙时间，经华寨村民委员会及广大群众召开会议慎重考虑决定规定如下：

一、进屋、结婚、嫁娶，打三招等，酒席规定一天。

二、白事暂不规定。

违者罚款 2000 元

签名

董启鹏　杨秀坤　杨明金

罗邦伟

吴桂长

祝运转

吴新旺

吴海明

华寨村民委（章）及广大群众代表委员会

瑶白村关于改革陈规陋习的规定（010132）

为进一步完善我村陈规陋习，让村民真正受益，推动社会经济发展和进步。经村党支部，村民委组织村民商讨审议，在原来的基础上进行修改，现将陈规陋习改革具体内容规定如下：

第一条　红喜

1. 结婚办喜酒男方家只准举行两天（即正酒当天和第二天），一天实行两餐制（即早餐与正席）。女方出嫁酒席只举行一天，允许早餐调换为正席。

2. 接新娘进门尚未办正式喜酒前（俗称吃鸭）不允许宴请客人，青年贺礼不宴请女方吃茶。

3. 宴请亲爹、亲妈只安排一天酒席，陪亲酒只准请双方直属亲舅、姑、兄妹，并不准郎家挂彩给娘家客人。

4. 禁止新娘送礼鞋给房族亲友。

5. 结婚时，男方向女方家献猪肉统一规定为208斤，其中不包括母舅家、回娘头以及房族条肉部分。

6. 结婚时，男方献给母舅的财礼统一规定为800元，不准舅家回礼。

7. 小孩只准办三朝酒席，禁止举行周岁及老人寿诞酒席宴客。

8. 新居落成只准上梁办酒席，禁止进新屋，立大门等办酒席请客。

9. 升学只允许考取一本、二本学生办酒席请客，凡是考取三本（含三本）、专科以下考生禁止举办升学酒席。

10. 三朝、新居落成（升迁）、升学等喜事只进行一天（即正酒当天），实行两餐制，第二天不得宴请客人。

11. 凡喜事菜单早餐规定 6 菜 1 汤，正席菜单规定 12 菜 1 汤。

第二条　白喜

1. 一般从起事之日起不超过七天。

2. 直系亲属（含女婿）可穿孝衣、戴孝帽，旁系亲属、旁女婿发给孝帕，此外一律不发孝衣、孝帕，按悼念名单发毛巾。

3. 唱祭时不准滥乱鸣炮，待扶柩登山再鸣炮送行。

4. 丧事酒席实行两餐制，早餐菜单规定 4 菜 1 汤，正席菜单规定 6 菜 1 汤，丧事菜肴禁止摆设鸡、鸭、鱼。

5. 丧事统一禁止"洗手脚"，领祭、封斋、上斋等宴请礼节，不准满七走亲（俗称"走七"）。

6. 亲戚唱祭献猪肉不准超过 100 斤，禁止回祭礼，不准丧事挂亲送礼以及立墓碑请客。

7. 白喜不准请人砍柴，由本房族各户自筹干柴。

第三条　请客方式

所有办酒席一律以下请柬为准，不再安排专人"面请"。

第四条　食品安全等其他事项

1. 凡是举办酒席宴客方一律禁止散发剩余菜、肉。

2. 凡是举办酒席一定要按照《中华人民共和国食品安全

法》进行食品采购和烹饪，杜绝患有传染疾病的厨师烹饪，注意饮食卫生。

3. 注意消防安全，排除隐患。

第五条　违规处理

1. 违反本规定条款者罚款 500 元，并强制按本规定执行。

2. 对餐食工作人员打击报复者罚款 300—500 元，造成人身伤害的移送司法机关处理。

3. 违反本规定条款的除罚款外，取消该户的低保待遇且不能享受上级的一切政策资助。

4. 凡我瑶白境内的所有人员必须遵守执行，违者一律按本规定处罚。

第六条　附则

本规定于 2012 年农历正月初一经村民代表大会通过，自通过之日起生效实施，最终解释权属村两委。

瑶白村村委员会（章）

2012 年正月初一

（三）涉及村规民约适用的民事判决文书

湖南省长沙市望城区人民法院
民 事 判 决 书

（2014）望民初字第 01003 号

原告李某某，女，1971 年 5 月 21 日出生，汉族。

原告何某某，女，2001 年 5 月 3 日出生，汉族。

法定代理人李某某，女，1971 年 5 月 21 日出生，汉族，系何某某之母。

两原告的委托代理人曹某某，湖南万和联合律师事务所律师。

两原告的委托代理人宋某，湖南万和联合律师事务所律师。

被告长沙市望城区金山桥街道金山桥社区姚塘组。

负责人陈某某，该组组长。

原告李某某、何某某与被告长沙市望城区金山桥街道金山桥社区姚塘组（以下简称姚塘组）侵害集体经济组织成员权益纠纷一案，本院于 2014 年 6 月 19 日依法受理后，依法组成合议庭，于同年 8 月 5 日在本院雷锋人民法庭公开开庭进行了审理。两原告委托代理人曹某某、宋某，被告姚塘组的负责人陈某某等到庭参加了诉讼。本案现已审理终结。

原告诉称，2013 年底，被告姚塘组的土地被征收，共得土地征收补偿款 400 余万元，被告按照组上人员人数予以分配，人均分得 27 778 元，但没有给两原告予以分配。原告李某某系土生土长的姚塘组的村民，虽然在 2008 年结婚，但户口仍在被告组上，并一直履行作为被告组村民的相关义务，其作为被告集体经济组织成员的资格不因结婚而丧失。原告何某某自出生上户之日就是被告组上集体经济组织成员。被告的行为侵害了两原告作为集体经济组织成员的合法权益，两原告多次向被告主张权利均遭拒绝。两原告为维护自身的合法权益，特向人民法院提起诉讼，请求法院依法判令：1.被告向两原告分别支付土地征收补偿款 27 778 元，共计 55 556 元；2.由被告承担本案全部诉讼费用。

被告辩称：1.这次分钱姚塘组有 153 人，每人分得 27 778 元是事实，两原告这次没分到钱也是事实；2.2003 年姚塘组召开社员大会作出决议，嫁出去的女儿不属于姚塘组组员，外嫁女及其子女如果一定要落户本组，就要交 5000 元落户费，并且不享受土地征收权益，这个村规民约是大家都同意的。

两原告为支持其诉讼请求，向本院提交如下证据：

1.两原告的身份证及常住人口登记卡，拟证明原告李某某与户主李某泉系父女关系，两原告的户口一直在被告组上，系被告组上集体经济组织成员的事实；

2.林权证，拟证明原告家庭承包了被告集体林地、林木，两原告作为被告组的村民，依法享受了被告集体经济组织成员的权利，也履行了相应义务的事实；

3.证明、离婚判决书，拟证明原告李某某没有在丈夫何某安户籍所在地享受土地征收拆迁待遇及原告李某某已经离婚的事实；

4.征收款分配表，拟证明被告在分配土地征收款时将两原告排除在外，不予分配土地征收款，侵犯了原告的合法权益的事实，

5.对话录音及摘抄记录，拟证明被告上任组长唐某承认未给两原告发放征收补偿款的事实。

被告对两原告提供的证据发表以下质证意见：

1. 对证据 1 的真实性无异议，两原告是否单独立户的情况，被告不知情，请法院核实；

2. 李某泉确实是原告李某某的父亲，但原告李某某是否办理了林权证，被告不知情；

3. 对证据 3 有异议，何某某确实是李某某的女儿，但李某某和何某某的户口是否在何某安处及是否获得了征收补偿的情况，被告均不知情；

4. 对证据 4、5 无异议。

被告为支持其抗辩主张，向法院提交证据如下：

村规民约，拟证明姚塘组召开了社员大会制定了村规民约及其内容的事实。

原告对被告提供的证据发表的质证意见如下：

1. 该村规民约的程序不合法，按照法律规定，村规民约应当根据村民委员会组织法由 18 周岁以上的村民 2/3 以上同意才有效，但是其中签名的不到 20 人；2. 内容不合法，违背了《中华人民共和国村民委员会组织法》第 20 条，侵犯了村民的财产权益。违背了宪法中男女平等，保护妇女儿童权益的规定。违背了土地承包经营法中不因离婚、丧偶等丧失土地承包经营权的权益，且原告的户口一直在组；3. 违背了妇女权益保护法的不能侵犯妇女合法权益的规定；4. 违背了国家相关政策，违背了国务院发布的关于切实维护农村土地的承包权益的通知的规定。

本院认为，原告提供的证据 1、2、3，尽管被告提出对此不知情，但上述证据符合证据的真实性，合法性和关联性，能够证明本案的基本事实，本院对于上述证据的证明效力予以采信；对原告提交的证据 4、5，被告无异议，本院予以采信。对被告提供的村规民约，因该书证的内容与国家法律的规定相违背，该村规民约因违法而无效，故本院对被告提供的上述证据不予采信。

根据本院认定的证据并结合当事人的陈述，本院查明以下法律事实：

原告李某某系被告姚塘组的村民，因出生取得了该组户籍并承包了责任田及林地。2000 年 12 月 5 日，原告李某某与长沙县金井镇龙泉村村民何某安结婚，但户口一直在被告组上，并未迁出。2001 年 5 月 3 日，原告与何某安生育了女儿何某某，何某某户口自出生至今一直在被告组上。2010 年 9 月，原告李某某通过法院判决，与何某安离婚。2013 年底，被告组上土地进行征收，被告按组上人员人数将上述征收补偿款进行了分配，人均分得 27 778 元，但被告以原告李某某系外嫁女，根据组上社员大会通过的决议"外嫁女不能参与集体收益的分配"为由，将两原告排除在分配名单之外，不予分配。两原告为维护自己的合法权益，故向法院提起了诉讼。

另查明，原告李某某未在其前夫、原告何某某未在其父亲何某安的户籍所在地长沙县金井镇龙泉村享受过集体经济组织成员待遇，未获得过有关征收拆迁补偿款。

本院认为，原告李某某出生在姚塘组，系姚塘组村民，具有该组集体经济组织成员资格，应享有该组集体经济组织成员的相关权益，虽然原告李某某结了婚，但其户口并未迁出，并没有成为其他集体经济组织成员，其所具有的姚塘组村民资格并未丧失。被告姚塘组虽通过了"外嫁女不参与集体收益的分配"的决议，但该决议与《中华人民共和国村民委员会组织法》第 27 条第 2 款："村民自治章程、村规民约以及村民会议或者村民代表会议的决定不得与宪法、法律、法规和国家的政策相抵触，不得有侵犯村民的人身权利、民主权利和合法财产权利的内容"以及《中华人民共和国妇女权益保障法》的32条："妇女在农村土地承包经营、集体经济组织收益分配、土地征收或者征用补偿费使用以及宅基地使用等方面，享有与男子平等的权利"、第33条第1款："任何组织和个人不得以妇女未婚、结婚、离婚、丧偶等为由，侵害妇女在农村集体经济组织中的各项权益"等规定相违背，该决议应属无效决议，故原告李某某有权参与被告组上集体经济组织收益的分配。原告何某某自出生起就取得了被告组上集体经济组织成员资格，其户口一直在被告组上，原告何某某也应享有被告组上集体经济组织成员的相关权益，有权与其他村民享有同等待遇，参与集体收益的分配。被告姚塘组不予分配两原告集体收益，侵害了两原告在农村集体经济组织中应享有的合法权益，故对两原告要求被告支付土地征收补偿款的诉讼请求，本院予以支持。据此，依照《中华人民共和国民法通则》第5条，《中华人民共和国村民委员会组织法》第27条第2款，《中华人民共和国妇女权益保障法》第30条、第32条、第33条之规定，判决如下：

一、被告长沙市望城区金山桥街道金山桥社区姚塘组于本判决生效之日起十日内支付原告李某某土地征收补偿款27 778元；

二、被告长沙市望城区金山桥街道金山桥社区姚塘组于本判决生效之日起十日内支付原告何某某土地征收补偿款27 778元。

如果未按本判决指定的期间履行给付金钱义务，应当依照《中华人民共和国民事诉讼法》第253条的规定，加倍支付迟延履行期间的债务利息。

案件受理费1189元，由被告长沙市望城区金山桥街道金山桥社区姚塘组负担。

如不服本判决，可在判决书送达之日起十五日内，向本院递交上诉状，并按对方当事人的人数提出副本，上诉于湖南省长沙市中级人民法院。

（本页无正文）

审 判 长　唐　毅
人民陪审员　黄开奇
人民陪审员　李　玲

二〇一四年九月十三日
书 记 员　刘星星

广西壮族自治区柳州市柳北区人民法院
民 事 裁 定 书

（2015）北民一初字第 526 号

原告梁某某。

原告陈某某，与梁某某系夫妻关系。

两原告共同委托代理人余某某，广西超仁律师事务所律师。

两原告共委托代理人杨某某，广西超仁律师事务所律师助理。

被告柳州市柳北区马厂村民委员会，住所地柳州市柳北区马厂桥头。

负责人曾某某，主任。

被告柳州市柳北区马厂村民委员会第三村民小组。

负责人卢某某，组长。

两被告共同委托代理人冯某某，广西弘邦律师事务所律师。

原告梁某某、陈某某与被告市柳北区马厂村民委员会（以下简称马厂村委）、柳州市柳北区马厂村民委员会第三村民小组（以下简称第三村民小组）侵害集体经济组织成员权益纠纷一案，本院 2015 年 1 月 28 日受理后，适用简易程序于 2015 年 3 月 18 日第一次开庭进行审理。庭审后，本院发现案件不宜适用简易程序审理，于 2015 年 5 月 14 日裁定转入普通程序，依法组成合议庭，于 2015 年 6 月 16 日公开开庭审理了本案。原告陈某某及两原告共同委托代理人余某某、两被告的共同委托代理人冯某某到庭参加了诉讼。本案现已审理终结。

原告诉称：本案的 13 亩畲地一直由原告夫妇开荒经营使用，并且拥有合法的土地使用权。被告于 2013 年 4 月 3 日召开的村委会议，违法剥夺原告对 13 亩畲地土地的使用权。从会议结果及签到情况的显示，不是村民的真实意思表示，落款签名缺乏真实性，也无手印加盖，且有部分村民为该土地的使用者，结果对原告显示公平。且该决议没有经过 1/2 村民通过决议，是不符合法律规定的。综上所述，请求法院判令"关于梁某某、陈某某 13 亩畲地土地及租金分配的决定"的村委会议无效；请求判令被告向原告返还 13 亩畲地的使用权；本案诉讼费由被告承担。

原告对其陈述事实在举证期限内提供的证据有：

1. 2013 年 4 月 3 日，"马厂三队开会签到"记录、"会议表决结果"记录。证明目的：确实存在村民决议。

2. "1982 年 3 队分竹园边畲地顺序表"复印件。证明目的：原告在 1982 年分得本案争议的 13 亩畲地。

3. "2009 年 5 月 27 日发竹园头第二个五年地租名单"。证明目的：涉案的 13 亩土地真实存在。

4. 2012 年 12 月 21 日，马厂村委开具的"证明"。证明目的：涉案的 13 亩土地真实存在，村委也向两原告发放了相关的收益，两原告对涉案的 13 亩畲地享有使用权和收益权。

5.《白露乡马厂村委、红星园艺场换地定界协议》、"梁某某与白露街道办马厂村第三村民小组对马厂三队竹园边十三亩畲地权属纠纷界限图"、调查笔录两份。证明目的：两原告在 1982 年分得涉案畲地。

两被告共同辩称：两原告的诉请存在程序和实体两方面的问题。程序方面，原告要求撤销的决议是被告第三村民小组依照相关法律规定作出的，与被告马厂村委无关，故被告马厂村委不是本案适格的当事人；两原告已经就涉案畲地的租金分配问题提起过诉讼，人民法院作出了处理，现两原告的起诉属于重复诉讼；两原告要求撤销的决议是被告第三村民小组依照村民委员会组织法作出的，属于村民自治的范畴，不应属于人民法院的受案范围。实体方面，本案争议的决议的效力问题，已经两级法院生效的法律文书判决确认为有效，现两原告提出撤销，无事实的法律依据，不应得到人民法院的支持。综上，两原告的诉请无理，请人民法院依法处理。

两被告为其辩解在举证期限内提供的证据有：

1. 柳州市中级人民法院（1998）柳市民终字第 509 号民事判决书、柳州市柳北区人民法院（2012）北民一初字第 1726 号民事判决书、柳州市中级人民法院（2013）柳市民一终字第 470 号民事判决书。证明目的：生效法律文书已经确认本案争议的土地属于马厂 3 队所有、2013 年 4 月 3 日，第三村民小组所作出的决议合法、有效、两级法院已经驳回两原告提出的超出其他村民权益的待遇要求。

2. 柳州市中级人民法院（2012）柳市民一终字第 458 号民事判决书。证明目的：本案不属于人民法院的受理范围。

经过开庭质证，两原告对两被告提供的证据 1、2 的真实性无异议。两被告对两原告提供的证据 1、4 的真实性无异议。本院对上述当事人均无异议的证据予以认定，作为本案定案依据。

两被告对两原告提供的证据 2、3、5 有异议，认为证据 2 是复印件，不能证明案件事实；证据 3 与本案无关；证据 5 与生效法律文书认定的事实不一致。本院认为，书证应当提交原件。质证时，当事人有权要求出示证据的原件。现两原告对证据 2 提出的异议理由成立，本院对该证据不予采信；两原告提供的证据 3 记载原告梁某某收取 2.5 亩土地和 1.29 亩土地地租的情况，与本案争议的 13 亩畬地并无关联性，故两被告对该证据的质证理由成立；因生效的法律文书已经认定本案涉案 13 亩畬地的所有权、使用权属于被告第三村民小组集体所有，故本院对两原告提供的证据 2 不予采纳。

综合全案证据，本院确认以下法律事实：

原告梁某某、陈某某系夫妻关系，20 世纪 80 年代，两原告在原属柳州市红星园艺场千亩湖南面的约 13 亩土地上开荒种植农作物。后相关部门将该地划归被告第三村民小组所有。1997 年 6 月起，被告第三村民小组将包括上述 13 亩土地的 120 亩畲地用于出租，并将出租所得收益分配给该村民小组的成员。自 2008 年开始，两原告先后向相关部门主张上述 13 亩土地的使用权。2011 年 1 月 10 日，柳州市柳北区人民政府作出柳北政发（2011）1 号文，确认涉案的 13 亩土地使用权属于被告第三村民小组所有。2011 年 3 月 29 日，柳州市人民政府作出行政复议决定书维持上述决定。

2012 年 11 月 7 日，两原告以其两人应享有该 13 亩土地 50% 的租金收益为由，将两被告诉至本院，要求两被告支付 1997 年 7 月以来的土地租金 92 567 元。在该案的审理过程中，2013 年 4 月 3 日，被告第三村民小组召开村民会议，会议内容：讨论陈某某和梁某某起诉第三村民小组支付土地租金 92 567 元问题，共有 163 名村民在会议决议上签字，其中 162 名村民不同意支付陈某某和梁某某土地租金，仅陈柱精个人表示同意。现两原告以会议决议的落款签名不真实，结果对两原告明显不公平为由诉至本院，要求依法解决。

本院认为：村民会议是村民实行民土自治的基本形式。本案被告第三村民小组召开村民会议，并形成会议决议，属于村民自治的范畴，村民会议形成的决议是否违反民主议定程序、是否侵犯村民的合法利益，不属于人民法院的处理范围，当事人可以向有关行政机关反映并要求处理。故两原告要求本院确认"关于梁某某、陈某某 13 亩畲地土地及租金分配的决定"的村委会议无效的诉请不属于本院受理范围，本院依法予以驳回。

土地的所有权和使用权争议由人民政府处理。本案涉案的13亩畲地的使用权人民政府已经确权。两原告对人民政府处理结果不服，不属于民事诉讼处理的范围。本院依法驳回两原告要求两被告返还土地使用权的起诉。

综上，两原告的诉讼于法无据，本院依法驳回起诉。据此，依照《中华人民共和国民事诉讼法》第119条第4项、《中华人民共和国村民委员会组织法》第27条第2款、第3款、《中华人民共和国土地管理法》第16条、最高人民法院《关于贯彻执行〈中华人民共和国民法通则〉若干问题的意见（试行）》第96条之规定，裁定如下：

驳回原告梁某某、陈某某的起诉。

案件受理费100元（原告已预交），退回原告。

如不服本判决，可在裁定书送达之日起十日内，向本院递交上诉状，并按对方当事人的人数提出副本，上诉于柳州市中级人民法院，并于上诉期限届满之日起预交上诉费100元（收款单位：柳州市中级人民法院；账号为：11×××33；款交开户行：中国农业银行柳南支行潭中分理处；联系电话为：07722633011）。逾期不交也不提出缓交申请的，按自动撤回上诉处理。

审 判 长 张 曦

人民陪审员 徐志英

人民陪审员 程 玖

二〇一五年八月十五日

书 记 员 张禄敏

西安市鄠邑区人民法院
民 事 判 决 书

（2017）陕 0125 民初 811 号

原告：杨某某。

委托诉讼代理人：杨某成，系杨某某之父。

委托诉讼代理人：武某某，西安市鄠邑区 148 法律服务所律师。

被告：西安市鄠邑区玉蝉镇陂头村第三村民小组。

诉讼代表人：赵某某，系该小组组长。

被告：西安市鄠邑区玉蝉镇陂头村村民委员会。

法定代表人：马某某，系该村村委主任。

委托诉讼代理人：马某良，系该村村委会委员。

原告杨某某与被告西安市鄠邑区玉蝉镇陂头村第三村民小组（以下简称陂头村三组）及被告西安市鄠邑区玉蝉镇陂头村村民委员会（以下简称陂头村委会）侵害集体经济组织成员权益纠纷一案，本院于 2017 年 1 月 23 日立案后，依法适用普通程序，公开开庭进行了审理。原告杨某某之委托诉讼代理人杨某成、武某某与被告陂头村三组之诉讼代表人赵某某及被告陂头村委会之委托诉讼代理人马某良到庭参加诉讼。本案现已审理终结。

原告杨某某向本院提出诉讼请求：1. 给付集体经济分配款 22 450 元；2. 诉讼费用由被告承担。事实和理由：原告是两被告集体经济组织成员。2016 年，陂头村三组土地被国家征用。2017 年 1 月 18 日两被告将此征地款给三组每个村民进行分配，每人分得 22 450 元，没有给原告分配。原告是两被告集体经济组织成员，依法享有村民同等待遇。被告之行为侵犯了原告的合法权益，故如前述请求诉请判处。

被告陂头村三组辩称，根据我村的村规民约，出嫁的女子一律不享受村民的征地款分配，组上是根据村规民约的规定进行分配，因原告不符合分配条件，故不同意原告的诉讼请求。

被告陂头村委会辩称，在2015年我村村委、支委、监委及党委干部开了三次会议，形成一个村规民约，且大家都同意并签字。根据村规民约的规定原告不符合分配条件，故不同意原告诉讼请求。

本案庭审中，原告杨某某围绕其诉讼请求依法提交了证据：1. 原告家庭户口本复印件，证明原告是被告村组在册村民；2. 原告家庭其他成员分配征地款存单复印件，证明这次每人分配征地款22 450元；3. 余下镇东屯村村委会证明一份，证明杨某某出嫁后户口未迁至婆家，附结婚证复印件；4. 土地承包书，证明杨某某在三组仍有责任田。两被告对原告提交的4组证据真实性均予以确认。本院对于原告提交的4组证据真实性、合法性予以确认。

被告陂头村三组提交了证据：2017年1月8日陂头村三组社员会议记录及开会参加人员照片，证明分配征地款是经村民开会决定原告不在分配范围。原告对被告陂头村三组提交的证据真实性无异议，对合法性有异议，认为不能通过一定形式，一部分村民剥夺别的村民的利益。被告陂头村委会对被告陂头村三组提交的证据无异议予以认可。本院对被告陂头村三组提交证据的真实性、合法性予以确认。

被告陂头村委会提交了证据：2015年7月2日会议记录（附村规民约）及党员代表签字。原告对被告陂头村委会提交的证据不予认可，认为制定的程序不合法，内容不合法。被告陂头村三组对被告陂头村委会提交的证据无异议予以认可。本院对被告陂头村三组提交证据的真实性、合法性予以确认。

根据当事人陈述和经审查确认的证据，本院认定事实如下：2015年2月、3月陂头村老年协会、村三委会、村民代表及党员召开会议制定了村规民约，2015年7月1日正式挂牌公布，其中载明："……5. 关于村民的户籍管理及享受村组待遇，按上级政策规定，根据我村实际规定以下几点：（1）凡是老人逝世、子女出嫁，不管户口未消还是未迁出者，均不能享受村民待遇。新媳妇或新生孩子自报户口之日起，可享受村及小组待遇。"原告杨某某系被告村组村民。2015年9月9日，原告杨某某与鄠邑区余下镇东屯村陈某登记结婚，户口未迁出。2016年7月被告村组的美陂湖搞开发，部分土地被征用，后被告陂头村三组制定征地款的分配方案，被告陂头村委会监督指导，于2017年1月18日以户为单位，以银行存单的发放形式，向符合村规民约以及分配方案的三组村民每人分发该集体经济收入款22 450元，原告未分得该款，于2017年1月23日以要求享受村组村民同等待遇，持前述诉请及理由诉至本院。

本院认为，《最高人民法院关于审理涉及农村土地承包纠纷案件适用法律问题的解释》第24条规定："农村集体经济组织或者村民委员会、村民小组，可以依照法律规定的民主议定程序，决定在本集体经济组织内部分配已经收到的土地补偿费。征地补偿安置方案确定时已经具有本集体经济组织成员资格的人，请求支付相应份额的，应予支持……"征地款分配属于村民自治事项，被告陂头村享有自治的权利；被告陂头村制定村规民约是经过村二委会及村民代表一致研究决定，符合民主议定原则，其内容不违反法律、行政法规的禁止性规定，合法有效。原告杨某某系出嫁女，与他人结婚后，其户口是由于自身原因至今未从被告村组迁出，按照被告陂头村委会所制定之村规民约中明确规定"凡是老人逝世、子女出嫁，不管户口未销还是未迁出者，均不能享受村民待遇"，原告就不具备享受村及小组待遇的条件，故原告要求两被告分配征地款于法无据，不予支持。

综上所述，依据《中华人民共和国民法通则》第5条、《中华人民共和国物权法》第59条、《最高人民法院关于审理涉及农村土地承包纠纷案件适用法律问题的解释》第1条第1款、第24条之规定，判决如下：

驳回原告杨某某要求被告西安市鄠邑区玉蝉镇陂头村第三村民小组、被告西安市鄠邑区玉蝉镇陂头村村民委员会给付其征地款之诉讼请求。

本案案件受理费360元，由原告杨某某负担。

如不服本判决，可在判决书送达之日起十五日内向本院递交上诉状，并按对方当事人的人数提出副本，上诉于陕西省西安市中级人民法院。

审　判　长　赵　燕

人民陪审员　苏　茹

人民陪审员　张荣君

二〇一七年十月二十日

书　记　员　刘晓芮

后　记

　　改革开放以来中国法治建设一直面临着与日本明治维新后法治建设同样的困境，始终并行不悖地运行着西方与本国传统两套话语体系，无法论说其是非对错，只能辨析存在合理与否。这两套话语体系之间的紧张对立既体现在清末法制变革时期保守派与法理派之间的争论之中，又体现在国民党六法全书的制定之中，同时也体现在新中国成立初期共产党政权关于新旧法统断裂延续的选择之中，更体现在改革开放以来中国法治建设中借鉴学习西方法律制度的过程之中。在中国法治建设过程中，我们不应该仅停留于这种紧张对立，而应该试图调整并缓解这种内在张力，解决这个问题的最好方法就是法律社会学研究。通过法律社会学的经验研究，我们可以发现并掌握两套话语体系赖以生存的客观环境与实际运行情况，从而从制度构建和运行的角度提出可行的解决方案，最终构建出一整套符合当下中国国情的法律制度。

　　正是延续这一研究理路及兴趣，硕士阶段开始我就着手从事村规民约、习惯法方面的调查研究，后又在高其才老师的悉心指导下从事田野调查。当时，每晚在村民家中总结讨论田野调查资料，撰写调查笔记，至今想起感触颇多。本书部分章节的问题意识就是在与高师一同调查讨论的过程中产生形成的。今后我将延续这一研究进路，"用脚做学问"，让事实说话，关注中国问题，坚持以实践为导向的法理学研究。

本书各章写作时间横跨 2013—2021 年，各章内容均基于实地调查情况进行讨论，所用材料多为第一手调查资料，感谢各位被访村民朋友们为本书资料获取提供的便利及贡献，没有你们的帮助本书是不可能完成的。本书主要讨论村规民约在乡村治理中的一些重要问题，其中包括村规民约与乡村治理、移风易俗、乡土精英、村级治理法治化等。本书部分章节发表于《甘肃政法学院学报》《学术交流》《清华法学》《原生态民族文化学刊》等学术期刊。需要指出的是，限于视角及资料，本书讨论难免有所舛误，在此求教于方家。当然，一如既往，文责自负。

感谢我的家人一如既往的支持！

是为记！

陈寒非

2021 年 11 月 12 日于北京万芳亭寓所